わかりやすい 生産管理

基礎が身に付く15講義

泉　英明［著］
Hideaki Izumi

日刊工業新聞社

はじめに

モノをつくることを「生産」といっている。生産されたモノが製品であれ、部品であれ、材料であれ、それらをつくる行為は「生産」である。生産されたモノが買われたり、使われたりするのは価値があるからである。モノの生産は「価値」の生産である。この生産は成り行きや思い付きで行ってはならない。計画的に、効率良く生産しなければ、モノづくりの競争社会では生き残れない。経済のグローバル化が進む中ではなおさらである。

企業は顧客からの需要を増やすため魅力ある製品を企画・開発し、期待する価格に設定し、短納期で引き渡す。しかも製品が顧客の手に渡る前にも後にもサービスに努め、顧客との信頼関係を築く。このことが結果的に企業の売上増加、さらに利益確保につながる。品質保証がなかったり、安全性に欠けたり、使いにくかったり、維持費が膨大だったりしたのでは製品を買ってもらえなくなる。また契約納期を破ったり、途中で価格の上乗せを要求したり、勝手に仕様変更を行ったりしたのでは顧客の信用を失い二度と契約を結べなくなる。顧客を裏切らないためにも、顧客に満足をしていただくためにも、適切な管理が必要である。

本書は初めて生産管理を学ぶ学生や、これから学ぼうとしている社会人を対象にまとめた入門書である。特に生産管理論の教材を強く意識してまとめた教科書でもある。学生は実務経験もなくモノづくりの現場を知らないため、製品がどのようにしてつくられているのか、また製造過程で何をどのように管理しているのかのイメージがわかない。そのため生産管理は難しい、わからない、面白くないという。このようなことから授業に熱が入らず、やる気が起きず、身に付かないという負の連鎖が起こる。このことは筆者が長年にわたり多くの大学で生産管理論を講義した経験から感じたことである。

生産管理の授業をやさしく、わかりやすく、面白く、かつ学生に実力がつくようにするには、教材、学生、先生など、複雑に絡む課題を解決しなければならない。

1つだけ学生側と先生側の共通の問題を指摘すれば、「到達目標」が授業を担当する先生の個々人により設定されているため、個人差があることである。英検や簿記検定や経営学検定試験のように、このレベルまで到達しなければならないとする共通の「到達目標」がない。学生は、生産管理に対する知識や応用力が一定水準に達していなくても、期末試験の結果やレポート課題などの提出によって単位が取得できている。全国レベルの「到達目標」や一般社会から見た生産管理の知識と能力から判定すれば当然不合格になるべく学生が単位を取得し、卒業して社会に出ていくのである。

本書は、次のような特徴でまとめている。

1. 1講を1コマで授業できるように15講に講立てする
2. 各講の始めに「学びのポイント」を掲載
   この講で学んでいただきたい内容を上げ、本講を学ぶ上での道筋をつけている。
3. 各講の講末に到達目標達成確認のため練習問題を設定する
   各講ごとに必要な知識が身に付いているかの確認と応用能力があるかの確認をする。
4. 学生には親しみやすい自動車製造の話題を多く入れてわかりやすい内容にする
5. 生産管理の体系化を図る
   時代が変わっても、グローバル化が進展しても、生産管理の本質を見失わない体系化を試みる。特定の分野に偏った専門書にしないでオーソドックスな内容にする。
6. グローバル化、情報化、時代に相応しい内容にする
   海外に進出する製造業が増えている。海外生産にも適用できる製品価値を高める生産管理の内容にする。また、生産管理にICT（Information and Communication Technology：情報と通信技術)を取り入れた内容にする。

本書の構成は3部から成り立っている。

第Ⅰ部の「経営・生産と生産管理体系」では、企業の社会的役割、顧客のための経営、生産管理の本質を見失わない不変的な管理体系、生産システムで変

換を行いながら製品をつくるしくみなどを述べる。

第Ⅱ部の「生産管理の直接的管理技術」では、生産管理の基礎になる管理技術を述べる。すなわち、製品の価値条件QCDを管理する管理技術、QCDを支配する生産要素を管理する管理技術を主題に述べる。また素材に設備、労働が働きかけ、変換を行う作業システムのあり方についても論述する。

第Ⅲ部の「生産のグローバル化と情報のコンピュータ化」では、生産管理が今後注目すべき課題を取り上げる。海外に進出する企業の生産管理のあり方、管理のコンピュータ化の意義と進め方、生産管理との関連が強い境界分野（開発/設計、販売、財務、エルゴノミクス）について生産管理とのかかわりから述べる。

本書執筆に当たっては多くの先生方から有益な示唆をいただいた。謝辞を申し上げたい。

本書構成の核となるコンセプトは熊谷智徳先生（名古屋工業大学名誉教授）の講義、修士論文、セミナー、著書などのご指導から得たものが多い、心から深く感謝申し上げたい。

日本生産管理学会の前会長の澤田善次郎先生（澤田経営研究所、元椙山女学園大学教授）、現会長の福井幸男先生（関西学院大学教授）、筆者の大学院時代の先輩である池田良夫先生（愛知工業大学名誉教授）には適切なアドバイスと激励をいただいた。暑く御礼申し上げたい。

おわりに、厳しい出版環境の中で快く引き受けて下さった日刊工業新聞社出版局書籍編集部の方々には厚く感謝申し上げたい。

2015年1月

総合政策研究所　代表　泉　英明

目　次

第Ⅱ部 生産管理の直接的管理技術

第Ⅲ部　生産のグローバル化と情報のコンピュータ化

本書の利用手引き

1　本書全体の利用方法

本書の講立ては授業計画に合わせている。15回の授業計画と講立ての数を合わせているので本書を次のように利用していただきたい。

①次週に行う授業に合わせて事前学習する
②事前学習をすることで不明点、疑問点を事前に把握する
③授業では不明点、疑問点を理解することに集中する
④①～③を続けることで見違えるように実力がつく

2　各講ごとの利用方法

各講ごとの利用方法を下図に示す。

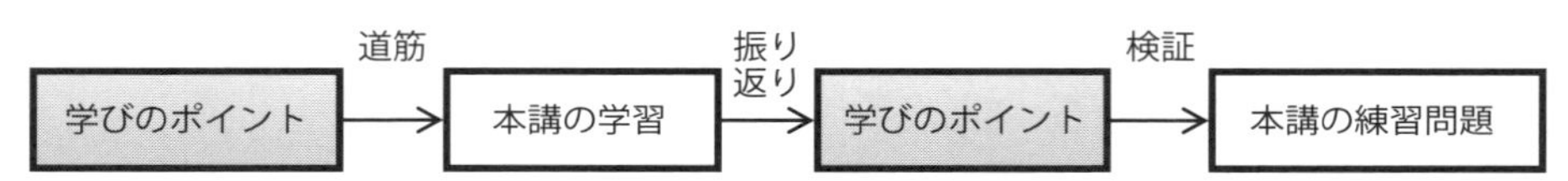

各講の始めに「学びのポイント」として、この講で学んでほしい内容を上げている。本講を学ぶ上での道筋にしていただきたい。そして「本講の学習」後に「学びのポイント」を振り返り、期待通りの学習ができたかの確認にも利用していただきたい。本講を学習してどれだけの実力がついたかの検証は次に述べる「本講の練習問題」を解いてから判断していただきたい。“無理せず、楽せず、諦めず”をモットーにご自身が納得するまで努力していただきたい。

3　練習問題の利用方法

練習問題のねらいは、シラバス（授業計画）に記入されている授業の到達目標をクリアしているか否かを判断するためである。練習問題を解いてみて、でき具合により相応しい実力がついているかを判断していただきたい。

練習問題は大きく3つのカテゴリーに分類している。

①「**知識・理解**」の問題
本講から得られる知識と知識を活かしての理解力を問う問題である。何も見ないで解答できるようにしたい問題である。

②「**思考・判断**」の問題
本講から得られた知識と理解力を活かしての応用力（思考・判断力）を問う問題である。

③「**関心・意欲**」の問題
生産管理に対する関心や意欲を問う問題である。
単に問題に対する正解率だけでなく、この問題を解くために書籍、新聞、雑誌、ネットなどを調べ、何とかして解答しようとする関心と意欲を問う問題として設定している。

第1講
会社のしくみ、モノづくりのしくみ

学びのポイント

(1) **日本の製造業が生き残るには何が重要か。**
自社の製品を社会に受け入れてもらうための施策を学ぼう。

(2) **経営目標（経営ビジョン）を達成するためのアプローチ法とは。**経営戦略を取り入れた中期経営計画を複数年かけて達成するということに注意して学習しよう。

(3) 製造業の基幹部門である**製品企画、開発/設計、生産（製造）、販売はそれぞれどのような業務を行うのか。**また**各部門の業務で何が重要か。**

(4) 基幹部門を支援する**スタッフ部門**（開発/研究、生産技術、生産管理、外注/購買、品質保証、販売管理、財務、人事/労務、情報など）**の業務内容とは。**

(5) **経営者、管理者、監督者の仕事内容とは。**
経営者の仕事が管理者や監督者とどこが違うかについて学ぼう。

(6) 自動車やテレビなどを組立する会社は大部分の部品・資材を外部から調達している。**3つの調達方法とは。**
3つの調達方法を選択するにはそれぞれ理由があることについても学ぼう。

キーワード

企業目的、経営目標、経営計画、中期経営計画、製品開発、予算統制、基幹部門、ライン部門、スタッフ部門、管理階層

1　会社（企業）と社会

1.1　企業目的と企業経営

製造業であれば、どこの企業も製品・サービスを社会に提供して利潤を獲得する。獲得した利潤は分配、蓄積、再投資して次の生産に備える。製品・サービスを社会に提供し、利潤を獲得することが企業目的であり、この目的達成のための活動が企業経営であり、経営活動である。

企業は一層の利潤増加のため、拡大再生産を目指し、新製品開発、販売強化、コスト低減、新技術の導入などを行い、収益性、採算性、経済効率の向上を図る。現代のようにグローバル化が進むと国内における同業他社との競争だけではなく、世界を相手に熾烈な競争が行われる。このようにグローバルな競争社会の中で勝ち残るには、企業が一丸となって社会に貢献できる製品・サービスの提供を続けなければならない。

1.2　企業経営と経営組織

企業目的を効率良く達成するために、企業は組織を編成する。組織は目的を達成するために編成されたプロ集団である。組織には後述のように企業の基幹部門となる「ライン部門」と、ライン部門に専門的な立場から支援する「スタッフ部門」がある。開発/設計、製造、販売などは典型的なライン部門であり、設計管理、生産管理、販売管理などは典型的なスタッフ部門である。

1.3　経営目標と経営計画

民間の製造業である限り、企業目的はどこの企業も同じである。しかし、目的達成の高さ、あるいは難しさの程度により、経営目標も大きくなり、難しくなる。5年後に利益1億円達成する、と同じ企業が5年後に利益5億円達成する、とでは目標達成のための戦略や方策が異なる。達成不可能な目標は問題があるが、簡単に達成可能な目標も問題がある。また、企業によって経営理念、目標達成の手段や置かれている経済環境も異なる。

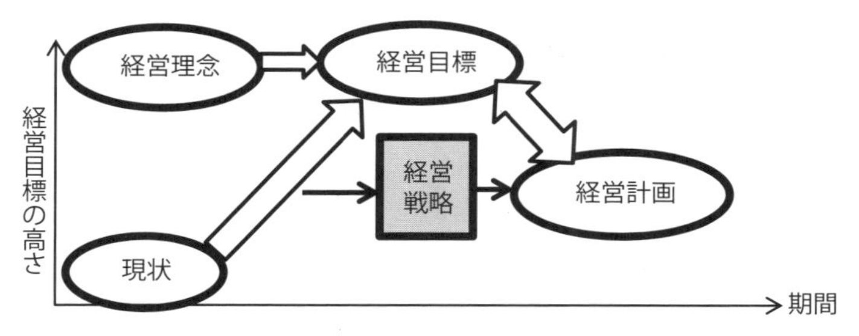

図1-1　経営目標と経営計画の関係

図1-1は経営目標と経営計画の関係を示したものである。経営目標は経営理念を踏まえて、一定時期に示すものである。例えば8年後の企業の売上高、利益額やシェアを現在の2倍にすることが経営目標であったとする。現実と経営目標には差があるため、どのような方策（経営戦略）で目標を達成するかを計画しなければならない。この計画が経営計画である。

経営計画には長期的（例えば5～10年）なもの、中期的（例えば3～5年）なもの、短期的（例えば1年）なものまである。経営計画は経営者が主になり策定するが、各年度の短期計画は中期計画を踏まえて、各部門長が責任をもって立案し、社長をはじめとする経営者の審議により決定される。

中期経営計画の主な内容は①企業戦略、②製品企画、③M＆A（多角化・競争戦略・技術提携を含む）、④販売戦略（流通経路を含む）、⑤新製品開発、⑥財務計画（設備投資計画・増資計画を含む）などである。

1.4　経営計画の実施と予算統制

経営計画を達成するには、会社全体が同一の現状認識のもとに進めなければならない。また経営計画の実施は、全社（または複数部門に関連する計画）に絡む総合計画の実施と、部門ごとの部門計画の実施がある。経営計画は中期経営計画が基準になる。経営目標・経営ビジョンを取り込んだ中期経営計画を達成するには1年では難しいからである。そのため初年度での実施、次の年度での実施、という具合に段階を経て中期経営計画の達成を図る（図1-2）。経営計画を実施するには経営資源（人、モノ、金、情報）が必要である。特に予算の裏付けが必要である。予算は年度ごとの計画実施の裏付けになると同時に、計画の妥当性を判断する指標にもなる。

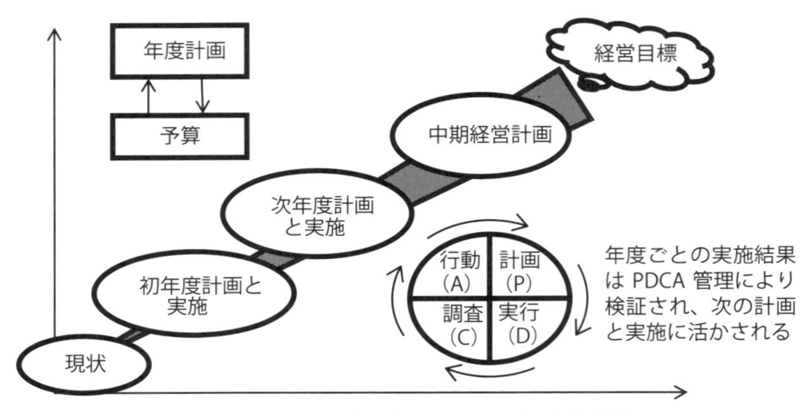

図1-2　中期経営計画達成のための年度実施計画

予算統制は中期経営計画の年度別実行計画である。この年度別実行計画は経営計画達成するための戦略、施策と、それを実施した場合の成果が数値に示されるので、これを年度ごとに実現するための全社的経営計画である。利益計画を具体的に展開するために、収益、費用、資金に関する予算編成から始まり、予算を執行し、予算と実績の差異分析を通じて問題点の解決をはかる方法をとる。予算編成から予算管理までの一連の流れを予算統制という。

予算統制の効果の1つは、予算編成の過程で各部門が予算の詳細な数値を作成することになるため、管理責任と業績評価が明確化されることである。2つ目は各責任部門の予算達成度合いで、評価されるため予算達成のモチベーションが高くなる。3つ目は全社と部門の経営活動の関連性を知ることができる。

2　会社のしくみ

2.1　企画—開発—生産—販売が製造業の基幹部門

(1) 基幹部門の業務と部門間の相互関連

図1-3は製造業の基幹部門と部門間の相互関連を示している。製造業の製品

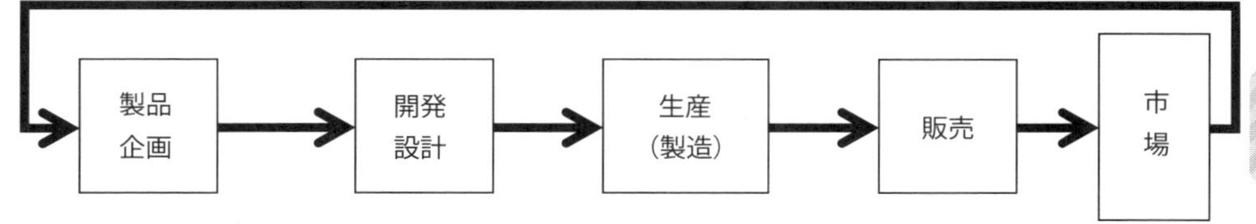

図1-3　製造業の基幹部門と部門間の相互関連

企画、開発/設計、生産、販売の基幹部門をライン部門ともいう。

製品企画部門は、市場で他社製品に勝てるような製品を企画/計画する業務を担う。他社製品との競争に勝つには、競争優位になるような魅力ある製品をつくらなければならない。差別化による競争優位の確保である。そのために、市場調査、顧客調査、販売員の意見や専門家の意見を聞く。クレーム対応も新製品開発には重要な要素である。そして、それらを開発する新製品に反映する。例えば「1,500ccのガソリン車で35km/ℓ走行できるエコカーを開発し、価格200万円で販売する。月2万台、年間約24万台販売を見込み、5年間モデルチェンジを行わないものとする。売上高利益率を10%にし、営業利益を年間480億円達成する」、などの製品企画をする。製品企画はあくまでも企画段階での製品構想であり、具現化されたものではない。

開発/設計部門は製品企画された製品構想を具現化して実際に製品をつくれるように設計し、図面化する部門である。重要なことは製品企画内容を遵守すべきことである。ガソリン車で35km/ℓ走行可能な車にする、価格を200万円以内にする、売上高利益率を10%にする、などの条件をクリアするには卓越した技術力、努力と不退転の決意が必要である。製品企画段階で構想されたものは到底無理な要求でもないが、容易に達成できる内容でもない。

生産（製造）部門は設計された通りの製品をつくる部門である。開発/設計部門で開発された製品は35km/ℓ走行できる、コストを170万円にする、など企画条件を満足するように開発/設計しているので、設計通りにつくることが重要な使命である。しかし、実際はモノづくりの過程で規格通りにつくれなかったりすると35km/ℓ走行できないこともある。また不良品をつくれば170万円のコストで車がつくれない場合もでてくる。

一方、モノづくりの現場から安い材料の代替品が提案されたり、作業時間の短縮が行われると170万円よりも少ないコストで車ができることになる。生産部門は設計通りのものを、計画された日程通りに完成することが第1であるが、加えて、日常の生産活動を通じて作業改善を絶えず繰り返している。

販売部門はつくった製品を売ることは当然であるが、顧客や市場との関係から顧客のニーズ、市場の傾向（トレンド）を素早く製品企画に反映させる義務がある。どれだけ売れるかを知るための販売予測の仕事も重要である。また、売る前のサービスや売った後のサービスも重要である。顧客からの疑問に答える、使い方の指導をする、製品教育を行うなどは売る前のサービスであるが売った後もクレーム対応、故障修理、操作指導など重要な任務がある。つくれば売れる時代は終わった。販売員はいかにして顧客との信頼関係を高め、顧客が満足する製品やサービスの提供を行うかが重要な役割になる。

(2) 基幹部門を支援するスタッフ部門

図1-4を見ていただきたい。基幹部門に関連している部門はスタッフ部門といわれている。**研究開発部門**は新製品を開発する段階で製品企画や開発/設計部門の支援を行うだけでなく、日常的に新技術の発見、既存技術の応用研究に努めている。培われた研究成果が自社の技術力になる。

生産技術部門はモノづくりの生産システム（生産ライン、生産工程ともいう）の構築、設備能力の改善、設備保全などを通じて生産部門の支援を行う。**生産管理部門**はいつからいつまで何を何個生産するかの生産計画を立て、計画通りに進捗しているかをチェックし、実際に完成した製品を把握するなどの管理を行う。同時に、品質についてもコストについても計画通りに達成するように管理を行う。効率の良い生産ができるように改善するのもこの部門の仕事である。**外注/購買部門**は製品をつくるときに必要な資材/部品を外部に製作依頼して調達する、あるいは外部から購入して調達するなどの調達管理を行う。経営基盤、品質、納期、コストも安定した企業で、かつ自社に協力的な外注先や購入先の会社を選別することも大切な業務になる。**品質保証部門**は顧客に品質を保証するため品質規格を決め、外注部品の検査、購入品の検査、社内製作品の検査を行い、生産工程の早いうちに不良品を退治する。当然のことながら最終製品の検査を行い、顧客に不良品を渡さないことに努める。また、顧客からのクレーム対応や、ISO9000に基づいた社内における品質保証活動を推進することも品質保証部門の仕事である。**販売管理部門**は販売員が売りやすい環境づくりを支援する。それには顧客のニーズ把握、トレンド把握、需要予測、販

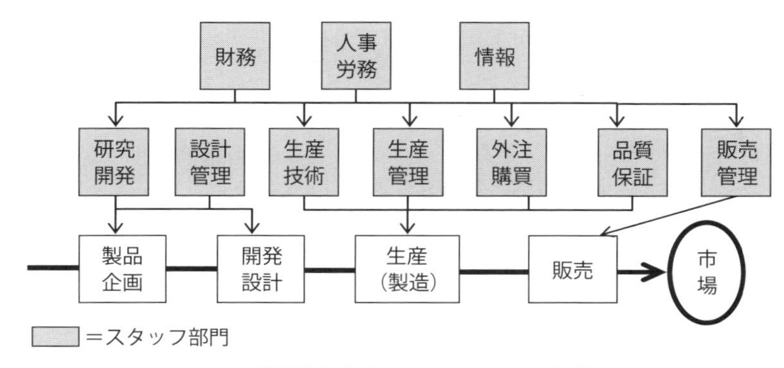

図1-4　基幹部門を支援するスタッフ部門

売プロモーション（販売促進）、顧客管理などの面から協力することが大切になる。また、市場状況や顧客ニーズは製品企画部門へ素早くフィードバックさせことも重要である。

財務部門は製品販売から得られる入金処理と外注先への支払い、購入資材メーカーへの支払いなどの現金出納関連処理はもちろん、会社全体の資金計画、資金調達、予算編成など全社にかかわる財務の仕事および利益管理業務を行う。**人事/労務部門**は従業員の採用から職場への配置、教育を行う。また、仕事をしやすい環境づくりも支援する。従業員の能力・業績・勤務態度などの評価を正しく行うための人事考課の制定と運用、さらに給与、退職金、福利厚生などの業務を担当する。**情報部門**は経営や管理の業務を正確にスピーディに行えるように必要な部門に必要な情報を必要なタイミングで提供するためのシステムづくり、システム改善を行う。近年は情報通信を使って取引企業や関連企業とのデータ授受が多くなっているため、情報システムも広域化している。

2.2　経営者の仕事

会社が大きくなれば基幹部門とそれを支援するスタッフ部門の人数も多くなる。また、組織の管理階層も形成される。

通常組織は3つの管理階層から構成される。第1はトップマネジメントといわれる経営者層である。第2はミドルマネジメントといわれる管理者層である。第3はロアマネジメントといわれる監督者層である（図1-5）。経営者層は社長、専務、常務、取締役などの会社役員で構成される。管理者層は部長、

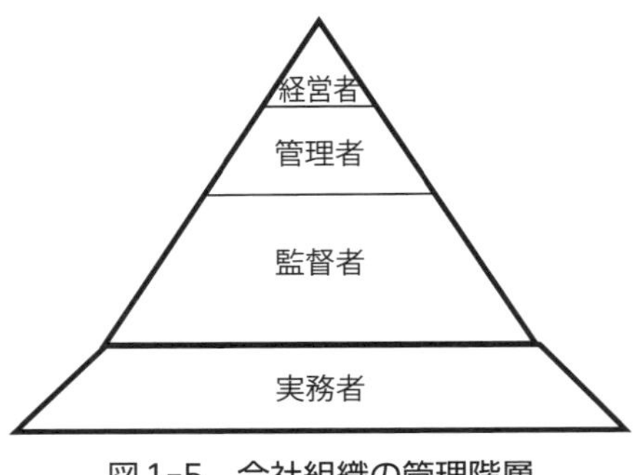

図1-5　会社組織の管理階層

次長、課長などの管理者で構成される。監督者層は係長、組長、班長など係りや班などのリーダーで構成される。

経営者は企業経営の仕事をする。経営の仕事は規模が大きいところに特徴がある。さらに先行き不透明であり、不規則である。具体的には前述の「新製品開発」「海外への進出」「新工場の建設」「他企業との合併買収（M＆A：Mergers and Acquisitions）」などが典型的な経営者の仕事である。例えば新車開発を例に考察してみる。新車開発にかかる費用は500億円ともいわれている。また、開発期間は1.5~2.5年といわれている。これでもコンピュータでVR（仮想現実：virtual reality）を駆使した場合の開発費用と期間であるため、以前はこれ以上の費用と期間が必要であったろうと予想される。これだけの費用と期間をかけても開発した新車が必ず成功する保証はない。それでも競争優位を保つため新車を開発するのである。そして、毎年新車を開発するという決まりもない。まったく不規則である。経営者の仕事はこのように先行き不透明で社運を賭けた大規模な仕事が中心になる。前述の製品開発も経営者の責任の下に進められるのである。製品企画部門の責任者が単独で製品開発を進めることはできない。経営者の意思決定により行われるのである。このため経営者は会社の将来の方向性を示し、戦略を練り、経営資源（人、モノ、金、情報）を結集し、目標達成まで不退転の強い意思で臨まなければならない。それがゆえに経営者の資質には先見性、意志力、知力など仕事能力の他に柔軟、誠実などの特性やユーモア、スマートなどの印象性も含めた人間性も大事な要素になる（経営者の人間課題は第11講4.2節を参照）。

3　モノづくりのしくみ

3.1　製造原価の65%超は自社以外から調達する部品・材料費

自動車は3万点、冷蔵庫は2,000点の部品から構成されているといわれている。製品をつくる会社（組立タイプの会社）は、あらゆる部品・資材を自前でつくることはない。大部分は外部から調達している。部品・資材を調達するには次の3つの方法がある。

(1) 外注先に製作依頼して部品・資材を調達する方法

部品・資材の調達方法で最も多いのは、外注先に製作依頼する部品・資材である。発注元の製品仕様に合うように、あらかじめ外注先と打ち合わせをしておき、必要の都度、必要な部品・資材を発注して調達する方法である。外注工場には発注元である親企業の専属に近いところもある。また自動車のボディに使う鋼板類、ウインドウに使うガラス類、タイヤ類などのように外注企業とはいえ規模が大きく、売上高も大きいため、各部材メーカーとして、自動車以外の部品・資材もつくり、多くの企業や顧客との取引を行っている企業もある。

(2) 市販されている部品・資材を購入して調達する方法

購入先メーカー仕様に基づいて生産された部品・資材を購入元が調達する方式。一般に標準品や規格品として市販されている部品（ボルト、ナット、ベアリング、ピンなど）、素材メーカーが生産した資材（鋼板、丸棒、銅、アルミ、ワイヤーなど）、特殊な技術で生産されたもの（特殊歯車）などが対象になる。

(3) 社内で加工したものを調達する方法

部品や構成品を自社内で製作したものを使う場合がある。高度な加工技術を必要とする部品、あるいは機密性の高い部品などは外注先に製作依頼せずに社内で製作する。自動車のエンジン、ミッションなどの主要部品が対象になる。

3.2　製品組立は自社内

製品生産が国内であれ海外であれ、製品組立は自社工場で行うのが一般的である（ただし、OEM：Original Equipment Manufacturerは委託者のブランド

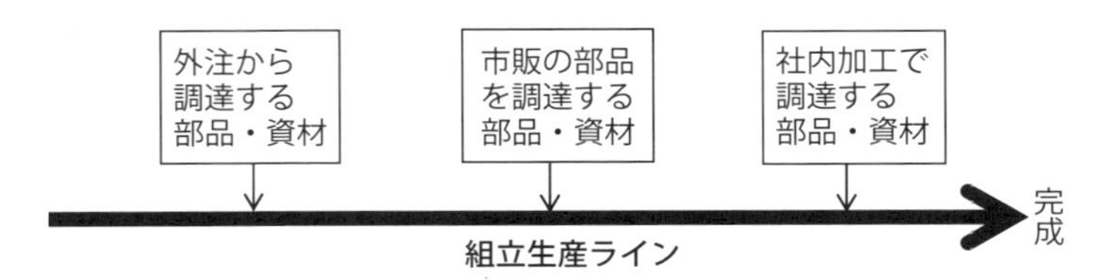

図1-6　調達部品・資材を使って組み立てられる生産ライン

で製品を生産すること、または 生産するメーカーのことで、ストーブのように部品点数の少ない製品のほかに、軽自動車の一部にみられるような専門性を活かした製品もある)。図1-6のように、外注から調達した部品・資材、市販されているものを購入した部品・資材や社内加工した部品は、社内の生産ラインに持ち込まれ取付けされる。完成品になるまでは多くの工程で多くの部品・資材が取り付けられる。また塗装、磨きや外観チェックも行われる。そして最終検査・計測により顧客に品質保証できる製品として完成させ出荷する。

3.3　モノづくりの具体例―自動車のつくり方

自動車は「プレス→車体溶接→塗装→組立→検査」の工程を経て完成する(図1-7)。**プレス工程**では主に鉄鋼メーカーから調達した鋼板を使用して車体構成部品であるボンネット、フェンダー、ルーフなどをプレス加工（切断、絞り、トリミング、フランジ加工など）する。車種によって形や大きさが違うため、金型を変更しながらプレス加工を行う。品種切替のための段取り時間の短縮が課題になる。

車体溶接工程ではプレス加工された車体の部品を主にスポット溶接（2枚の被溶接材料を圧着しつつ電流を流し、その抵抗熱で金属を溶かして接合する方式）で車体を順次組み立てていく。溶接作業では火花が散るため、人間には危険である。そのためロボットが多く導入されている。今では精密制御が可能となったため、車体の前後左右からロボットの手が伸び、干渉せずに同時に複数個所を溶接することができる。**塗装工程**では、溶接された車体に色を塗る。

洗浄により脱脂・脱錆を行い車体をきれいにする。錆止め、下塗り、上塗り乾燥と塗装を数回繰り返すことで車体は光沢のあるきれいな色になる。焼き付け塗装を行い、長時間風雨にさらされても、簡単には色があせないように、剥

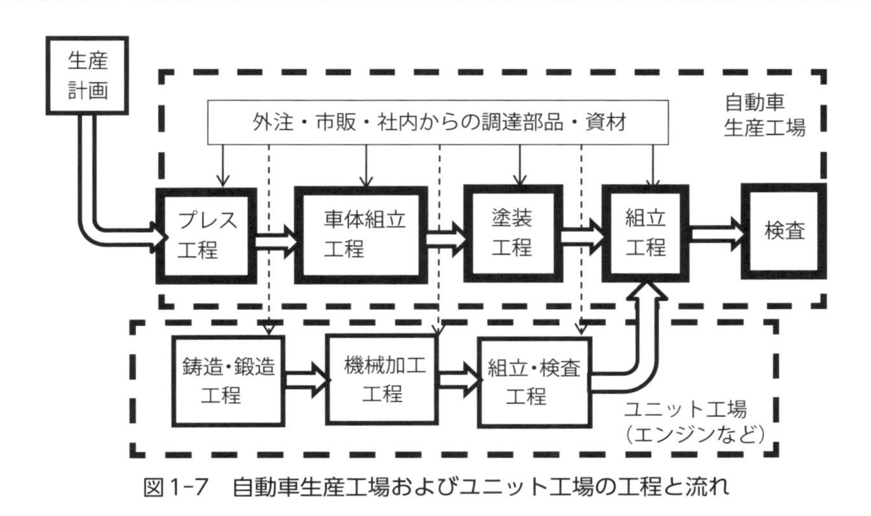

図1-7　自動車生産工場およびユニット工場の工程と流れ

がれないようにしている。ここでもロボットが人間に代わって作業をする。また、塗料が均一に塗布されることが重要であるため、静電塗装を採用している。塗装作業は塗装ブースの中で行い、作業環境に配慮している。**組立工程**は外注先からの調達部品や市販されている部品が多く取り付けられる工程である。シートや自動車の走行に必要な情報を指し示す計器類が配置されているダッシュボード、それにハンドルなどは車の室内に取付けられる部品であるが、タイヤやヘッドランプやウインドウ類などは車の外側に取付けられる部品である。ユニット工場で製作されたエンジンが取り付けられて車が完成される。**検査工程**は顧客に製品として販売しても問題がないことを確認するための検査である。製品の仕様や性能について全数検査をしているのが普通である。具体的には外観検査、エンジンルーム内検査、室内検査、足まわり検査、仕様検査、組立て傷、塗装検査、トーイン検査（左右のタイヤの前端が後端より短くなっている差をトーインという）、ヘッドランプ検査、ブレーキ検査などがある。工場敷地内の走行テストは組立ラインから離れたテストコースで抜取検査として行われる。

第1講　練習問題

問1　知識・理解

各年度の経営計画と予算編成について述べよ。

問2　知識・理解

企業の組織編成は何のために行われるか。またライン部門とスタッフ部門について説明せよ。

問3　知識・理解

製造業における基幹部門をあげよ。

問4　知識・理解

生産管理部門は生産（製造）のスタッフ部門として、主にどのような業務を行っているか。

問5　思考・判断

経営ビジョン・経営目標が長期経営計画ではなく、中期経営計画に反映させるのはなぜか。

問6　思考・判断

企業組織の管理者層は通常の場合、経営者層、管理者層、監督者層の3つに形成される。なぜこのような3つの管理階層ができるか。

問7　関心・意欲

いずれ日本の自動車メーカー（トヨタ、日産、ホンダなど）も斜陽化産業（競争力低下による規模の縮小や倒産）に追い込まれることが予想される。どのような場合斜陽化になるか、その要因をあげよ。

※解答例は 229 ページ

経営と生産と生産価値

学びのポイント

(1) **企業が社会に価値（製品とサービス）を提供し続けるには何が必要か。**ステークホルダーとの良好な関係を築くことが重要であることを学ぼう。

(2) **5つの生産タイプとは。**生産タイプの1つである加工変換型は製造業のモノづくりが代表的である。原材料から製品へ変形、変質されることにより、価値変換が行われることを学ぼう。

(3) **製品の価値とは何か。**製品を買って利用する側の価値と生産して売った企業側の価値がある。そして利用する側の価値と企業側の価値の大きさはバランスをとらなければならないことを習得しよう。

(4) 顧客が買った製品から得られる効用（役立ち）は定量的に表せるものと表せないものがある。**効用が定量的に表せないものを買う場合の意思決定はどのようにして行われるか。**

(5) **製品QCDとは何か。**QCDが製品の価値を決める条件になることを学習しよう。

(6) **製品QCDの性質とは。**特に製品Q（品質）については利用者の手に渡り一生涯利用者から評価される運命にあることを知ろう。

(7) 製品価値条件QCDを支配する生産要素**M（材料）、F（設備）、W（労働）とは何か。**MFW各々にもQCDが存在することを理解しよう。

(8) **見込み生産と受注生産とはどのような生産方式か。**近年話題のセル生産、カスタマイズ生産とはどのような特徴ある生産方式かを学ぼう。

キーワード

ステークホルダー、生産のタイプ、製品の価値条件、QCD、製品価値支配条件、MFW、受注生産、見込み生産、セル生産、カスタマイズ生産

1　経営と生産

1.1　経営の目的

第1講では経営目的と目的達成のための経営計画について述べたが、本講では経営目的達成手段の本流である製品生産のあり方について述べる。

企業は利潤獲得を目的として製品（商品ともいう）、あるいはサービスの価値を社会に提供する経営体である。経営体は短命で終わったのでは社会に貢献したことにはならない。価値を継続して提供するところに社会的貢献の意味がある（図2-1）。

企業目的を達成するための活動を経営という。経営の目的は2つある。1つは価値を社会に提供し利潤を得ることであり、2つ目はステークホルダー[注1]（Stakeholder：利害関係者）と良好な関係を築くことである。2つの企業目的を同時に達成できなければ企業は存在価値を失う。企業を持続的に成長させるには獲得した利潤をもとに競争力ある経営体に革新し、永続的に社会に貢献できる企業体質づくりをすることである。そして経営方針や財務状態などを情報開示し、ステークホルダーとの相互信頼を維持しなければならない。

1.2　経営と組織

企業は目的を効率良く達成するために組織を編成する。一般に組織は機能別

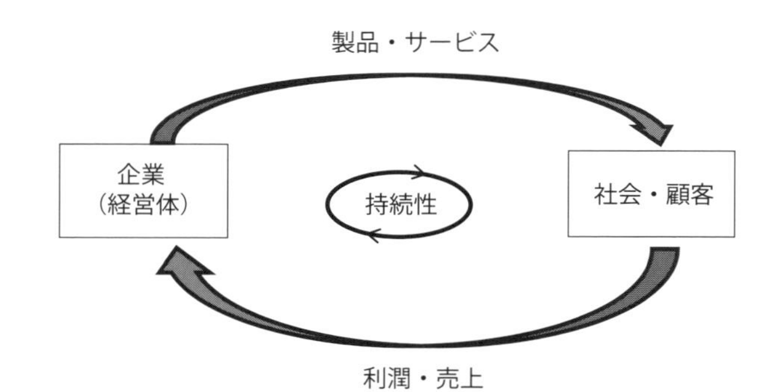

図2-1　企業と社会の関係

注1　ステークホルダー：株主、顧客、従業員、銀行、取引先業者、地域社会、労働組合など、企業を取り巻く利害関係者をさす。

（企画、設計、生産、販売、財務など）に編成される。モノをつくる機能は生産（製造ともいう）が分担する。組織は個々バラバラに活動するのではなく有機的に結び付き、目標達成のために一丸となって活動する。

1.3　経営目標と部門目標

目標は目的を具体化したものである。今年度の売上目標を5,000億円にする、上半期は利益を30億円確保する、売上シェアを25%まで拡大する、などは企業全体の経営目標である。この目標が各部門組織に活動指針を与える。例えば企業全体の売上目標が5,000億円のとき、競合他社や市場動向などを分析し、目標売上げ達成のためにインフラシステム事業部門で1,500億円、情報通信事業部門で1,000億円、電力システム事業部門で1,000億円、建設機械事業部門で800億円、高機能材料事業部門で700億円のように部門売上目標が割当てられる。そして各部門の販売部はこの売上げ目標を達成するために、どこの地域（どこの国でも良い）に何をどれだけ売上げるべきかの計画が設定され、最終的には販売担当者個々人の売上げ計画まで設定される。一方、生産部門は売上目標達成に支障をきたさないようなモノづくり計画がなされる。つまり販売目標に合わせて何をどれだけ生産しなければならないかの生産計画が設定されることになる。企画、設計、財務などの部門についても同じように部門目標が設定される。各部門組織は企業全体の経営目標達成のために、さらに細部の目標を計画し組織活動を展開する。

1.4　経営と製品生産

経営は企業目的達成のため、価値を産出し社会に提供する。産出する価値が有形の場合は製品であり、無形の場合はサービスである。

価値の産出を生産という。あらゆる産業が価値産出活動を行っている。製造業の価値産出活動は製品や部品や原材料であるが、いずれも生産によってつくられる。本書では主に製品を対象に論ずるが、鋼鈑は自動車メーカーでは材料扱い、生産している製鉄会社では製品扱いとなり、同じモノが製品にも材料にもなる。

1.5　生産のタイプ

モノづくりの製造業では製品を開発し、製品設計を行い、原材料を調達し、生産を行い、出荷・流通させ販売し、保守・サービスを行う。この一連の生産活動は企業内外の組織が連携して価値産出活動を行っている。低価値体から高価値体への変換を生産タイプで区別するならば次の5つになる。

1つは変形、変質を生産のタイプとする**加工変換型タイプ**（主に本書で述べる製造工程が該当）、2つ目は品質を変えずに（すでに高い価値の品質を保有）相対的位置のみを変換する**位置変換型タイプ**（販売、流通、輸送など）、3つ目は需要者にとって価値の低い時点から価値の高くなる時点まで対象の品質を変えないで保存し、価値が高くなった時点でこれを提供する**時間変換型タイプ**（倉庫、調達など）、4つ目は成長を伸ばす条件を助け、妨げる条件を除去して成長を支援する**成長変換型タイプ**（教育・訓練など）、5つ目はモノとしての価値は持たないが他の業務に活用されて価値を発現する**情報変換型タイプ**（経営、管理、設計など）がある。情報変換型タイプは加工変換、位置変換、時間変換、成長変換のすべてを総合化した生産のタイプである（表2-1）。

表2-1　価値変換形態からみた生産のタイプ

生産のタイプ	価値変換の形態	製造業の該当
加工変換型	1. 原材料から製品へ変形、変質によって変える 2. 技術と加工力の高さが価値変換のQCDを支配する	製造工程
位置変換型	1. 品質を変えずに必要としている位置へ提供する 2. 優れた価値体の発見と必要としている位置への提供	販売・流通 運搬・輸送 調達・購買
時間変換型	1. 価値の低い時点から価値の高い時点まで品質を変えないで保存する 2. 価値が高くなった時点で提供する	倉庫 調達
成長変換型	1. 成長を伸ばす条件を助け、妨げる条件を除去する	教育・訓練 農業
情報変換型	1. 利用ニーズに合う加工、位置、時間、成長変換と提供	経営・管理 設計・技術

出所：熊谷智徳：「生産経営論」、放送大学教育振興会（1997）、表3-2より抜粋

2　製品の価値と価値条件

2.1　製品の価値

生産された製品の価値V_Tは、製品を利用するために買った顧客側の価値V_Uと生産して売った企業側の価値V_Mが含まれる。

顧客側の価値は、製品を利用することによって得られる効用U（本講2.2節でも述べる）と、その製品を取得するために支払った価格Pとの差で求められる。また、企業側の価値は、製品の顧客への販売価格Pとその製品をつくるために費やしたコストCとの差で求められる。

$$V_T = V_U + V_M \quad (2.1)$$

$$V_U = U - P \quad (2.2)$$

$$V_M = P - C \quad (2.3)$$

製品価値V_Tは買った利用者の価値が大きいほど、また売った企業の価値が大きいほど大きくなる。どちらか一方だけの価値が大きいだけでは価値の適正配分にならない。“買ってよかった”、“売ってよかった”が同時に満たされなければならない。

V_Uがマイナスのときは、価格に比べて効用が小さいので「2度と買うものか」という不満が残る。V_Mがマイナスのときは、価格に比べてコストが大きいので企業は損失（赤字）になる。(2.1）式V_Tに（2.2）式V_Uと（2.3）式V_Mを代入する。

$$V_T = V_U + V_M$$

$$V_T = (U-P)+(P-C)$$

$$= U - C \quad (2.4)$$

(2.4）式からわかるように、製品価値V_Tを大きくするには利用者の効用Uを大きくすることと生産コストCを小さくすることで達成される。つまり、企業が顧客に対して効用の大きな製品を小さいコストで生産しなければならない。また製品価値を利用者側と企業側に適正配分することが重要である。

2.2　価値効用の特徴

顧客が買った製品から得られる効用（役立ち）Uは、定量的に表せるものと表せないものがある。例えば個人タクシーを営むために300万円で車を購入し（車の減価償却期間3年とする）、毎月のガソリン代などのランニングコストを除いた収益が毎月50万円見込まれるならば、年間の効用は500万円（V_U=U-Pから、50万円×12か月－100万円＝500万円）となり、定量的に表せる。一方、社員研修の一環で社内図書として毎月50万円の書籍を購入している、5,000万円の大型バスを購入して従業員の社内旅行や娯楽や福利厚生に利用しているなどは製品から得られる効用Uは定量的な金額では表せず、定性的になる。個人がノートや鉛筆を買う、運動シューズを買うなども同じように効用は定量的には表せない。ただし、効用が定量的に表せないものでも、製品を買うときは必ずお金を支払うので定量的になる。ここに次節に述べるような購入判断と意思決定が必要になる。

2.3　効用が定性的な場合の購入意思決定

顧客が、製品から得られる効用が定量的に表せない製品を買うか否かの判断は、顧客である企業（または個人）の財務状態と必要性から決定される。お金に余裕がある場合、または必要性が強い場合は買う機会が高くなる。年収200万円の人が300万円の車を買うよりも、年収1,000万円の人が300万円の車を買う機会が高くなることを考えると理解できるだろう。

製品の効用、購入費用、購入側の財務状況、ニーズの強さの4点から、購入意思決定の関係をまとめると次のようになる。

①通常、製品の購入費用より製品の効用が大きいと判断した場合は購入する
②買う側の財務状態（経済的余裕の大きさ）が良いほうが、悪いほうに比べ買う機会が高くなる
③買う側の必要性（ニーズの大きさ）が強い方が、弱いほうに比べ買う機会が高くなる
　○その製品が無いと業務（作業）に支障をきたす場合
　○買うことにより、買う側の個人や組織のモチベーションが高くなる場合
　○買うことにより、環境改善につながる場合など

2.4　価値条件

製品の価値を大きくするには、提供する企業側は製品を安くつくり、適正価格で顧客に提供すること、また顧客は買った製品を通じて大きな効用を上げることが重要であった。大きな効用は、顧客が製品に期待する機能・性能・デザインなどの品質を安い価格で、要求する時期に・要求する量をタイミング良く提供されたときに発揮する。

このように製品に期待する①品質が優れていること（Q：Quality，品質）②価格が安いこと（C：Cost，原価）③タイムリーに入手できること（D：Delivery，納期・日程・量）の3つの条件を、価値条件と呼んでいる。「良いものを安く早くつくろう」は、この価値条件からきている（以下、QCDといえば品質、コスト、納期・日程・量の価値条件をさす）。

例えば、ある製品を購入するとき、同じ機能・性能・デザインなら価格の安いものを、同じ価格なら機能・性能・デザインの良いものを、機能・性能も価格も同じならほしいときに手に入るものを選択することを想像すると、容易に理解できるだろう。

製品の品質には機能・性能・デザインだけではなく、安全であること、使いやすいこと、準備・後始末が簡単なこと、故障が少なく信頼性が高いこと、環境に悪影響を与えないこと、維持コストが安いこと、再利用しやすいこと、廃棄しやすいこと、など多くの要素が含まれている。このため価値条件QCDの中でQは最も重要な価値条件である（本講2.5節でも述べる）。

ここがポイント!!

【製品価値条件】
製品QCDを製品価値条件という
①Qは製品のもつ品質（Q:Quality（機能、性能、デザインなど））をいう
②Cは製品のコスト（C:Cost（価格、原価、費用））をいう
③Dは製品の適時性（D:Delivery（納期・日程、時間、量））をいう
④品質Qは良いものほど、コストCは安いほど、適時性Dはタイムリーなほど価値が高くなる
⑤「良い製品を安く早くつくろう」は製品価値を高くするためのスローガンである

2.5　価値条件の性質

顧客は製品を買うとき、競合相手製品の品質、価格や入手条件を見ながらどれにするかを決断する。つまり競合相手商品とのQCD比較である。この価値

条件QCDには次のような性質がある。

(1) 価値条件Qの性質

顧客が買った製品は顧客によって一生涯使われる。この使用過程でその製品のもっている機能・性能を発揮することは当然であるが他にも、使いやすい、安全である、準備・後始末が簡単であるなど、使われる場面で品質価値条件Qが評価される。買う前の価値条件Qの評価に加えて、買ってから廃棄されるまで一生涯製品品質が評価される。このように価値条件Qは利用者の手に渡り、長きにわたり評価されるので価値条件QCDの中でも最も重要な条件になる。「買ってよかった」、「二度と買うものか」の分かれ目はこの使用過程でのQ評価が大きい。

(2) 価値条件Cの性質

顧客が製品を買うとき、値段が安いか、高いか、適当か、が価値条件Cである。価格は製品Qと密接に関係している。高機能、高付加価値製品ほど高額である。顧客はこの製品Qと価格を天秤にかけ、買うか否かの決断をする。しかし、初期購入価格とは別に維持費（ランニングコスト）を推定して、買うときの一瞬の判断に使っている。“この程度の維持費なら問題ないだろう”の判断である。実際の維持費が推定値より極端に差があった場合はQの性質と同じように「買ってよかった」、「二度と買うものか」が評価される。その意味では、次に述べる価値条件Dとは異なり、買った後の使用過程でC評価に大きな影響を及ぼす条件になる。

(3) 価値条件Dの性質

顧客が製品を買うときすぐ買える、あるいは待たされるなどの事態が起こる。また、注文した製品が予定通りにでき上がる、あるいは納期遅れが起こるなどの事態が生ずる。価値条件Dは顧客が製品を買うとき、すぐに（予定通りに）手に入るか、あるいは待たされるかの違いであり、買う時点の価値条件である。価値条件Cと同じように一瞬の判断に使われる価値条件になる。

プラントやシステム製品のように、注文によって製品をつくる場合、トンネルや道路建設のように工事の長いオーダーは価値条件Dが重要になる。完成時期が遅れると利用者に多大な迷惑がかかりD評価が下がり、競争不利になる。

3　価値支配条件

製品価値条件がQCD（Q：品質、C：コスト、D：納期・日程・時間）であることは述べたが、この価値条件QCDを支配しているのが変換（価値の付加）過程で使われる資材（M：Material）、設備（F：Facility）、労働（W：Worker）の要素である（図2-2）。3つの要素は生産要素と呼ばれている。生産要素の管理を生産要素管理（またはMFW管理）という。

資材Mと設備Fと労働WはそれぞれにQCDを持っている。すなわち材料Mに品質、コストと調達時間があり、設備Fに品質能力、コスト能力と時間能力があり、労働Wに技能、賃金と人数があることからも理解できるだろう。生産要素MFWのもつQCDが、加工変換（価値変換）を通じて製品のQCDに付加されるのである。

品質が良くコストの安い材料に、性能の良い低価格の設備を使い、適切な技能レベルの作業者が少人数かつ短時間で加工変換できるならば、高品質で低コストの製品が短時間に多く生産できる。

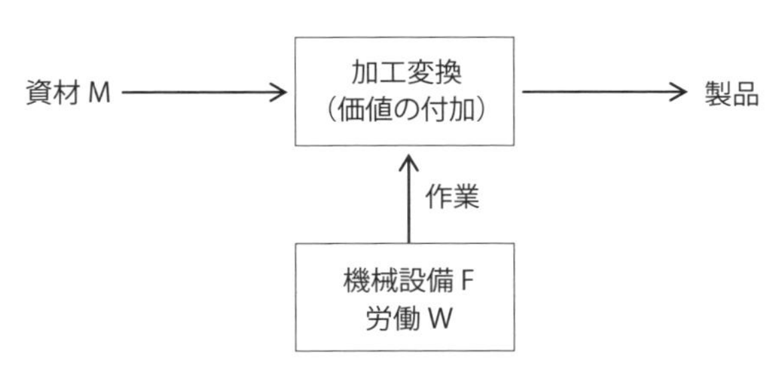

図2-2　生産活動における生産要素

4　受注形態と生産

生産の動機には注文を受けて生産する注文生産（受注生産ともいう）と売れ

ることを見越して生産する見込生産がある。

4.1　注文生産

注文生産は注文ごとに製品仕様、価格、納期を契約し、契約に基づき設計し、材料を調達し、生産し、検査し、完成させ、納品する方式である（図2-3）。さまざまな仕様の製品が注文されるので生産ラインに弾力性をもたせて、仕様に応じた生産が行えるように工夫しなければならない。注文ごとに仕様を満たすように、納期に間に合うように、利益が出るように受注番号（製造番号：製番という）をとり、この製番ごとにQCD管理、MFW管理を行う。

4.2　見込み生産

見込み生産は注文生産とは異なり、売れることを見越して生産する方式である。市場のニーズや競合製品を分析して競争優位になるようなコストと仕様の製品を開発し、同一設計仕様の製品を一定期間繰り返し生産する。そのため、設計段階でQCDを保証できる管理を徹底する。生産は市場の需要と在庫量に応じて月単位（企業や製品によりさまざまである）に計画され、材料を調達し、生産し、検査を行い、完成させ、在庫を持つ。顧客からの注文には在庫製品（小売店や工場に在庫）を引き当て即納する（図2-4）。

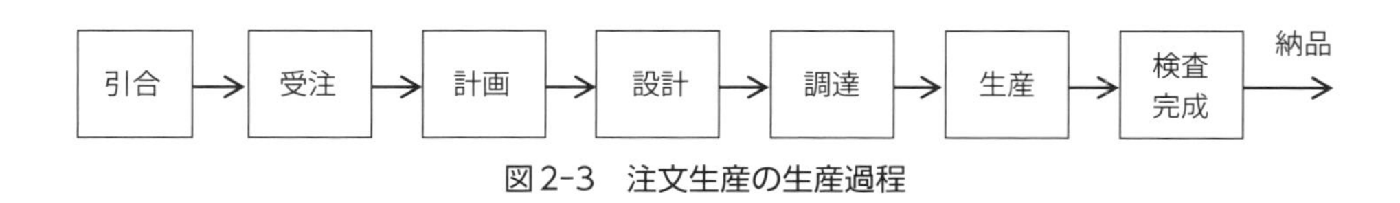

図2-3　注文生産の生産過程

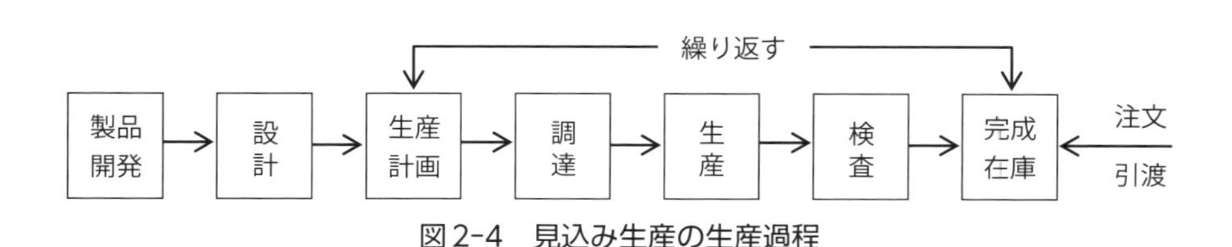

図2-4　見込み生産の生産過程

5　受注形態と品種・量と生産方式

5.1　受注生産の品種・量と生産方式

注文を受けてつくる製品は個々の注文主（顧客）により仕様、価格、納期が異なるため、多品種少量生産[注2]になる。そして生産は注文ごとに製番をとり、製番ごとに品質、コスト、日程（納期）を管理する個別生産方式をとる。製品仕様や価格や納期は注文主と製造メーカー両者の協議により契約されるが、注文主が自社（または自身）の要求仕様を満たすように進めるため、注文主の主導のもとに進められる。

5.2　見込み生産の品種・量と生産方式

見込み生産はまとまった量の需要が見込まれ、需要がかなり確実なときにとられる生産方式で少品種多量生産[注3]になる。そして生産は同一品種（類似品種でもかまわない）のものを大量に生産する連続生産方式をとる。同じ製品を一定期間繰り返し生産する方式である。製品仕様や価格は、市場や競合他社の製品を調査・分析して競争優位を得るように製造メーカーが決定する。

5.3　受注形態と品種・量と生産方式

受注形態と品種・量と生産方式をまとめたものが図2-5である。注文生産は量が少ないのが一般的であるが、ある程度量がまとまると中量生産になり生産

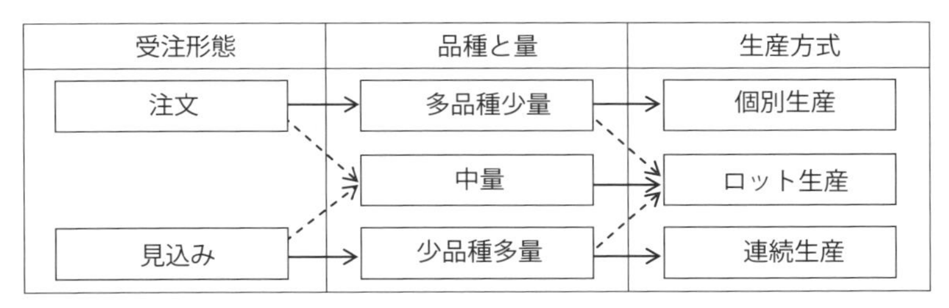

図2-5　受注形態と品種・量と生産方式

注2　多品種少量生産：つくる品種の数が多いが、品種ごとの生産量が少ない生産。
注3　少品種多量生産：つくる品種の数が少ないが、品種ごとの生産量が多い生産。

方式もロット生産方式[注4]になる。また見込み生産でも多くの需要を見込めないものは中量生産になり生産方式もロット生産方式になる。

6 時代の要請にマッチした生産方式

6.1 セル生産方式

単調作業からの解放、仕掛品[注5]の減少、生産性向上を目的に1人または少人数で製品または部品の組み立てを行う生産方式である。単純なモデルでセル生産方式の特徴を説明する。

A製品を図2-6の従来型ライン方式とセル生産方式で生産する場合を考える。A製品は①～⑤工程までの工程で部品が組立てられ完成するものとする。従来型ライン生産では、各工程には各々1人の作業者が配置され、工程ごとの組立作業を専門に担当している。各工程の部品組立時間は図2-6にある表の通りである。従来型の生産では②工程がネック工程[注6]になり、6分のタクトタイム[注7]で製品が完成する。1日8時間労働としたときのA製品の完成数量は80個(8時間×60分／6分＝80個)になる。

セル生産の場合は1人または数人の作業者が①～⑤工程までの組立をすべて行う。この場合のA製品の完成数量は①～⑤までの合計時間が20分なので、1人の作業者が24個(8時間×60分／20分＝24個)可能になる。5人で生産すれば120個(5人×24個＝120個)完成することになり、単純に1.5倍の生産性向上になる。また1人で製品を完成させる満足感もわく。

6.2 カスタマイズ生産方式

もともとカスタマイズ[注8]化はコンピュータシステムに使われるパッケージソ

注4　ロット生産方式：同じ製品を一定期間繰り返し生産する方式。
注5　仕掛品：工程間の作業時間差などにより工程内に在庫される半製品。
注6　ネック工程：流れ作業工程の中で一番時間の長い工程。この工程が全体の流れを決めるので隘路工程ともいう。
注7　タクトタイム：流れ生産工程から作られる1個の生産スピード。1個当たりの完成時間間隔。
注8　カスタマイズ：ほぼ完成されているものを改造して顧客仕様に作り上げること。

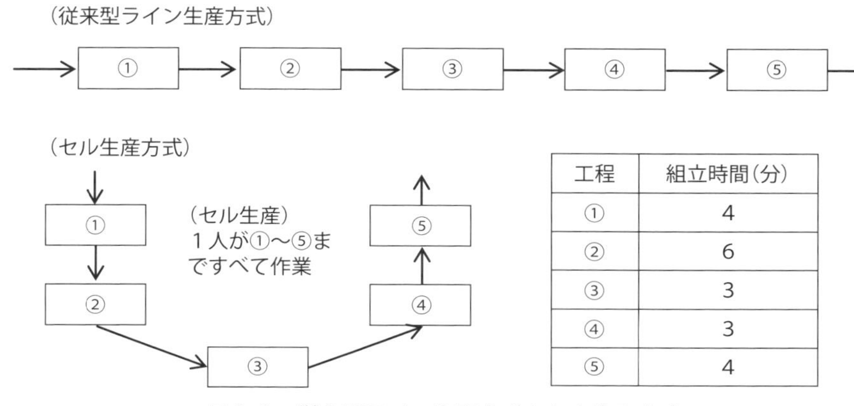

工程	組立時間(分)
①	4
②	6
③	3
④	3
⑤	4

図2-6　従来型ライン生産方式とセル生産方式

フト（市販されているソフトウエア製品）に多く適用されている。標準品の一部を顧客ニーズに合わせてつくり替えるだけなので、注文生産のように長い時間を必要としないし、安くできる。顧客へ早く、安く提供できるメリットをモノの生産に適用したのがカスタマイズ生産である。

製造業におけるカスタマイズ生産には2つの流れがある。1つはモジュール化[注9]をベースとしてカスタマイズ化する方法である。2つ目はプラットホーム化[注10]をベースとして顧客の要望にカスタマイズ化する方法である。

【モジュール化をベースとしたカスタマイズ生産】

製造業では顧客からの注文を部品からつくり、それを組み立てて完成させると膨大な時間がかかる。また、顧客単位で部品管理すると煩雑になる。モジュール化によるカスタマイズは、製品の構成要素が独立しており、いくつかの構成要素郡（モジュール）をあらかじめつくって在庫を確保しておき、顧客の要求仕様に合わせて必要なモジュールを組み合わせて対応する生産方式である。

【プラットホーム化をベースとしたカスタマイズ生産】

「プラットホーム」には「土台」の意味がある。建物の土台、車の土台（シャシー部分）などをベースにして、その上に顧客からの要求仕様をつくり込む方式をさす。製品の骨格をなす部分をプラットホームとして共有化し、その上に顧客仕様ニーズに答える生産方式である。プラットホーム化は開発・設計当初から顧客の要望を先取りして進めなければならない。

注9　モジュール化：製品を構成するための機能的に独立した構成要素のこと。
注10　プラットホーム化：「土台」、基礎になる機能を担っている部分のこと。

第2講　練習問題

問1　知識・理解

製品価値条件QCDのフルスペルと日本語訳を書け。

問2　知識・理解

QCDが製品価値条件といわれる理由を述べよ。

問3　知識・理解

生産要素MFWのフルスペルと日本語訳を書け。また、MFWが製品価値支配条件といわれる理由を述べよ。

問4　知識・理解

セル生産およびカスタマイズ生産について簡単に説明せよ。

問5　思考・判断

あなたの身の回りから注文生産でつくられたと思う製品、見込み生産でつくられたと思う製品を各々3つあげよ。

【注文生産でつくられた製品】：

【見込み生産でつくられた製品】：

問6　思考・判断

ステークホルダーは企業を取り巻く利害関係者と訳されている。この中には地域住民も含まれている。地域住民から高い信頼を得るための企業の取り組み方を述べよ。

問7　関心・意欲

近年話題のプレミアム商品（ビールやアイスクリームなど）は一般の商品と、どこが違うのかを説明せよ。また、なぜプレミアム商品が増えつつあるかを説明せよ。

※解答例は 230 ページ

第 3 講

生産管理の体系

学びのポイント

(1) 上流工程である製品企画/開発/設計が製品価値QCD決定に与える影響が大きいこと学習しよう。**上流工程が製品QCDの70%を決定付ける理由とは。**

(2) 下流工程である**保守・サービスが重要であるといわれる理由とは。**また上流工程と下流工程のコラボレーションがなぜ必要かを学ぼう。

(3) **管理とは何か。経営とは何か。**管理と経営の違いやそれぞれの特徴を比較しながら理解しよう。

(4) **生産管理とは何か。**生産管理で行うべき業務内容の概要を理解しよう。

(5) **生産経営とは何か。**生産管理と生産経営の違いと特徴について学習しよう。また生産管理と生産経営との連携の重要性も把握しよう。

(6) **生産管理体系とは何か。**製品価値条件であるQCD（品質、コスト、日程）の管理、生産要素であるMFW（資材、設備、労働）の管理、管理過程であるPDS（計画、実行、評価）が基本となり、マトリクスを構成することを理解しよう。

(7) **広義の生産管理、狭義の生産管理の範囲と体系とは。**
広義の生産管理は一般に企業経営といわれる内容が含まれることを理解しよう。

キーワード

上流工程、下流工程、管理、経営、PDS、PDCA、生産管理、生産経営、ルーチンワーク、管理過程、広義の生産管理、狭義の生産管理

1　製造業の生産過程

図3-1は図1-3の製造業の基幹部門を細分化したものである。各部門の業務を大まかに述べるならば、**企画部門**は新しい製品を計画する部門である。**概念設計部門**は計画された製品の機能や仕様をイメージできるように描く部門である。**開発/設計部門**は未解決の技術的要素を解決し、製品をつくれるように図面を書く部門である。**生産準備部門**は製品をつくるための生産ラインを準備する部門である。**製造部門**は生産ラインを使って日常的に製品をつくる部門である。**販売部門**はつくった製品を売る部門である。**保守・サービス部門**は売った製品の教育・指導、点検、修理などを行う部門である。

製造業では企画、設計（概念設計、開発/設計）部門を上流工程といい、販売、保守・サービス部門を下流工程という。

2　製品価値を高くする上流工程と下流工程

製造業では上流工程である企画、開発/設計と下流工程である販売、保守・サービスが重要である。そして上流工程と下流工程のコラボレーション（協力関係）が必要である。

2.1　上流工程の重要性

製造業では製品の企画、開発/設計の上流工程が極めて重要である。その理由は次の通りである。

①企業が社会に貢献できるのは唯一製品とサービスを通じてである

②製品やサービスの企画、開発/設計は上流工程で行われる

③市場ニーズ・ウォンツ[注1]を取り込み、競合他社製品との差別化を図り、競争優位な製品やサービスを企画・計画するのがこの上流工程である

注1　ウォンツ：漫然と欲しているニーズに対し、ニーズを満たすために手に入れたいもの。

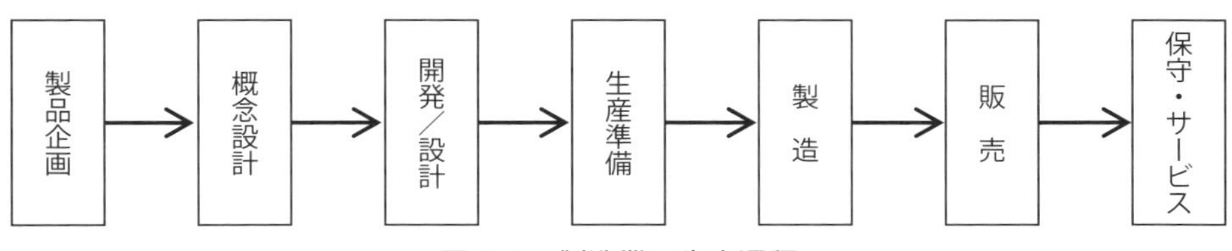

図3-1　製造業の生産過程

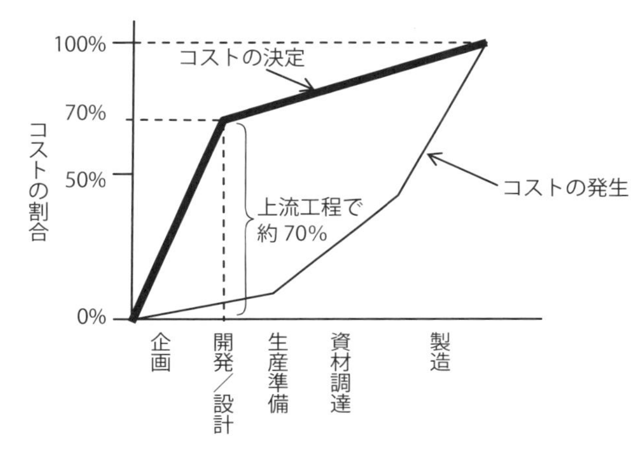

図3-2　生産過程におけるコストの決定と発生

④製品の仕様（機能[注2]、性能[注3]、デザイン、精度など）、サービスの内容、価格、コスト、ライフサイクル、総需要量などを計画し、顧客への役立ちと自社の売上高、企業収益に大きな影響を与えるのもこの段階である

生産コスト[注4]を例に、計画/開発/設計段階の重要性を考えてみたい。図3-2は、生産コストの決定とコストの発生を生産過程との関係で図示したものである。上流工程である企画、開発/設計段階で、開発する製品コストの約70%を決定していることがわかる。資材調達場面で調達方法を改善しても、また、つくる製造段階で作業改善を行っても、コスト決定には30%しか影響し

注2　機能：製品のもつ働きや役割をいう。洗濯機の機能は「汚れを落とす」のが機能である。近年は洗濯機も進化し「脱水」や「乾燥」などの機能もついている。
注3　性能：機能を果たす能力をいう。洗濯機を例にとるならば汚れを落とす機能を「綺麗に落とす」、「早く落とす」などは性能の良い洗濯機になる。
注4　生産コスト：製造コストともいう。製品をつくるのにどれだけのコスト（費用ともいう）がかかったかを把握するもので、製品に使われ材料費、つくるためにかかった労務費と経費（減価償却費、水道光熱費、賃貸料、特許権使用料など）が含まれる。ライフサイクルコストは、製造コストのほかに顧客の手に渡り使用される場面で発生する運用コスト、修理コストや廃棄コストなどを含む一生涯のコストである。

ないことを意味している。裏を返せば製品計画/製品開発の上流工程はリスクも大きいことになる。失敗に気が付かないで開発/設計した製品をいくら設計通りにつくっても、資材調達や製造場面でいくら努力してもコスト高になる。

一方、コストの発生は製品をつくる製造場面が圧倒的に多く70%前後になる。逆に上流工程の計画/開発と設計では10%前後と少ない。このコスト発生の少ない上流工程で大半のコストを決めているのだから、いかに上流工程が重要であるかが理解できるだろう。

2.2 下流工程の重要性

下流工程の中でも特に保守・サービスが重要になってきた。良い品質の製品さえつくっていれば売れる時代ではなくなったからである。新興国[注5]を始め多くの国が工業製品をつくれるようになり、市場はモノ余り状態になっている。顧客の求める価値も多様化している。とりわけ製品をつくって顧客へ販売する前後のサービスに注目が移っている。サービスによる売り上げが製品をつくって売る額に比べ相対的に伸びているからである。

車を例にとれば、新車の生産・販売額30%に比べ保守・サービスの売上額が70%である(図3-3)。車を購入しやすくするためのローン、レンタルや中古車市場、維持管理ための修理、部品交換、車検、それに廃車に至るまで、きめ細かなサービスが施されている。特に製造業のサービスでは修理・保守の付帯サービスだけではなく、GE社のように自社製品を核に金融や中古事業を展開して製品ライフサイクル全体の収益化を目指したサービスタイプ、ソニー・コンピュータエンタテインメント(SCE)のように自社製品のゲーム機にゲームソフトや映画ソフトのコンテンツを提供することで製品とソフトウエアのシナジー効果による収益化を目指したサービスタイプ、さらにIBM社のように自社製品・資源を活用したコンサルタント、教育、高度熟練者派遣などで顧客ソリューションをサービスタイプとして展開している企業が増えている。

近年、製品が顧客に渡ってから顧客が製品を使って問題解決するためのサービス化が注目されている。この流れはサービス差別化として製造業が自社と顧客の共創により価値を創造し、双方の企業に収益をもたらす展開である。しか

注5　新興国：BRICsともいう。ブラジル(Brazil)、ロシア(Russia)、インド(India)、中国(China)の4か国を総称した名称である。いずれの国も国土面積が広く、人口が多く、資源が豊富である、という特徴がある。その後、南アフリカが加わりBRICSと記述されることもある。

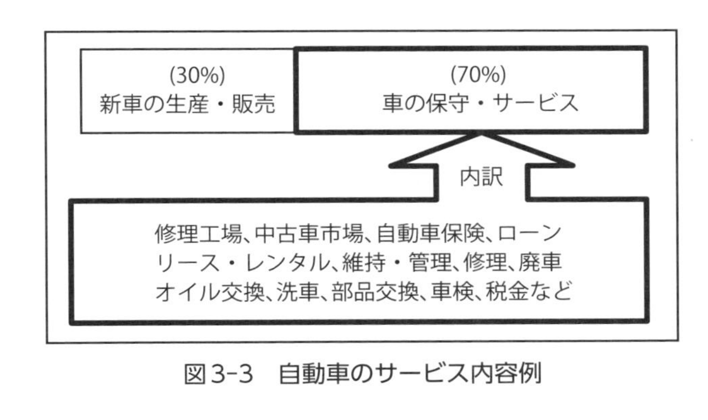

図3-3　自動車のサービス内容例

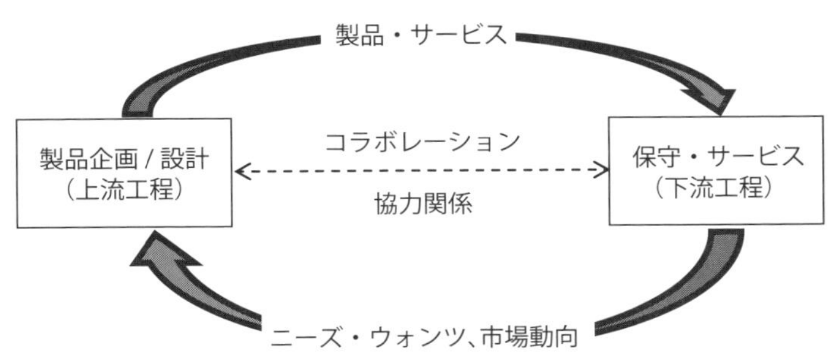

図3-4　上流工程と下流工程のコラボレーション

し製造業のサービス化が進展しても、サービス競争優位のポイントはサービスのQCDである。サービスのQはサービス品質であり、サービスを通じて顧客の期待に答えることで、顧客満足を得ることである。サービスのCはサービスコストのことで、顧客の期待するコストで実現することであり、双方が儲かることである。またサービスのDはサービス適時性のことで、サービスを迅速かつ確実に行い需要を増やすことである。

2.3　上流工程と下流工程のコラボレーション

上流工程は市場のニーズ、ウォンツを取り入れ競合他社製品との差別化を図り競争優位になる製品を計画し開発する工程である。

下流工程の保守・サービスでは買った顧客が製品を使う場面で生産性向上を支援する、顧客の問題解決に力を置いている。そして下流工程から上流工程への期待する顧客情報、市場動向などを正しく伝え、また上流工程では新たな製品開発にその情報を活かすコラボレーションが重要になる（図3-4）。下流工程と上流工程のコラボレーションこそ顧客への製品価値を高めるとともに、かつ、提供する企業側の製品価値を高める。

製品企画/製品設計では市場のニーズ・ウォンツを自社の得意とする技術と結び付け、製品開発をしなければならない。ただし技術を優先してはならない。市場の要求する製品と乖離するからである。ニーズ、ウォンツを優先しなければならない。技術は製品開発の手段であることを忘れてはならない。

3　生産管理と生産経営

3.1　管理とは

ある目的（課題）を達成するために計画を立て（P：Plan）、計画に従い実行し（D：Do）、実行結果を調査し（C：Check）、調査結果と計画に差異がある場合は行動する（A：Action）。この一連の活動構造が管理である。つまり、PDCAサイクル[注6]を回すことが管理である（図3-5）。そして管理の特徴は、日常的であり、部分的であり、繰り返し性があり、不透明性が小さいところにある。

例えば高血圧（血圧が150mmHg）の人が、薬を使わずに2年間で130mmHgに血圧を下げるため（目的または課題）、毎日飲んでいた大瓶ビール1本と焼酎1合を控えて週2日の休肝日をとる。また塩分の量を1日6g以内に抑え、毎朝、速足のウォーキングを30分行う（計画と達成手段）。そして、この計画を実行に移す（実行）。1か月後と半年後に血圧を測定し、下がり具合を計画値と比較して分析してみる（調査・比較・分析）。そして順調に下がっているならば、計画通りに続行するが、下がり具合が悪いとさらにアルコールの量を減らしたり、塩分の少ない食べ物に変更したり、場合によってはアルコールを辞める、などの対応措置（行動）をとる。これが血圧管理の流れである。

注6　PDCAサイクル：PDCAのC（Check：調査）とA（Action：行動）を合わせてS（See：評価）と表現することもある。つまりP（計画）とD（実行）とS（評価）のPDSサイクルである。（第7講2.2節参照）。

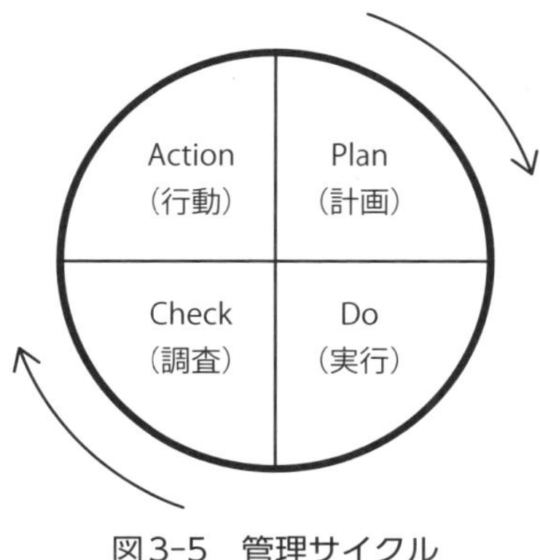

図3-5　管理サイクル

管理で大切なことは達成目標や達成手段を具体的に表し、行動しやすくすることである。また、達成目標や達成手段（達成計画）に無理がないことである。あまりにも容易に達成できるような計画も良くないが、達成不可能な計画も良くない。無理せず、楽せず、努力すれば達成可能な計画である。

3.2　経営とは

経営も管理と同じようにある目的（課題）達成のための管理サイクルである。管理と経営ではどこに違いがあるだろうか。**1つは課題の規模に差がある**。課題解決に1日、1週、1か月など比較的短い期間で達成できるもの、半年、1年、3年、5年など長い期間かかるものがある。期間の規模である。またプロジェクト全体の課題と部分の課題がある。新車の計画から設計、生産、販売、保守・サービスは全社（全体）を対象とした課題であるのに対して、この中の販売に対する課題は部門（部分）を対象にしている。全体と部分の規模になる。投資金額の大小もある。多額の金額が必要な場合もあれば少ない金額でよい場合もある。金額の規模である。**2つ目は課題の不透明さ（不確実性ともいう）にある**。不透明性が高いほど意思決定のリスクが高くなる。逆に不透明性が低いほど意思決定のリスクが低くなる。将来日本のエネルギー資源（石油、太陽光、風力、MH（メタンハイドレート）[注7]など）はどのように変化するだろうか、それに対応して自社の今後のエネルギー生産技術をどのように推

注7　MH（メタンハイドレート）：メタンと水が結合した化合物である。非在来型天然ガスである。燃焼時のCO_2排出量は石炭100、石油80に対して天然ガスは60と小さく、環境負荷が少ないことからクリーンエネルギーとして注目されている。日本近海に埋蔵が確認されたことから、国内で商業化に向け積極的な研究開発が行われている。

進すべきか、などはあまりにも不確実性が高い。一方、資材在庫が3か月増え続けている、在庫圧縮のため資材調達量を減らそう、などの判断は不確実性が低い。**3つ目は課題の恒常性にある**。繰り返し性が少なく課題の構造が不明確の場合は難しい課題になる。繰り返し性が多く、日常的に起こる課題への対応は比較的容易になる。新工場の建設やM&A（(Mergers and Acquisitions）会社の合併（Merger）と買収（Acquisition）を組み合わせた用語）などはめったに行われない課題であり、日常繰り返される注文の受付、仕入れ、出荷処理などは恒常的なルーチンワークになる。

経営と管理の違いは①課題規模の大小により②課題の不透明性さにより③課題の繰り返し性の多少により、区別される。当然のことながら経営は規模が大きく、不透明で、繰り返し性が少ない課題を対象にした達成活動になる。

3.3 生産管理とは

管理は部分的で、日常的で、繰り返し性があり、確実性の高い課題を対象とする。生産ラインを使い日常的に①良い製品を、②安く、③早くつくるためのQCD管理は生産管理である。この3つの課題を同時達成するために計画を立て、計画に沿って作業を行い、その結果を調査し、調査結果と計画に差異が発生した場合は対応する、一連の流れである。

良い製品を安く早くつくるには、つくる工程で使われる材料（M：Material）や機械設備（F：Facility）や労働（W：Worker）も品質が良く、安く、早くなければならない。そのためのMFW管理（資材管理、設備管理、労働管理）も日常繰り返し行われるので生産管理である。

材料に品質の良さ、調達の早さ、安さがある。また設備に品質能力、時間能力、コスト能力がある。そして労働にも技能、人数、賃金がある。これらMFWは生産管理の一環として日常的に運用されていることからも理解できるだろう。

3.4 生産経営とは

経営は規模が大きく、全体的で日常繰り返し性が少なく、先行き不透明な課題を対象としている。製品開発から生産・販売・保守サービスにいたる製品生涯にわたる価値生産は生産経営として捉えることができる（図3-6）。

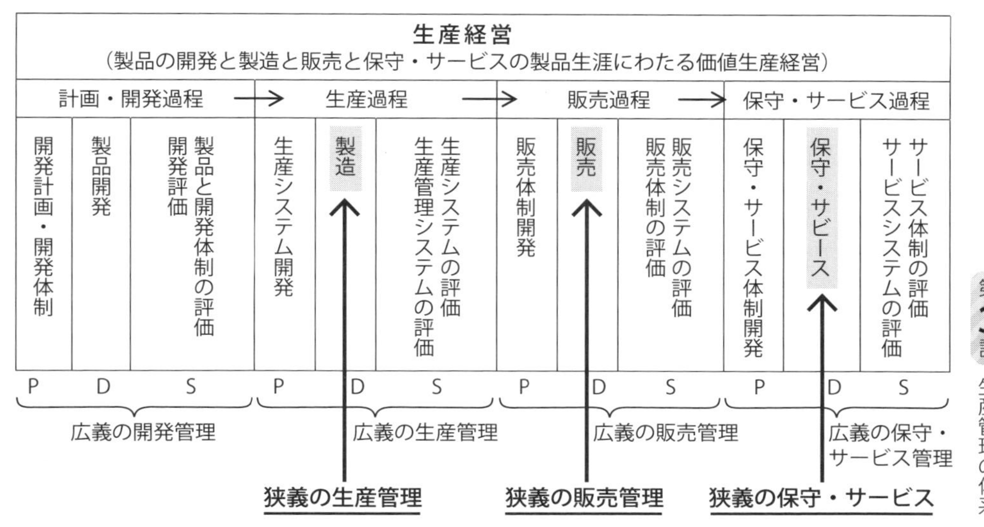

図3-6　生産経営の位置付け

図3-6の**計画・開発過程**は新たに開発する製品を計画し、開発体制を編成する。計画した製品を開発する。そして開発された製品の評価と開発体制の評価を行う。これらは広義の開発管理である。**生産過程**は製品を繰り返し生産するための生産システムと生産管理システムの開発と設計を行う。製造は生産システムを使い製品生産を行なう。そして製品の終期（寿命が尽きる頃）に生産システムおよび生産管理システムの評価を行い、次世代生産システムおよび管理システムに反映をさせる。これらは広義の生産管理である。**販売過程**は販売チャネル（流通経路）開発、販売促進、販売要員訓練などのしくみをつくり、開発された販売システムをもとに販売を行う。そして製品販売の終期に販売成果と販売体制の評価を行い、次世代製品と販売への反映をさせる。これらは広義の販売管理である。また**保守・サービス過程**も同じように保守・サービスの体制とシステムが開発され、実施される。そして製品の終期に保守・サービス体制とシステムが評価され、次世代に反映される。これらが広義の保守・サービス管理である。

図3-6で、生産過程の「製造」と販売過程の「販売」、そして保守・サービス過程の「保守・サービス」はPDSサイクルでの「D（実行）」に当たる部分である。開発された製品ライフサイクル期間中、繰り返し性が高く、日常PDS

単位のルーチン管理であるため、狭義の生産管理、狭義の販売管理、狭義の保守・サービス管理になる。

一方、計画・開発過程の製品開発は「D（実行）」ではあるが、生産過程の製造や販売過程の販売や保守・サービス過程の保守・サービスと異なり、原則として一度であり、日常のルーチン管理にはならない。自動車の場合は同じモデルの寿命が3～5年続くともいわれている。製品が開発され当該製品の寿命が尽きるまで、次世代の製品が開発されるまで原則として開発過程は1回限りである。そのため経営とみなすことができる。日常的に行われる生産や販売や保守・サービスはルーチンワークであり、管理とみなすことができる。

広義の開発管理、広義の生産管理の中の製造（狭義の生産管理）を除く活動、広義の販売管理の中の販売（狭義の販売管理）を除く活動、そして広義の保守・サービス管理の中の保守・サービス（狭義の保守・サービス管理）を除く活動は、原則として1回限りの価値生産活動である。全体でなく部分活動であっても1回限りで繰り返し性のない価値生産活動は、後々の生産／販売／保守・サービス活動への影響が大きく、リスクも高いので経営とみなすことができる。このように経営と管理の間に一定の境界を引くのは難しい。重要なのは経営と管理の連携である。

3.5　生産管理と生産経営の連携

経営と管理を全体と部分の関係で見ると、ある独立した事業（課題）が完了するまでの範囲の「計画」と「評価」が経営、それに繋がる部分の範囲の「実行」が管理となる（図3-7）。経営と管理の連携がうまくいくと、事業全体が繋がり目的が達成される。両者の違いを職務の性格で見ると経営は新たなしくみづくりとその評価にもとづく次世代へのしくみ変革を担い、管理はルーチン

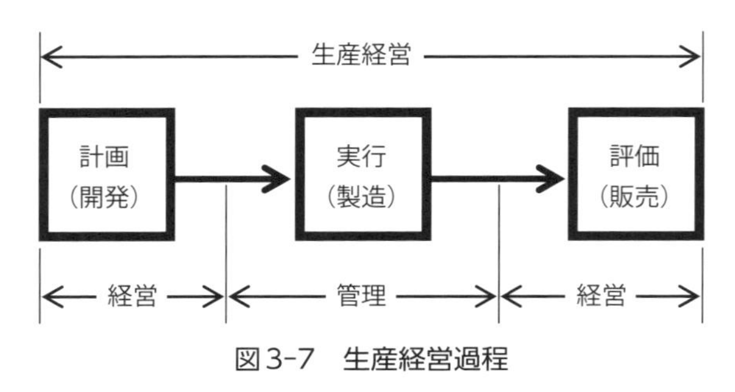

図3-7　生産経営過程

ワークを担う。経営と管理は互いに連携し合って良い成果を生む。いかに優れたしくみ（システム）をつくっても、そのしくみを理解し、うまく使いこなせないと成果は出ない。経営と管理の連携は経営する人、管理する人の信頼関係にかかっている。

4 生産管理体系

4.1 広義の生産管理と狭義の生産管理

生産管理は広義の生産管理と狭義の生産管理がある。広義の生産管理は日常ルーチンワークとして行われる狭義の生産管理の前に、製品生産に使う生産システムと生産管理システムの開発/設計・導入が含まれる。また狭義の生産管理の後で当代製品の終期に行われる生産システムと生産管理システムの評価も含まれる。この評価は次世代生産システムおよび生産管理システムの進化へ反映される。

4.2 狭義の生産管理体系

狭義の生産管理は日常ルーチンワーク的に繰り返される製品生産の管理である。第1の管理は製品の価値条件管理である。この価値条件には品質と原価（コスト）と進度（日程）がある。そして品質について計画し（Plan）、実行し（Do）、評価する（See）活動が品質管理である。価値条件の品質と管理過程の組み合わせで構成される管理である。同様に価値条件の原価（コスト）と管理過程の組み合わせから構成されるのが原価管理である。そして価値条件の進度（日程）と管理過程の組み合わせから構成されるのが進度管理（日程管理）である。

第2の管理は価値条件を支配する生産要素管理である。この生産要素には材料と設備と労働がある。そして材料について計画し、実行し、評価する活動が資材管理である。生産要素の材料と管理過程の組み合わせで構成される管理で

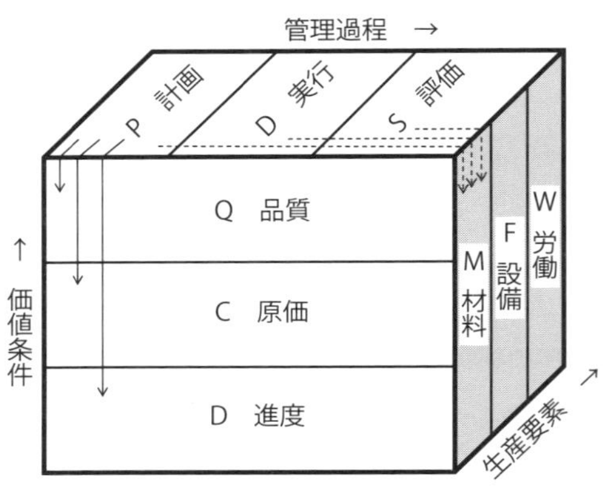

図3-8　生産管理体系

(Plan) 生産システム開発	(Do) 製造	(See) 生産総評価
生産ラインの設計・導入 生産管理システムの設計・導入	日常の生産活動の管理 ←狭義の生産管理→	当代製品終期に行う生産ラインの評価 生産管理システムの評価
←広義の生産管理→		

図3-9　生産管理の範囲

ある。同様に設備についての管理が設備管理である。労働についての管理が労働（労務）管理である。以上の関係を図3-8に示す。図3-8で価値条件（品質、原価、日程）の計画は——>（実線矢印）部で示し、生産要素（材料、設備、労働）の中の資材管理は---->（点線矢印）部で示す。

4.3　広義の生産管理

広義の生産管理は狭義の生産管理（Do）の前に行う生産システム開発（Plan）と後に行う生産総評価（See）を含み、PDS管理の関係が成り立つ（図3-9）。

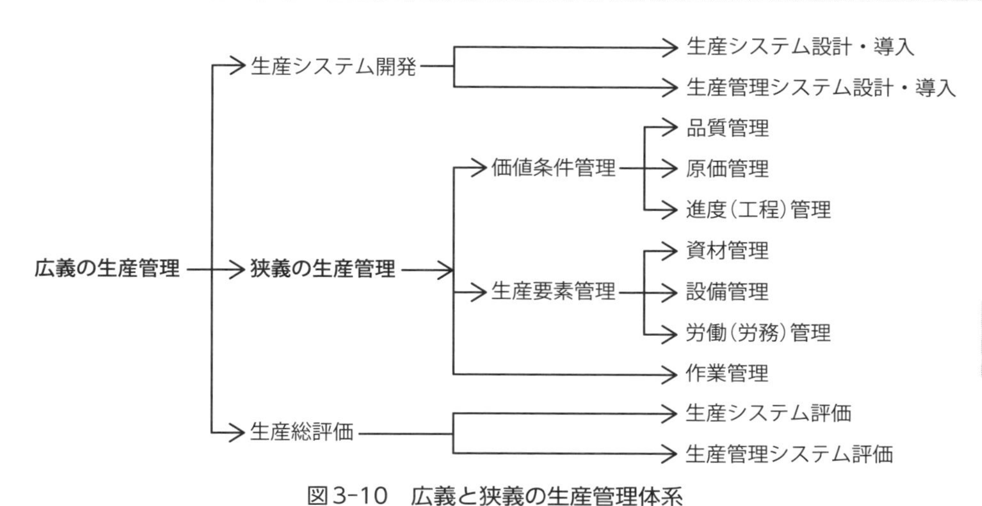

図3-10　広義と狭義の生産管理体系

Planの生産システム開発は、製品をつくる生産システムと、生産を管理する生産管理システムの設計・導入である。生産システムおよび生産管理システム開発は当代製品の生産に対して原則として1回限りである。Doの狭義の生産管理は前述のように日常の生産活動を管理するルーチン的管理で、価値条件QCD管理と生産要素MFW管理を含む。そしてSeeの生産総評価は当世代製品の終期に行うもので、生産システムと生産管理システムの総合評価である。この評価は次世代生産ラインと生産管理システムの進化へ反映させる。広義と狭義の生産管理体系を図3-10に示す。

第3講　練習問題

問1
知識・理解

生産（製造）工程の中で上流工程といわれる工程を2つあげよ。また、上流工程が重要と言われる理由を3つあげよ。

問2
知識・理解

保守・サービス業務の主な内容を3つあげよ。

問3
知識・理解

管理のPDCAサイクルのP～Aまでフルスペルと日本語訳を書け。

問4
知識・理解

経営と管理の違いを3つの特徴から述べよ。

問5
知識・理解

生産管理体系の全体像について、価値条件をY軸に、生産要素をZ軸に、管理過程をX軸にして、3次元の図を描け。

問6
思考・判断

品質（Q）管理、原価（C）管理、日程・納期（D）管理は連携しながら、バランスよく管理すべきである。あまりにもQ管理を重要視し、他の管理を軽視した場合は、どのような事態が起こるかについて述べよ。

問7
思考・判断

「はじめに行動ありき」という言葉がある。これは夢を持つだけではだめで行動に移しなさい、あるいは議論ばかりではなく行動をしなさい、という意味が含まれている。管理のPDCAは、はじめに計画ありきである。なぜP行為がはじめになるかを述べよ。

問8
関心・意欲

某自動車企業では新車を開発することになった。HV（ハイブリッド車）にするか、EV（電気自動車）にするか、FCV（燃料電池車）にするかを先行き不透明（需要量やエネルギー動向やB/C（費用対効果）など）な中で経営者は決定しなければならない。何を考慮しながら意思決定しなければならないか。

※解答例は 231 ページ

第 4 講

生産のしくみ

学びのポイント

(1) 生産工程は工程系と作業系と管理系の３つのサブシステムから構成される。**3つのサブシステムのそれぞれの役割とは。**

(2) 生産工程は本来、加工工程と移動工程が必要であるが、現実には検査工程、停滞工程が存在し、４つの工程から成り立っている。**加工、移動、検査、停滞の４つの工程の意味とは。**

(3) 生産工程には**工程能力**がある。品質工程能力、コスト工程能力、時間工程能力である。**工程能力は過大でも過小でも問題である**ことを知ろう。

(4) 流れ生産における**工程ごとの作業時間バランスとは。**作業時間のアンバランスは稼働率を低下させるばかりでなく生産リードタイムを長くすることを知ろう。

(5) **生産リードタイムの意味とは。**生産リードタイムを長くする原因を学習しよう。

(6) **工程能力は作業設計の良否により決定付けられる**ことを学ぼう。作業設計にはＱ作業設計、Ｃ作業設計、Ｄ作業設計がある。

(7) 機械加工作業を例に、**作業の構成とサイクル作業の内容**を理解しよう。また各作業構成の意味についても習得しよう。

(8) **生産ロット数と品種切替時間の関係**がどのようになるかを理解しよう。品種切替時間の短縮方法も習得しよう。

(9) **生産工程の管理はQCD管理とMFW管理**であることを学習しよう。本書ではＱ管理とＤ管理を具体例をあげ、解説しているので理解しよう。

キーワード

生産ライン、工程系、作業系、管理系、単工程、多段階工程、工程能力、仕掛品、生産リードタイム、ラインバランス率、品種切替、生産ロット

1　生産システムの構造

製造業であれば経営の規模にかかわらずモノづくりのための生産システムをもっている。この生産システムはそれを使ってつくる製品の種類、量、性質によって人手中心から機械設備中心のものまでさまざまである。ただ時代とともに、着実に人手から機械へ、そして自動化へと流れが進んでいる。

図4-1に生産システムの構造を示す。生産システムは工程系と作業系と管理系の3つから成り立っている。

① 工程系：材料から製品にいたる変換課題であり、変換される進行過程である

② 作業系：材料に対して機械と労働を使い変換を行う行為である

③ 管理系：変換課題を達成するために作業系へ計画を指示し、実行させ、成果を保証していくための運用システムである

生産システムの構造を工程系（工程システム：Process System）と作業系（作業システム：Working System）と管理系（管理システム：Control System）として捉えることは生産システム開発の基礎となる。

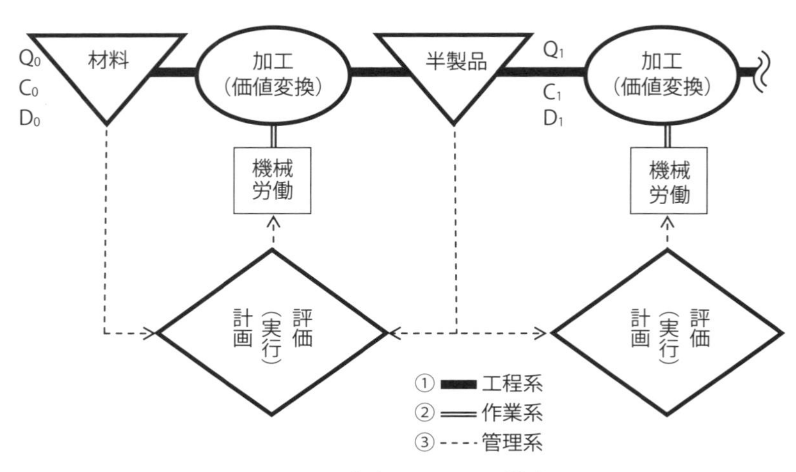

図4-1　生産システムの構造

2 生産システムと工程

生産システムは設計された製品を具現化するための変換システムである。通常は変換課題が大きいため、1つの工程だけでは完成品にすることができないので複数の工程に分割される。

工程の分割は作業システムとして実現できる変換課題の大きさで行われる。工程分割は少ないほど良いが、製品までの変換課題が大きいほど、生産量が多いほど、速い生産スピードを要求するほど、工程分割は多くなる。

生産システムの本来の機能は、図4-2のように生産システムを通じて素価値体を高価値体へ変換することにある。そのため、「加工」と「移動」の工程が基本的に必要である。しかし、現実の生産システムには「検査」と「停滞」を含め、4種類の工程が存在する。

① 加工工程：ワーク[注1]に物理的な変形を与えるか、または化学的に変質を与える工程をいう。生産の本質的な意義をもつ工程である。

② 移動工程：ワークを次の工程で処理するために移動（搬送）させるための工程をいう。運搬は加工時間に同期させるのがよい。速すぎれば仕掛品が発生し、遅すぎれば待ちが発生する。

③ 検査工程：加工（変形、変質）されたワークの品質（寸法、形状、精度、機能、性能）と量（数量、ボリューム）を基準と比較して満足しているか否かを調査することで良品、不良品の判断を下す工程をさす。なるべく検査は加工工程に組み込むのが良い。

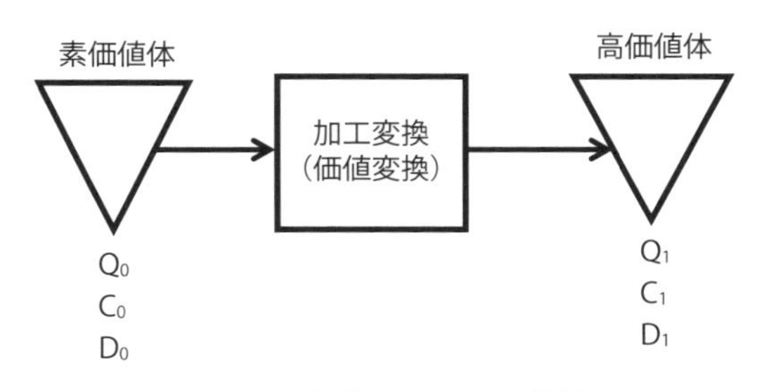

図4-2　生産システムの機能

注1　ワーク：工作物もしくは加工対象物といわれている。

④ 停滞工程：一時的に停止している状態をいう。前工程と後工程のタイムバランス差によって生ずる「工程待ち」、ロット全体が加工終了するまで待つ「ロット待ち」が停滞工程となる。停滞は少なくするか、なくすほうが良い。

2.1 工程と工程課題

(1) 単工程と多段階工程

材料から製品までの変換課題が大きく1つの工程では変換ができない場合はいくつかの工程に分割される。分割された1つひとつの工程を単工程といっている。1つの工程は独立した変換課題を受けもつものとして生産システムの最小単位となる。単工程が連鎖された多段階工程においては、互いに素価値体が次の工程の入力となり、加工変換され高価値体として出力される。これら工程への入出力が繰り返され製品となる（図4-3）。

(2) 工程課題

単工程の変換課題は入力側（インプット）の$Q_iC_iD_i$を出力側（アウトプット）の$Q_oC_oD_o$に変換することである。工程を分割することは、その工程の出力側の$Q_oC_oD_o$を決めることであり、これが工程開発の具体的開発課題になる。工程視点は、あくまでも変換されていく品物の立場で見ていくことである。

2.2 工程能力

工程能力とは生産される製品のQCD与件に対する実現力をいう。工程能力

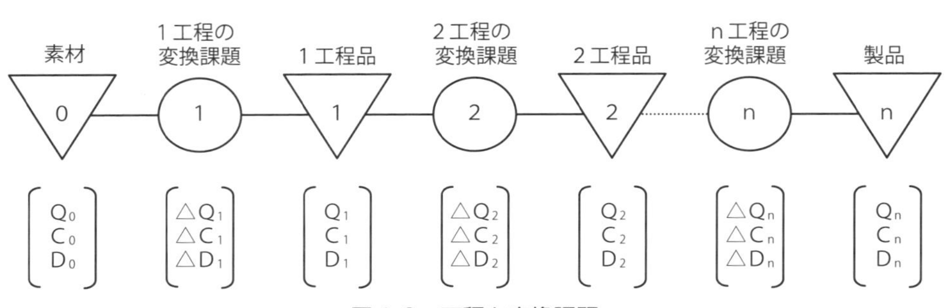

図4-3　工程と変換課題

には品質工程能力、時間工程能力、コスト工程能力がある。工程能力は生産システム開発段階における最も基本となる要素である。

(1) 品質工程能力

規格幅に対する達成能力のことで次の式で求められる。与えられた規格の幅をS、当該工程から生産される品質のバラツキの標準偏差をσとすれば、品質工程能力係数Cpは

$$Cp = S/6\sigma$$

で与えられる。例えば規格の幅、S=2/100=0.02で、バラツキの標準偏差　σ = 3/1000=0.003のとき

$$Cp=0.02/6\times0.003=2/1.8=1.11$$

となる。工程能力係数は1が普通、1より大きいほど高く（1.4が過大）、1より小さいほど低い（0.6は極めて低い）。

(2) 時間工程能力

市場の需要に対する供給能力で表わす。供給能力は①単位時間当りの生産量と②段取時間比率、の2つで与えられる。段取時間比率は加工時間に対する段取時間の比で求められ、その値が10％前後なら普通、この値より大きければ切替性が悪く、小さいほど切替性が良いとされている。通常の生産システム開発では10％（0.1）を用いている。時間工程能力をC_D、生産能力をD、市場需要量をD'とすれば

$$C_D = D/D'$$

として求められる。ただし、生産能力Dは就業時間Tから故障や不稼働時間を除いた時間における生産能力をさす。

また、汎用工程の場合は、さらに段取時間比率10％を除いた時間に対する生産能力をさす。例えば不稼働時間や段取時間を除いた生産能力が2,000個/月で市場の需要が1,800個/月だとすれば以下のようになる。

$$C_D = 2000/1800=1.11$$

時間工程能力についても、品質工程能力と同様に1より大きいほど高く（1.4が過大）、1より小さいほど低い（0.6極めて低い）。

(3) コスト工程能力

コスト達成能力C_Cのことで、工程に与えられた許容加工費（標準原価）Cに対する実際加工費（実績原価）C'の比で表わす。

$C_C = C/C'$

例えば工程の標準加工費が500円/個で実際の加工費が450円/個ならば

$C_C=500/450=1.11$

となる。コスト工程能力は、1が普通、1より大きければ優れ、1より小さいほど劣る。過剰設備は実際加工費を高くし、コスト工程能力を下げる。

2.3 時間工程バランスと仕掛品と生産リードタイム

(1) 時間工程バランス

5工程の変換を経て、製品が完成される生産システムを考えて見る。各工程の作業内容と作業時間を図4-4に示す。

各工程の作業は1人の作業者で行っているものとする。工程ごとの作業時間がすべて平均時間と同じ3分((2+3+3+5+2)/5=3)ならば工程間をモノが流れるように進んでいくが、時間が異なるため工程間に仕掛品や手待ちが発生する(本講2.3項(2)仕掛品(3)生産リードタイムで詳述する)。作業時間が一番長い4工程の5分がライン全体の生産能力を決めている。バケツリレーで一番遅い人が全体のリレースピードを決める理論と同じである。

生産システムの中で作業時間の一番長い工程をネック工程(隘路工程)と呼んでいる。各工程間のラインバランス率は次の式で計算される。

ラインバランス率=$(\Sigma Ti/n \cdot Tmax)$

ここで、Tiは各工程の作業時間、nは作業工程数、Tmaxはネック工程の作業時間である。図4-4のラインバランス率を計算すると次のようになる。

ラインバランス率=$(2+3+3+5+2)/(5\times5)=0.6(60\%)$

このラインバランスは図4-5の斜線部分を除いた山形面積率になる。

ラインバランス率60%はあまりにも悪すぎる。一般的に85%以上が普通といわれている。作業時間の長い工程の作業改善、作業の一部を短い作業工程に移管するなどでラインバランス率を改善しなければならない。

(2) 仕掛品

もう一度、図4-4を見てみよう。1工程と2工程および3工程と4工程の間に仕掛品ができる。仕掛品とは加工途中の半製品で工程間に停滞している状態をいう。前工程の作業時間より後工程の作業時間が長い場合に仕掛品ができる。前工程と後工程の時間差が大きければ大きいほど、仕掛品の量が多くなる。1

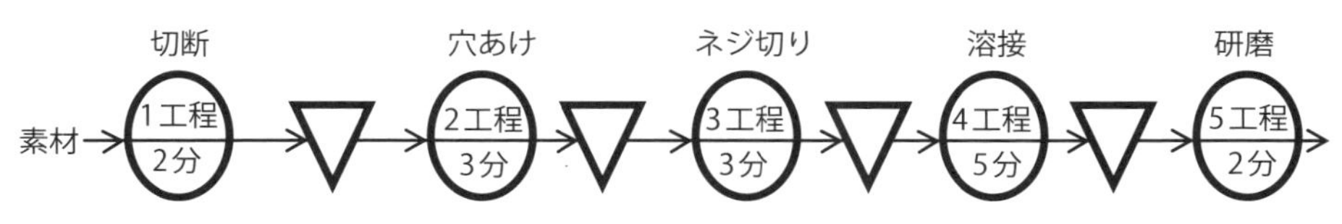

図4-4　各工程の作業内容と作業時間

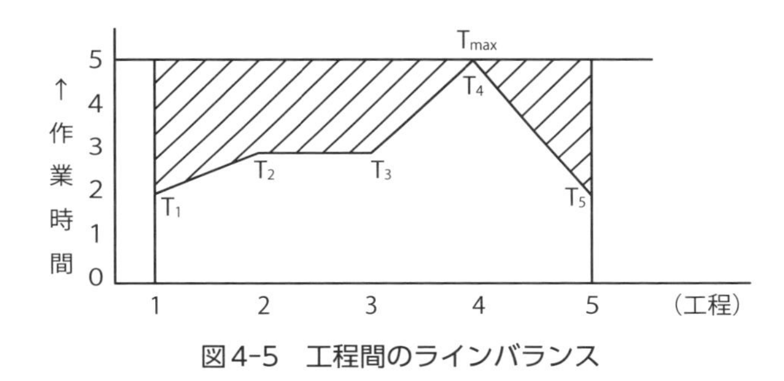

図4-5　工程間のラインバランス

工程と2工程の仕掛量の推移を見てみよう。1工程の時間工程能力は2分/個であるため、2分に1個の生産が可能である。生産開始後1時間（60分）では30個生産できる。一方、2工程の時間工程能力は3分/個であるから、1時間では20個生産できる。1工程の1時間当たりの生産数量30個と、2工程の1時間当たりの生産数量20個の差10個が1工程と2工程の間に仕掛品として停滞する(在庫になる)。この生産ラインが1日8時間稼働だとするならば、作業終了時には80個（10個/時間×8時間=80個）の仕掛品が停滞することになる。

作業時間のアンバランスによる損失は時間の損失、仕掛量の増大、のほかに次に述べる生産リードタイムを長くして、顧客への製品引渡し時間を長引かせる原因をつくる。

(3) 生産リードタイム

生産リードタイムとは材料がある生産システムに入り、加工変換され、製品として出てくるまでの経過時間をいう。生産リードタイムは短ければ短いほど良い。顧客へ短期間で製品を引き渡せるだけではなく、売上を早く回収することができ、資本回転率を大きくすることができるからである。

生産システムには加工工程だけではなく、運搬工程、検査工程、停滞工程がある。この中で加工工程だけが価値変換を行っている。図4-4の生産システム

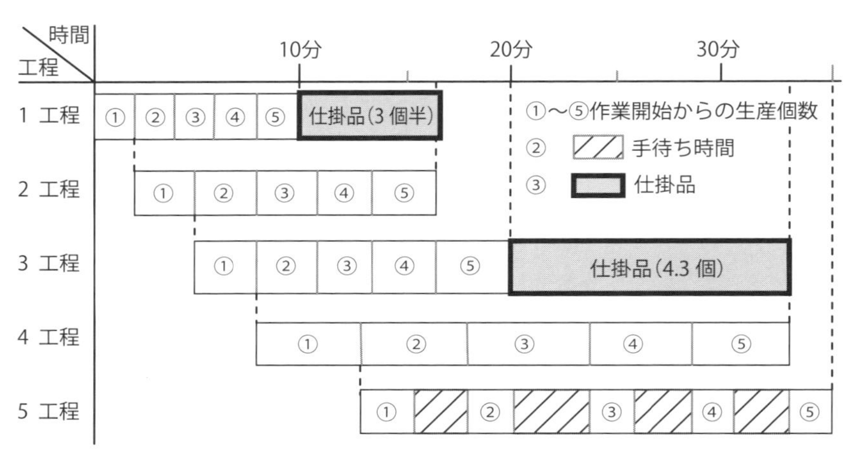

図4-6　図4-4の工程別・生産個数別生産リードタイムと仕掛品

では材料が投入されてから完成するまでに仕掛りや手待ちがないとすれば、生産リードタイムは15分（2+3+3+5+2=15）になる。ところが前述のごとく1工程と2工程および3工程と4工程の間には仕掛品ができる。また、5工程は前工程の4工程に比べ作業時間が小さいため手待ちが発生する。さらには半製品を次の工程に移動させるための時間や品質保証のための検査の時間がかかる。

最初の1個目の製品生産の生産リードタイムは加工時間だけでは15分（2+3+3+5+2=15）になるが5個目の生産リードタイムは27分（35−8=27）になる（図4-6）。

1工程と3工程のうしろに仕掛品が停滞している状況、5工程で手待ちが発生している状況がこの図4-6からわかる。

3　生産システムと作業

3.1　作業の本質

作業は変換を行う具体的な行為であり、機械設備と労働と活動から成り立っ

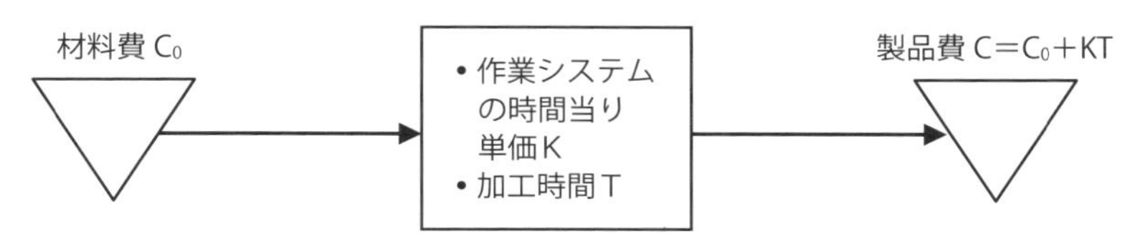

図4-7　作業コストの構成

ている。狭義の作業はこの「活動」をいう。機械加工変換を例にとれば、ワークへの工具の運動である。工具の正しい選定と工具の正しい運動を与えることが価値形成の基本となる。

3.2　工程能力と作業設計

QCD工程能力を満足させる優れた作業方法を確立することが作業設計の基本である。

(1) Q作業設計

変換の結果、工程品質を満足するための作業設計がQ作業設計である。加工変換ではワークに対する工具の適正な運動を決めること、ワークと工具を確実に保持する条件を決めること、ワークと工具の運動形を決めることがQ作業設計の内容となる。具体的には①ワークのチャッキング方式、②工具材質と形状と取付方式、③切削速度からの回転数、切込みと送り量を適切に決めるなどである。

(2) C作業設計

変換コストを決める作業設計がC作業設計である。ここでのコストは加工費である（図4-7）。

変換工程の加工費C　＝　変換システム使用時間単価K　×　作業時間T

Kは機械設備の減価償却費と労務費が主な内容であり、ある期間におけるその作業システム費用の就業時間当りの平均値を稼働率で割った値となる。

(3) D作業設計

生産能力を決める時間の作業設計がD作業設計である。①ロットの大きさに対するロット加工時間、②月間切替回数、③1回当りの切替時間、を決めることである。切替時間はロット加工時間の5～10%を目安に設計すると良い。

(4) QCD連合作業設計

QCDの作業設計を単独に進めると、一方を強調すれば他方は犠牲になるという難しい局面が起る。これを同時に満たすには、ある1つの与件（Q与件とする）を果たすとき、ほかの2つの与件（DとC与件）を考慮して設計することが基本となる。QCD連合作業設計を試行錯誤繰り返して与件の同時達成を図らなければならない。

3.3　作業の構成

機械加工の作業構成を表4-1に示す。加工変換を直接行う主加工を中心にその前後に工具接近と離脱が、さらにその前にワークの取付けが、その後にワークの取外しがある。主加工、工具接近、工具離脱、取付け、取外しはロット内の1個1個のワークについて繰り返されるサイクル作業を構成する。このサイクル作業の前に異なる品種を生産するための切替準備作業と、サイクル作業の後に切替後始末作業がある。品種切替えは1ロットに1回発生する。

作業システムを設計するとき、単位作業視点が重要なのは次の理由による。

①単位作業がQCD支配の基本構造である

②設備と労働の作業分担がこの視点で決まる

③主作業（主加工）と付随作業（操作）の大きさの差から作業設計の方向を見い出せる

④準備後始末作業時間（ロット切替え作業）と主体作業時間の割合を適切にできる

表4-1　作業の構成

<table>
<tr><th></th><th colspan="3">作業構成</th><th>単位作業</th><th>作業の意味</th></tr>
<tr><td rowspan="7">直接作業</td><td colspan="3">準備作業</td><td>切替（準備）</td><td>本来の作業のための前準備、1ロットに1回発生する</td></tr>
<tr><td rowspan="5" colspan="2">主体作業（サイクル作業）</td><td rowspan="2">付随作業</td><td>取付け</td><td>本来の作業に付随して規則的に発生する取付け</td></tr>
<tr><td>工具接近</td><td>材料に対する加工始点への工具到着</td></tr>
<tr><td>主作業</td><td>主加工</td><td>変換の直接目的である変形、変質など変化に直接寄与している部分</td></tr>
<tr><td rowspan="2">付随作業</td><td>工具離脱</td><td>加工後の材料からの工具離脱</td></tr>
<tr><td>取外し</td><td>本来の作業に付随して規則的に発生する取外し</td></tr>
<tr><td colspan="3">後始末作業</td><td>切替（後始末）</td><td>本来の作業終了による後始末、1ロットに1回発生する</td></tr>
<tr><td rowspan="2"></td><td colspan="3" rowspan="2">付加作業</td><td>検査</td><td>変換後のQCD実現のための比較統制</td></tr>
<tr><td>保守</td><td>作業手段の性能低下からの回復</td></tr>
</table>

⑤人から機械設備へ、さらには機械設備の自動化へと技術移行を検討できる

3.4　品種切替（準備後始末）作業

同一生産システムで複数品種を生産している場合は、品種切替時に品種切替作業が行われる。多品種少量生産の生産システムは品種切替が重要な課題となる。品種切替えは切替えQCD（少ない時間と費用で次の製品品質を保証すること）課題を与える切替工程とそれを実現する切替作業と切替え管理の3つから成る生産システム構造をもつ。切替えが安全に素早く正確にでき、かつその後に生産される製品のQCD課題の適正化を図らなければならない。加工変換の品種切替は具体的には、①ワークを保持する保持具、②ワークに直接加工を施す工具、③ワークと治工具の動きを操作する制御装置、の適正化である。

(1) 生産ロット数と品種切替作業時間

生産ロット数が少なければ少ないほど品種切替を頻繁に行わなければならない。品種切替作業中は生産システムを停止しなければならないため、生産ロット数をできるだけ大きくしたいが、近年の顧客ニーズの多様化、製品寿命の短命化、市場の景気低迷で生産ロット数（受注量）が小さくなっている。**表4-2**からは次のことがわかる。1960年代の高度経済成長時期に大きかった生産ロット数（仮に500個）に比べ、現在のように生産ロットが小さくなった（仮に50個）ときは、ロット全体を生産する時間に対して品種切替作業時間の割合が約30%占めることになり、30%生産ラインを停止しなければならない状態に陥る。このため品種切替作業を少なくする流し方や、品種切替時間を短くする改善が重要になる。

(2) 品種の流し方および品種切替作業の改善

同一品種を月に2回生産する計画を1回にまとめ生産（納期に支障をきたさ

表4-2　ロット数による品種切替時間への影響

品種切替時間（A）	作業時間	生産ロット	ロット生産時間（B）	品種切替時間の割合（A/B × 100）
100分	5分	500個	100+500 × 5 ＝ 2600分（43.3時間）	100/2600 × 100 ≒ 3.8%
100分	5分	50個	100+50 × 5 ＝ 350分（5.8時間）	100/350 × 100 ≒ 28.6%

ないこと）する方式、また類似品をまとめて生産する方式、そしてGT（Group Technology）[注2]を活用する方式、などで品種切替を少なくする工夫をしなければならない。品種切替作業時間の短縮を図るには、①外段取り、②標準化・マニュアル化、③教育・訓練、④機械化・自動化、⑤シングル段取り化（1桁の段取り時間［分］）で実現させる改善を徹底しなければならない。

4　生産システムと管理

4.1　生産システムの管理

管理はある課題を達成するためPDCA（以下PDCAといえば計画、実行、調査、対応の管理をいう）を回すことであった（第3章3.1参照）。生産システムの管理課題はそのシステムから生産される製品のQCD課題である。製品のQCDは変換後の各工程のQCDを管理することで達成される。

また製品のQCDを作り上げる材料、機械設備、労働に対する管理も必要である。材料に品質の良い材料、安い材料、入手適時性があるように、機械設備、労働にもそれぞれQCDが存在する。これら材料M、設備F、労働Wの生産要素であるMFW管理も必要である。

(1) 日程（納期）管理の例

某企業から受注した製品を納期の9月10日に間に合わせるため、基準日程[注3]をもとに次のように計画した。プレス加工（8月20日に完）→車体組立（8月25日に完）→塗装（8月29日に完）→艤装（ぎそう）（9月2日に完）→車両組立（9月5日に完）→検査（9月8日に完）。この計画に従って作業が進められるが、さらにプレス加工を8月20日までに完了するには、プレス加工で使う鋼鈑材料をいつまで準備しなければならないか、また、どのプレス機で何を何日の何時から

注2　GT：（Group Technology：グループテクノロジー）とは形状や寸法、加工方法などの類似したモノをグルーピングして、多品種少量生産の品種切替回数の減少や生産効率化を行う技法である。GTを適用することで生産効率を上げるには設計段階からの計画的展開が不可欠である。

注3　基準日程：あるモノを加工する、あるいは、あるものを調達する場合に必要な標準的な期間をさす。基準日程で調達するための日程を計画するのが通常である。

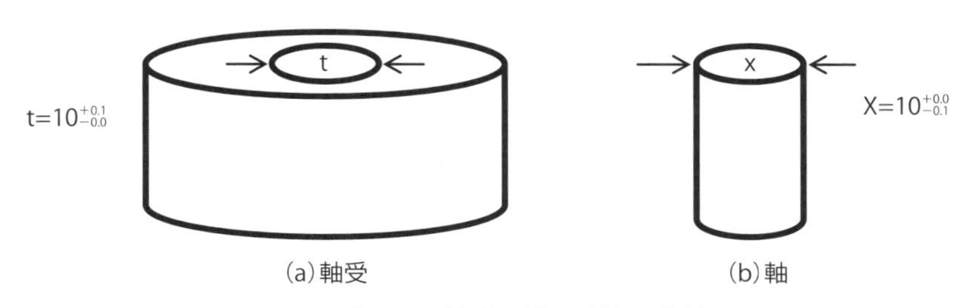

図4-8　軸受と軸の寸法と公差

加工すべきか、などをすべて計画し、計画通りに作業ができるような体制をとらなければならない。仮に、ある材料が間に合わないことが判明したならばすぐにでも対策を講じ、スケジュールを遅らせないような行動をとらなければならない。納期を厳守するための管理である。

(2) 品質(寸法)管理の例

図4-8 (a) の軸受を外注に製作依頼をし、図4-8 (b) の軸を社内加工し、組み合わせる作業をしている会社がある。図4-8中の軸受の直径$10^{+0.1}_{-0.0}$は軸受の直径が10.0～10.1（単位mm）の範囲なら良品と見なし、逆に直径が10.0より小さいか10.1より大きいならば不良品と見なすのである。+0.1と－0.0は公差[注4]といわれるもので、寸法の許容範囲を示す。従って軸受を製作する外注企業は寸法を10.0～10.1の範囲に入るようにゲージなどの検査器具を使って管理する必要がある。

一方、軸の直径$10^{+0.0}_{-0.1}$は9.9～10.0になるように管理する必要がある。軸受も軸も公差の範囲内の寸法に管理しないと軸受に軸が入らない、逆に入ったとしても隙間が大きすぎて外れる、などの問題が起こる。

4.2　管理の自動化・コンピュータ化

製品の多様化、複雑化、管理精度の要求、管理スピードの要求に伴い、管理も人手から着実に自動化・コンピュータに移行されつつある。

管理の自動化・コンピュータ化は作業システムに始まり、工程システムへ、工場システムへと拡大され、さらに企業を超えた企業間連携システムへ、そして海外生産拠点を含むグローバル管理システムへと展開されることになる（第14講2節で詳述）。

注4　加工後の最大寸法と最小寸法の差を公差という。公差の範囲内のものを合格とする

第4講　練習問題

問1
知識・理解

生産システムを構成する3つのサブシステムをあげ、各々の課題（テーマ）について簡潔に説明せよ。

問2
知識・理解

（機械加工）作業構成のサイクル作業について説明せよ。

問3
知識・理解

多段階工程におけるネック工程（隘路工程）について説明せよ。

問4
思考・判断

工程能力には品質工程能力、コスト工程能力、時間（日程）工程能力がある。各工程能力とも大きすぎるとどのような弊害が起こるかについて説明せよ。

問5
思考・判断

1工程から4工程までの作業時間が下図のようになっているとき、この工程全体のラインバランス率はいくらか。また仕掛品はどこの工程で発生し、手待ちはどこの工程で発生するか。

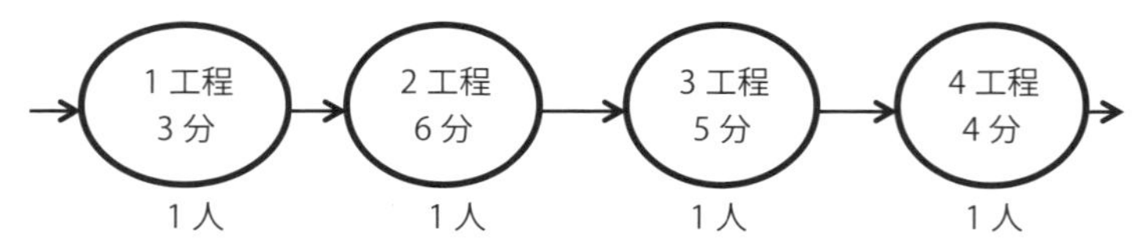

問6
関心・意欲

生産リードタイムについて説明せよ。また、問5と同じ生産工程のとき1個目から3個目までの生産リードタイムはいくらになるか。

問7
関心・意欲

次の文章から下記設問に答えよ。

EVの販売好調を機会に月産5,000台の生産を行うことにした。生産はコンベヤ上で組立する方式である。EV1車種の専用ラインである。実働日数は月20日間、1日7時間、昼勤のみの勤務体制である。また、コンベヤ上の車種間隔（ピッチ間隔ともいう）は5mである。

【設問1】この生産を満たすためにはタクトタイムはいくらにすべきか。

【設問2】コンベヤスピードはいくらにすべきか。

※解答例は233ページ

第 5 講

品質管理（1）
品質管理とTQMとISO9000s

学びのポイント

（1）**品質とは何か。**品質には機能、性能、デザインだけではなく、操作性、安全性など多くの品質があることを習得しよう。

（2）**品質はどのようにつくられるのか。**モノづくりの現場作業だけではなく、開発/設計などの上流工程から下流工程まで多くの段階、多くの人間の協力で作り込まれることを知ろう。

（3）**品質管理にはSQC、TQC、TQMなどがある。**各々の特徴と出現の背景を知ろう。

（4）**品質管理はなぜ重要か。**品質管理を行わない場合に起こる負の現象をイメージしながら理解しよう。

（5）**日本における品質管理の導入はどのように行われたか。**品質管理の歴史と流れを把握しよう。

（6）**TQCとTQMとは。**TQCとTQMの概要および違いを把握しよう。

（7）**QCサークルとは。**QCサークル活動の長短を理解しよう。

（8）**なぜISO9000が日本に取り入れられることになったか。**ISO9000とTQMとの違いを理解しよう。

（9）**これからの品質管理で何が大事か。**

キーワード

品質、SQC、TQC、TQM、CSR、互換性、品質保証、方針管理、日常管理、QCサークル、国際標準、ISO9000s

1　品質管理とは何か

1.1　品質とは

品質とは、「製品に本来備わっている特性が、顧客の要求またはニーズを満たす程度」（JIS Q 9000：2000（ISO 9000:2000））となっている。わかりやすい言葉でいうと、『顧客がその製品に期待しているものの性質』である。

洗濯機を例に、顧客が製品に期待しているモノの特性/性質を考えてみよう。第1の性質は**機能品質**というべきもので①汚れを落とす、②きれいに落とす、③洗濯物を傷めない、④一度にたくさん洗える、⑤早く洗う、などであろう。第2の性質は**操作性品質**というべきもので、⑥洗濯機を使う前後の準備と後始末がしやすい、⑦操作が簡単である、などであろう。第3の性質は**社会性品質**というべきもので、⑧洗濯機が大きすぎないこと、コンパクトであること、そして⑨自然環境に害を与えず安全であることである。また、⑩洗濯音が静かで振動が小さいこと、などを期待している。第4の性質は**信頼性品質**というべきもので、⑪故障が少ないこと。できれば買ってから寿命が尽きるまで故障なしが良い。仮に故障したとしても修理や部品交換が簡単なほど良い。第5の性質は、**取替性品質**というべきもので、⑫寿命が尽きたときに廃棄しやすいこと、⑬新しい代替品と交換しやすいこと、などがあげられよう。このように、顧客の求める特性/性質は1つとは限らず多岐にわたることが多い。

1.2　品質管理とは

(1) 品質管理の意味

品質管理とは『顧客の要求またはニーズを満たす製品を経済的につくり出すための手段の体系』である（JIS Z8101：1981の品質管理用語）。品質管理を「QC（Quality Control）」ともいう。

(2) 品質管理の実施

顧客が期待する性質の製品をつくり、販売するには直接製造にかかわる部門だけでは不可能で、会社全体で実現すべき課題である。特に次の4段階における取組みが重要になる。

①企画品質（Quality of Plan：企画段階で決定する品質のことで顧客ニーズと製品コンセプトを盛り込んだ品質のことをいう）

②設計品質（Quality of Design：製造の目標としてねらった品質、ねらいの品質ともいう）

③製造品質（Quality of Conformance：設計品質をねらって製造した製品の実際の品質、できばえの品質、あるいは適合の品質ともいう）

④使用品質（Fitness for Use：使用段階で示す品質、使用段階で発揮する品質、使用過程品質ともいう）

(3) 品質管理の手法

①統計的品質管理

品質の管理に統計学を活用する手法を統計的品質管理（SQC：Statistical Quality Control）という。SQCではデータをもとに統計量（平均値、分散、標準偏差、変動係数など）を求め、統計学を活用して、実際の状態を推定したり、検定したり、傾向を見つけたりすることで品質を管理する方法である。

②総合的品質管理または全社的品質管理

SQCをベースとし、全部門（企画・開発部門から販売・サービス部門まで）および全社員（社長から担当者まで）が一丸となり、全社的に品質管理を実施することを総合的品質管理（TQC：Total Quality Control）、または全社的品質管理（CWQC：Company Wide Quality Control）という。

日本企業が短期間に大きな成果を上げたこのTQCは、一部経営戦略的要素を取り入れ、1996年から国際的な呼称であるTQMに改名することになった。

③総合的品質経営

総合的品質経営（TQM：Total Quality Management）は、製品やサービスの品質はもとより、経営や業務全体の質を高めるため、TQCに組織全体としての統一した品質管理目標を適用したものである。TQMではトップが総合的に経営の方針を立て、各部門に展開し活動する。経営者主導の総合的品質経営である（本講3節で詳述する）。

1.3　品質保証とは

品質保証（QA：Quality Assurance）とは『消費者の要求する品質が十分に

満たされていることを保証するために、生産者が行う体系的活動』と定義されている（JIS Z 8101）。

QAは「品質要求事項が満たされるという確信を顧客に与えることに焦点を合わせた品質マネジメントの一部（ISO9001）」である。品質（Quality）が所定の水準にあることを保証するため、製品企画段階での品質保証、生産準備段階での品質保証、量産段階での品質保証、販売・サービスでの品質保証など、各ステップで徹底した品質保証活動を実施している。

いずれにしても、単に出荷するときの品質だけではなく、消費者がその製品を使っている間もその品質を保証すべきであるとする立場にある。消費者と企業の信頼感、安心感を築く活動である。そして、品質管理は品質保証をする上で最も有効な手段である。

2 品質管理の重要性

2.1 なぜ品質管理が重要か

テレビ、冷蔵庫、洗濯機などの家電製品や自動車、カメラ、パソコン、携帯電話などの耐久消費財は私たちの生活に利便性や娯楽を与えてくれる。

また、三菱のシャープペンシルにペンテルの替え芯を、日立の蛍光灯にNECの蛍光ランプを、など異なるメーカーでも互換性[注1]があるため容易に交換できる。このように多くの工業製品が私たち（企業も含む）利用者に安心・安全をもたらしているのは品質管理（QC：Quality Control)、品質保証（QA：Quality Assurance）によるところが大きい。

もし品質管理が十分に行われていなければ、何が起こるだろうか。テレビが半年で映らなくなったり、1年で壊れたり、10年以上も長持ちしたり、と製品にバラツキが起こると、社会/市場はその企業がつくったテレビを信用しなくなる。また、車が同一車種でもブレーキが利くのと利かないのがあったり、衝

注1　互換性：組み合わせるべき複数の部品や要素の間で、互いに置き換えることができる性質または、その程度を指す。

撃時にエアーバックが出たり出なかったりでは、とんでもない問題である。自動車メーカーの信用問題になる。

工業製品だけではない。消費者に安心・安全な食品（製品も含む）を提供することは企業と消費者との信頼関係を築く大前提である。企業がコンプライアンス[注2]、CSR（Corporate Social Responsibility：企業の社会的責任）[注3]を果たし、品質管理、品質保証を徹底することが消費者との信頼関係を築く道である。

2.2　価値条件としての品質管理

第2講2.1節で述べたように、製品総価値の大きさはQCDで決まる。Qは品質（Q：Quality）であり、Cはコスト（C：Cost）であり、Dは適時性（D：Delivery）である。品質は良いほど（顧客が期待する品質に答えるほど）効用が大きくなり、コストは低いほど価格を安くでき、適時性が優れているほど顧客が必要時期にタイミング良く提供できる。

この価値条件QCDの中でもQの品質は、顧客の手に渡り製品の寿命が尽きるまで奉公し、顧客によって評価されるので最も大事な価値条件である。

品質は多元の品質構造を持っている。製品の本来機能（機能、性能、デザインなど）や使い勝手、安全性、環境への影響などが含まれる。これら多元の品質を顧客の期待通りにするための品質管理は極めて重要になる。“買って良かった”、“二度と買うものか”の分かれ目は、製品のもつ品質によるところが大きい。

2.3　日本における品質管理の歴史

品質管理は、1924年にシュハート博士（Dr.W.A.Shewart）が管理図を発明し、それがほかの統計的手法とともに工業生産に適用されたのが始まりといわれている。我が国における品質管理の歴史を年代別にまとめると次のようになる。

(1) SQC導入の時代……………………………………………………………(1950年代)

1949年、日本科学技術連盟（通称：日科技連）に大学、産業界、官界の有

注2　企業コンプライアンス：企業が法律や内規など、ごく基本的な ルールに従って活動する法遵守の意味。
注3　CSR：企業が利益を追求するだけでなく、組織活動が社会 へ与える影響に責任をもち、あらゆる利害関係者（消費者、投資家など）に配慮し、最適意思決定をすること。

志が集まってQCリサーチグループをつくり、品質管理の研究と啓蒙普及に努めた。これが日本で初めてのSQCの導入であった。

米国のデミング博士（Dr.W.E.Deming）が1950年に来日し、事実にもとづくデータの統計解析（SQC）の教育・指導・普及に努めた。

(2) SQCを基礎にしたTQCの導入……………………………………………………………(1960年代)

米国GE社のファイゲンバウム（A.V.Feigenbaum）氏が「Total Quality Control：総合的品質管理」の中で、顧客の要求を製品開発に反映させ、アフターサービスまで行う一連のストーリーに従ったQC活動を発表した（1957年）。いわゆるTQCの基礎である。1954年に来日したジュラン博士（Dr.J.M.Juran）がSQCをベースとしたTQCの重要性を説いた。

(3) TQCの確立へ、生産者から消費者へ……………………………………………………(1970年代)

日本的TQCが製造業各社に浸透し、日本製品がかつての“安かろう悪かろう”から高性能、高品質として世界から見直された。しかし1973年の第1次オイルショックにより日本経済は不況に陥り、従来までのつくれば売れる時代（Product Out）から、売れるものをつくる時代（Market In）に変わった。

(4) TQC拡大へ………………………………………………………………………………………(1980年代)

TQCは製造メーカーだけではなく、銀行、商社、外食産業、ホテルなど多方面の業種に拡大され、ブームになった。また、製品の質は拡大解釈され、仕事の質、経営の質が問われる時代になった。

(5) TQCからTQMへ、そしてISOへ………………………………………………………(1990年代)

日本的TQCに経営要素を取り入れたTQMが海外で定着していた。日本も1996年にTQCからTQMに呼称変更することになった。そして経営管理の一手法としてTQMが位置付けられることになった。

(6) ISO9001及びISO14001の認証取得へ………………………………………………(2000年代)

企業のグローバル化が進む中、ISO9001認証資格取得が必要とのことで、製造業のみならずサービス業（小売業、レジャー産業、医療など）など、あらゆる業種がISO9001認証資格取得に取り組んだ。

3 TQMとは

3.1 TQMの定義

（Total Quality Management:：総合的品質経営）は品質を中核とする経営管理のことで、製品の品質はもとより、業務の質改善、企業競争力の向上など、品質を重視した「品質経営」として日本の産業に大きく貢献してきた。

3.2 TQMの基本

TQMは3つの基本から成り立っている。1つは顧客指向の品質であり、2つ目は全員参加の活動であり、3つ目は継続的改善である（図5-1）。

(1) 品質（顧客指向）

顧客への品質保証、顧客が満足する品質・サービスの提供、顧客第一の品質経営がTQMの基本的品質の考え方である。

(2) 全員参加

TQMは品質保証部や工場の品質管理部、それに品質をつくり込む生産現場だけで行うのではなく、製品開発から生産準備、量産、販売・サービスまで、全過程、全部門、全社が一丸となり全員参加の活動が基本となっている（図

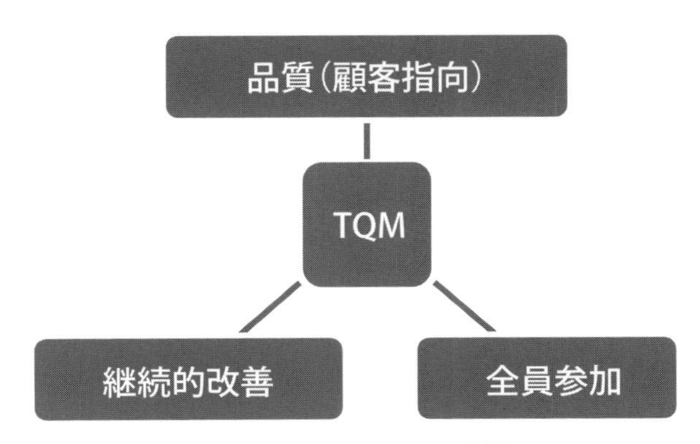

図5-1　TQMの3つの基本

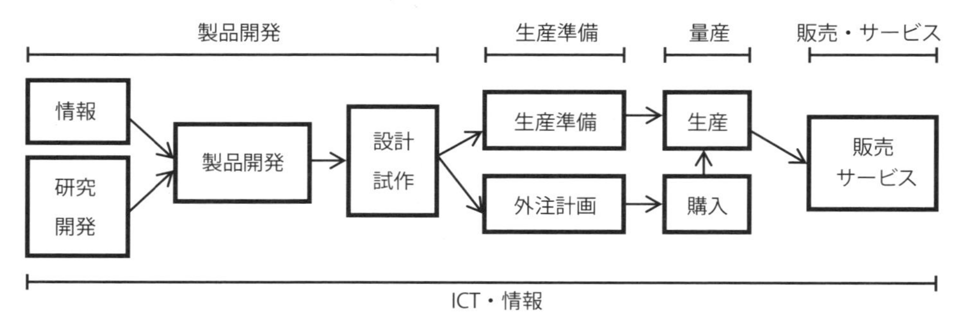

図5-2　品質保証活動の流れ

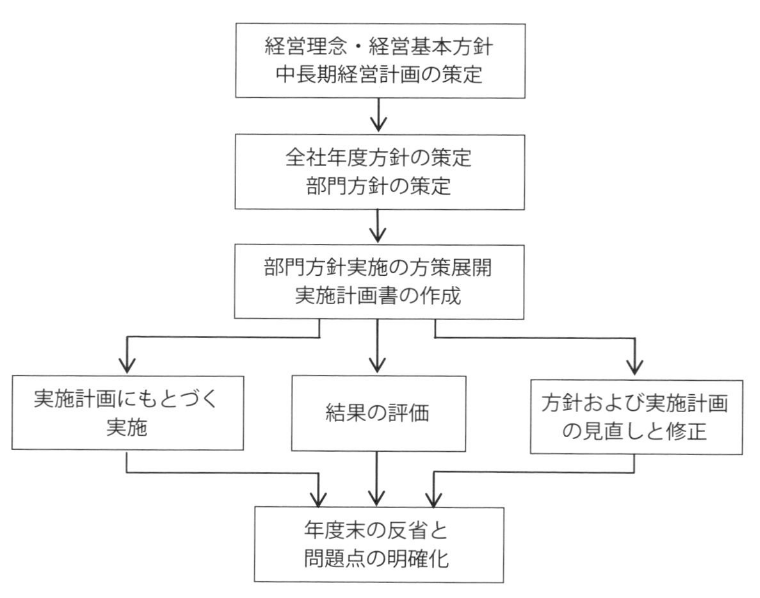

図5-3　方針管理の体系と流れ

5-2)。全員参加による品質保証では正しい情報の把握、情報の共有化、スピード化が必要になる。そのためICT[注4]の役割は大きい。

(3) 継続的改善

改善活動は継続的に行われることに意義がある。**TQM**の継続的改善には企業組織全体の経営の改革・改善を行う**方針管理**と、各部門の業務を標準などにもとづいて日常的に改善して管理を行う**日常管理**がある。

注4　ICT：Information and Communication Technologyの略で情報と通信に関する技術の総称。IT（Information Technology：情報技術）と同義語。

3.3　方針管理

方針管理はトップダウンによる企業の体質改善であり、全社的組織活動である。例えば、1年後に経常利益を150億円確保することが企業全体の目標（方針）であったときは、その目標達成のために販売部門の売上げ目標、生産部門の生産目標、外注・購買部門の調達目標など、全社の部門目標が計画され、実行に移される。実行結果の評価は必ず次年度に反映されなければならない。方針管理の手順と概要を図5-3に示す。

経営理念・経営基本方針の下に中長期経営計画（3～5年）を策定する。次に全社の年度方針を策定し、実現するための部門方針の策定を行う。部門方針を実現するための実施計画書を作成する。実施計画書にもとづく実施と実施結果の評価を行い、方針および実施計画の見直しと修正を行う。最後に年度末に反省を通じて問題点の明確化を行い、次年度へ反映させる流れになる。

3.4　日常管理

(1) 日常管理とは

通常業務を円滑に行うため、組織として日々行う管理が日常管理である。日常業務について組織的に取り組むためのしくみであり「維持する活動」と「改善する活動」が含まれる。

(2) 日常管理のねらい

第1のねらいは、標準通り、決められた通りに仕事を行うことであり、第2のねらいは、仕事の中で問題点（品質、コスト、日程、安全、環境などの問題点）を見つけ、改善を行い、改善結果の方法を標準に追加・改訂を行うことで管理レベルの向上を目指すことである。日常業務の中でPDCAを回しながら、改善を行う方法をとる（図5-4）。ここでのP（Plan：計画）は標準であり、基準であり、規格である。

(3) 日常管理の進め方

①部門別に職務（業務）を明確にする

外注への発注業務ならa）発注計画、b）発注、c）進捗把握・督促、d）入荷処理、など。

②管理項目を決定する

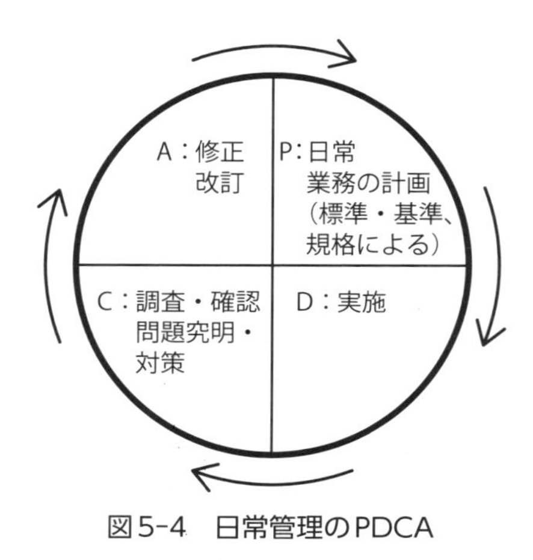

図5-4　日常管理のPDCA

仕事の結果を評価する尺度としてa）納期達成率、b）納入不良率、c）発注費用達成率、などの管理項目を設定する。

③管理項目（水準）と実際の比較および原因の究明と対策

例えば、目標納期達成率に対し、実際の達成率が低い場合は原因の究明と対策を考える。

④作業標準やQC工程表の改訂

日常業務で発生した問題点や不具合事項は原因究明と対策が施され、作業標準やQC工程表に反映させる。そして標準・基準類のレベルアップを図る。

3.5　QCサークル

(1) QCサークルとは

同じ職場内で品質を中心とした改善活動を自主的に行う小集団のことをいう。全社的品質管理活動の一環として自己啓発を行い、QC手法を活用して職場の管理、改善を継続的に全員参加で行うものである。

(2) QC活動の基本理念

3つの基本理念がある。

① 企業の体質改善・発展に寄与する

② 人間性を尊重して、生きがいのある明るい職場をつくる

③ 人間の能力を発揮し、無限の可能性を引き出す

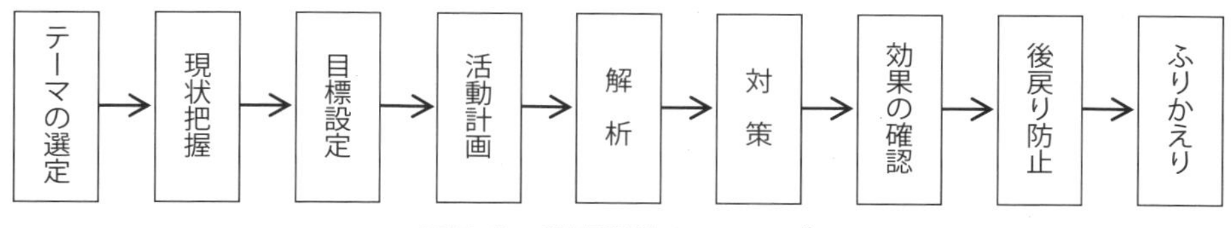

図5-5　問題解決のステップ

(3) QC活動の進め方

小グループを編成して、チームリーダーを決め、リーダーを中心にグループ全員で図5-5のステップ、QCストーリーで活動する。テーマ選定は時間短縮や不良低減などであり、振り返りは活動全体の反省である。そして特徴は事実に基づく活動である。

(4) QC活動の功罪

QC活動がマンネリ化し、形骸化しつつあるというマイナス面もあるが、QC活動の中から仕事の中に生きがいを見い出すことができるというプラス面もある。

4 ISO9000sとは

4.1 ISO9000sについて

(1) ISO9000sとは

ISO9000シリーズはISO（International Organization for Standardization：国際標準化機構）によって制定された品質マネジメントシステム（QMS：Quality Management System）に関する国際標準である。SQC、TQC、TQMは日本とアメリカの相互啓発によって発達したマネジメントシステムであるが、ISO9000シリーズはヨーロッパにおいて、イギリスを中心として制定されたものである。

ISO9000シリーズは9つの基本規格で構成されているが、その中心となるのがISO9001である。

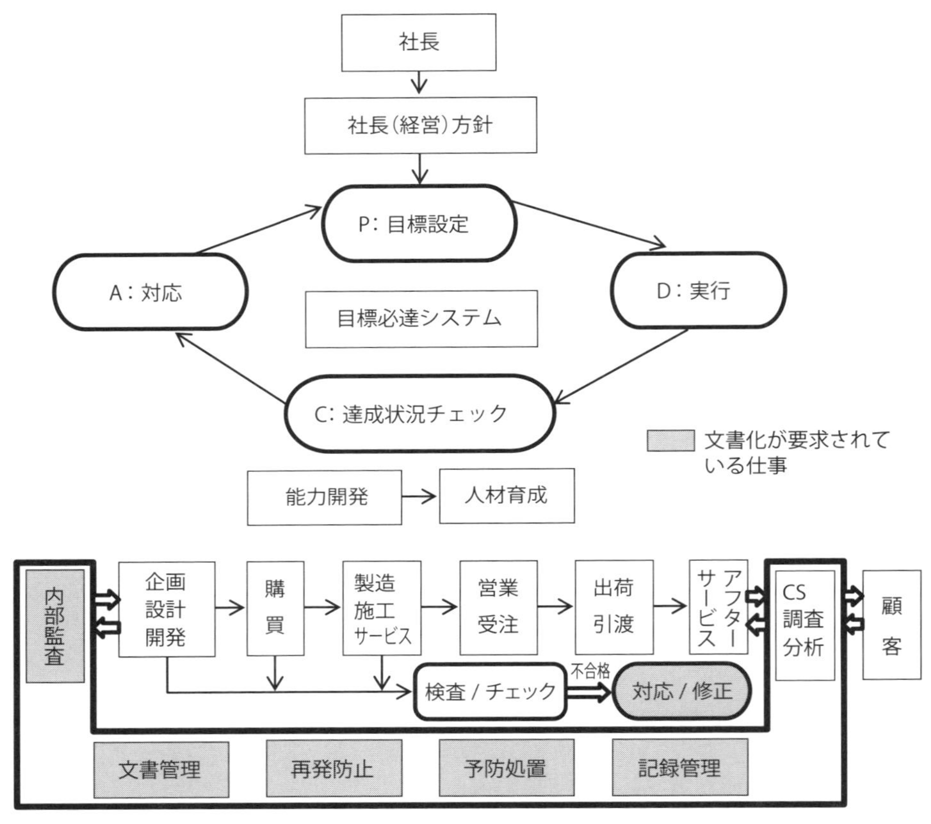

図5-6　ISO9001の要求事項

出所：ISO9001早わかり（株）中経38、39ページの図より抜粋

（2）ISO9001の概要

ISO9001はQMSの「要求事項」といわれている。顧客の立場から供給者に対してQMSが備えるべき必要事項を23規格項目（中分類）および51項目（小分類）にまとめられている。要求事項を要約すると図5-6になる。図5-6をもとにしてISO9001の概要を説明すると次のようになる。

①社長は企業の品質経営についての方針・目標を策定し、社員に周知徹底する。社長方針・目標を達成するために品質マネジメントシステムを構築し、運用する。つまり、目標を設定し（Plan)、目標に従い実行し（Do)、達成状況を調査し（Check)、差異が生じた場合は対策する（Action）のPDCAを回す活動である。

②社長方針や目標を達成するため社員の能力開発を行う。また持続的に能力開発が行われるしくみづくりを整備する。

③企画・設計・開発からアフターサービスまで一連の基幹業務に対して実施すべき要求（例えば図面のチェック、協力企業の評価、製品検査など）が求められる。同時に各業務で実施すべき内容の見直しが求められる。

④文書管理や記録管理、問題発生時の再発防止、予防処置などの手順の明確化が求められている。また内部監査や顧客満足度調査の実施が求められている。

⑤顧客の要求する品質を確保していることを、いつでも開示できるようにしていることも要求されている。

(3) ISO9001の認証取得

企業（事業所）がISO9001の認証を取得するには51項目（小分類）の要求事項をすべて満たさなければならない。そして、第三者機関である審査登録機関に審査を依頼しなければならない。審査員は要求事項に適合しているかを評価することによって適否の判断を下す。適合していると判断された場合は、その企業はISO9001の認証取得を得たことになり、登録機関に登録される。

(4) ISO9001認証取得の重要性

ISO9001の認証取得の理由は次の点にある。

①グローバル化に対応できる

製品のみならず、部品、材料の調達もグローバル化が進んでいる。国際標準規格であるISO9001の認証取得企業は「世界に通用する品質マネジメントシステムを実施している企業である」と認められるため国内外から信用が高くなる。

②顧客満足度が高くなる

ISO9001は品質マネジメントシステムの構築を要求している。このシステムの原点は顧客の要望・期待を企業は製品・サービスで答え、そして顧客が評価するしくみである。顧客満足が低ければ絶えず改善に努めなければならない。

③経営改善につながる

経営方針・経営目標を達成するために各部門が協力してPDCAを回さなければならない。そして問題点を見つけては改善していくことが大切である。このことを持続することで企業の体質が強化され、経営パフォーマンスが上がる。

④社員のモチベーションアップにつながる

ISO9001の認証取得には社員の教育、能力開発、人材活用は欠かせない。また動機付けも大切で、これらが機能しないとISOの認証取得は難しい。

5 TQMとISO9001の関係

5.1 TQMとISO9001の関係

TQMもISO9001も製品やサービスを通じて顧客満足を得ることが本来の目的である。この目的達成がおのずと企業の売上や利益増大につながる。TQMとISO9001には多くの共通点があるが、相違点もある。図5-7にTQMとISO9001の関係を示す。

【共通する事項】

経営者の責任、継続的な改善、顧客満足、データ分析、人材育成など

【ISOに含まれる事項】

マネジメントレビュー、内部監査、文書主義など

【TQMに含まれる事項】

小集団活動、品質改善活動、QC手法の活用、新製品・技術開発など

5.2 これからの品質管理

ISO9001認証取得は、企業として社会的評価は高まる。また、仕事を進める上での責任、権限やルールが明確化になる、など多くのメリットが考えられる。一方、システム構築に膨大な時間と費用がかかる。マニュアル、文書化に手間暇かけた割には効果が上がらないなど、不満もある。

ここで、今後日本企業が品質管理を進める上で何を大切にしなければならないかをTQMとISO9001の相互補完、相互啓発の観点から考える。

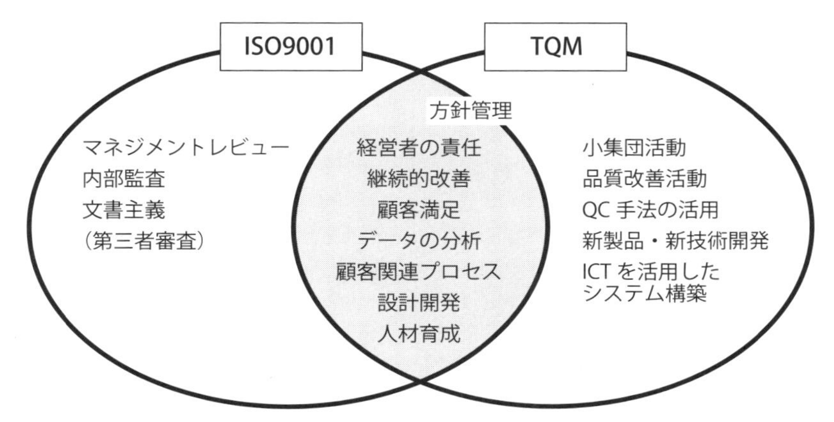

図5-7　TQMとISO9001の共通点と相違点
出所：標準化教育プログラム［共通５分野編］第６章社内標準化とTQM制作　松本隆より抜粋

(1) ISO9001認証取得を形骸化させてはならない

ISO9001の認証取得を形式的に終わらせてはならない。ISO9001制度のコンセプトである顧客満足の実現、経営体質の強化、全社組織による継続的活動が実現されて、真の意味がある。

(2) TQMをガラパゴス化させてはならない

TQMは方針管理と日常管理を2本柱として多くISO9001と共通点がある。ISO9001にはない小集団による改善活動やQC手法を活用した改善活動などは日本風土にマッチした組織活動であり、成果も大きい。ただ、あまりにもTQMに固執することになればガラパゴス化[注5]になりかねない。

(3) ISO9001にTQMを取り込む

欧米社会は日本と異なり契約社会であるから、こと細かく文章で指示しなければ作業をしないといわれている。図5-7に示したTQMの活動事項には、日本人の特徴が表れているといえる。このTQMの事項をISO9001に取り込むことによって相互啓発、相互補完が可能になる。

(4) 企業業績に直結する品質管理への移行

企業は儲からなければならない。顧客満足が高くても業績不振で倒産したのでは、何のためのISOかTQMか理解に苦しむ。顧客満足が企業の儲かるしくみに直結するような品質管理が重要になる。

注5　ガラパゴス化：日本で著しく進行すると、海外との互換性を失い孤立して取り残されるだけでなく、外国から適応性（汎用性）と生存能力（低価格）の高い種（製品・技術）が導入されると最終的に淘汰される危険に陥るという現象。

第5講　練習問題

問1 知識・理解

機能品質、操作性品質、社会性品質、信頼性品質について概要を説明せよ。

問2 知識・理解

SQC、TQC、TQMのフルスペルと日本語訳を書け。

問3 知識・理解

品質管理の重要性を品質管理を行わなかった場合に起こる負の現象を想定しながら述べよ。

問4 知識・理解

QCサークルについて簡潔に説明せよ。

問5 知識・理解

ISO9000シリーズ（ISO9001認証取得を含む）が注目されるようになった理由を3つあげよ。

問6 思考・判断

企業における品質管理の流れがTQC→TQM→ISQになってきた理由を説明せよ。

問7 思考・判断

欧米社会は日本と異なり契約社会であるから、“明らかにおかしい”とわかっていても、文章で指示しなければ行動をしないといわれている。このような事態を改めるにはどのような対応が必要か。

問8 関心・意欲

TQMもISO9001も、製品やサービスを通じて顧客の満足を得ることが本来の目的である。違いは目的達成のための手段にあると考える。何が違うだろうか。

※解答例は235ページ

品質管理(2)
統計的品質管理

学びのポイント

(1) **品質を管理するデータには計量値と計数値と官能値がある。** 各々を代表するデータにはどんなものがあるかを習得しよう。

(2) **QC7つ道具とは。** QC7つ道具の内容を理解しよう。新7つ道具があることも知っておこう。

(3) **検査の目的、検査の種類、検査の方法とは。**

(4) **抜取検査には計数抜取検査と計量抜取検査がある。** それぞれの違いを合格判定の方法から理解しよう。

(5) **OC曲線(検査特性曲線)とは。** OC曲線の見方の概要を把握しよう。消費者危険、生産者危険の意味をOC曲線を通じて理解しよう。

(6) **検査方法の改善とは。** 優良なロットを不合格にする、粗悪なロットを合格にするリスクを改善するためにどんな検査方法があるかを学習しよう。

(7) **管理図とはどんなものか。** 管理図では代表的な$\overline{X}-R$管理図の見方を学習する。特に異常現象の見つけ方を理解しよう。

キーワード

計量値、計数値、QC7つ道具(層別、特性要因図、チェックシート、ヒストグラム、パレート図、散布図、管理図)、抜取検査、ロット数、サンプル数、OC曲線、生産者危険、消費者危険、$\overline{X}-R$管理図

1　統計的品質管理の基礎手法

統計的品質管理は1920年代に米国のベル研究所で行われたシューハート博士（Dr. W. A. Shewhart）の管理図法とダッヂ（H. F. Dodge）とローミング（H. G. roming）による抜取検査に端を発する。また、同年代に英国のロザムステッド農事試験場ではフィシャー（R. A. Fisher）による実験計画法の基本的な考え方（Fisherの3原則[注1]）が提唱された。これらの手法が日本にSQCとして普及したのは1950年代である。もともと日本では製品の品質は製造工程でつくり込んでいたため、SQCも製造工程での品質管理に導入された。次の2点が導入ポイントである。SQC手法は本講3節から述べる。

◎平均値を安定させる

◎バラツキを押える

2　データの種類

品質を管理するためのデータには、計量値（連続確率変数で表されるデータ）と計数値（離散型確率変数で表されるデータ）がある。このほかに人間の感覚によって評価する管能値がある。

ここがポイント!!

【データの種類】

計量値：連続確率変数で表されるデータ
（例：重さ、長さ、強さ、硬さ、時間、温度など）

計数値：離散確率変数で表されるデータ
（例：不良率、個数、回数、順序など）

官能値：人間の感覚によって評価されるデータ
（例：乗り心地、柄の善し悪し、匂い、味、肌触りなど）

注1　Fisherの3原則：第1の原則は「反復」で1つの処理を2つ以上の測定を行うこと。第2の原則は「無作為化」で順序をランダムにすること。第3の原則は「局所管理（小分け）」でデータのブロック化とブロックを要因に加えた分析であること。

3 QC7つ道具

SQCに関連する手法のうち、初歩的であるが最も基本的となるQC7つ道具を概説する。QC7つ道具には①層別、②特性要因図、③チェックシート、④ヒストグラム、⑤パレート図、⑥散布図、⑦管理図とグラフがある。

3.1 層別

ある部品の焼入れ硬さは同じ部品の焼入れであっても、A炉とB炉とでは焼入れの結果が違うかもしれない。

このように「同じ製品の焼入れ硬さ」についてのデータでも、その背景を調べると、実は異質のデータの存在が認められることがある。このような異質のデータを分離して考えることを「層別」という。男女に分けるのも層別である。

3.2 特性要因図

ある品質特性とその特性に影響を与えていると、考えられる多数の要因を整理する手段の1つとして特性要因図（魚の骨ともいう）がある（図6-1）。

要因の抽出を行ったら、特に品質特性に関連がありそうな要因を選び、実験計画法などの統計手法を用い、最適条件を見つけ出すのに有効である。

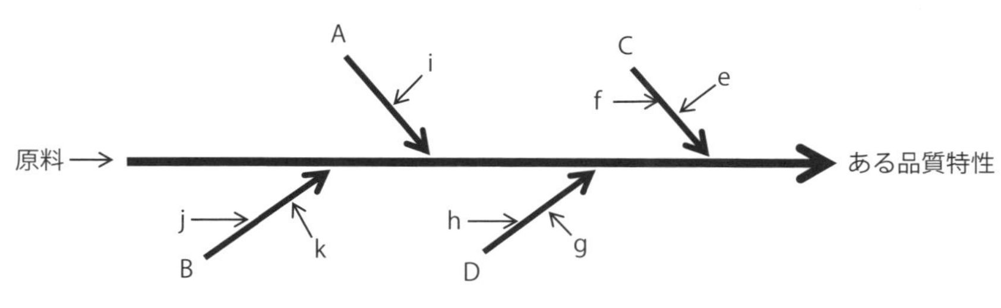

図6-1　特性要因図

3.3　チェックシート

チェックシートは、効率良くデータをとるための道具として、あるいは、すでにもっているデータを整理する手段として活用することができる。

表6-1は硬さ試験などで多くのデータを得たときに、測定値の大きさで分類し、各区間ごとの度数を数えたものである。この区間をクラスまたは階級という。どのクラスにどの程度発生しているかが一目瞭然である。

また、**表6-2**は不良項目ごとの発生件数をチェックシートにまとめたものである。表6-1は同じ「硬さ」をクラス分けしているのに対して、表6-2は1つひとつが独立した項目である。どちらのチェックシートもクラスごと（あるいは項目ごと）の発生頻度が一目でわかりやすいという特徴がある。

3.4　ヒストグラム

ヒストグラムとは、計量値をクラス分けした度数分布のグラフである。測定値の範囲をいくつかの区間に分け、各区間を底辺として、その区間に属する測定値の度数に比例する面積をもつ長方形を並べてつくる。**図6-2**は表6-1から作成したものである。

ヒストグラムをつくると①左右対称か、どちらかに偏っていないか、②山が1つだけか、2つないか、③規格との関係はどうか、などが一目でわかる。例えば、山が2つあれば異質のデータの混入も考えられる。

3.5　パレート図

表6-2のように1つの項目が独立している場合、これを度数の大きい順に並

表6-1　チェックシート（区間ごと）

区間	度数マーク
26.5～30.5	//
30.5～34.5	卌 //
34.5～38.5	卌 卌 卌 ////
38.5～42.5	卌 卌 卌 卌 ///
42.5～46.5	卌 卌 卌 /
46.5～50.5	///

表6-2　チェックシート（項目ごと）

不良項目	チェック
折れ	/
欠け	//
ゆるみ	卌 卌 卌 卌 卌
漏れ	卌 //
きず	卌
汚れ	卌 卌

べるとともに、項目ごとの累積比率を縦軸右側に表示したグラフがパレート図である。このことで上位項目が問題件数の何％を占めるかがわかる。この図では上位2項目（ゆるみ、汚れ）で不良件数全体の70％を占めている。一般に上位10％の項目で累積比率が70～80％を占めるといわれている。この法則は、発見者（イタリアの経済学者パレート（V. Pareto））に因んでパレート図と呼ばれている。図6-3は表6-2をもとに作成したパレート図である。

3.6　散布図

2種類のデータxとyを横軸と縦軸にとり、(x、y) の座標を直角座標に打点したときに得られる分布図を散布図という（図6-4）。例えば焼入れ温度 (x)

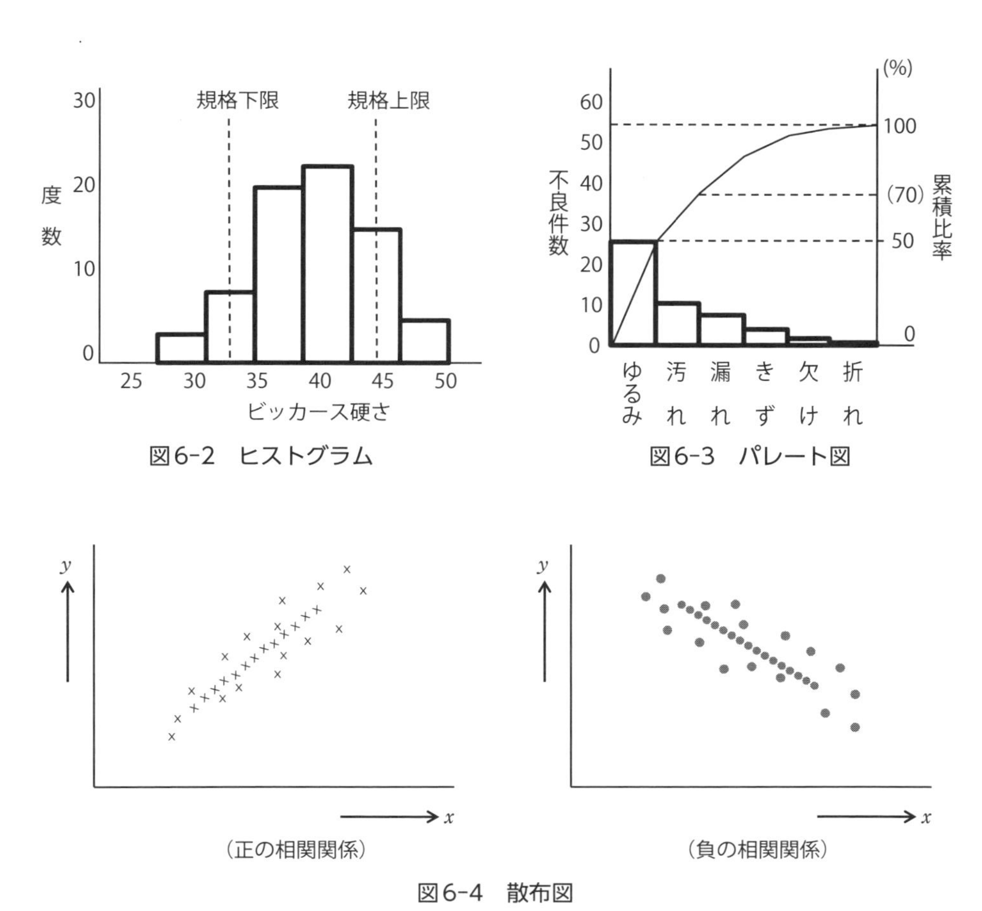

図6-2　ヒストグラム

図6-3　パレート図

図6-4　散布図

と硬さ（y）との関係などである。

散布図を書くと、xとyの相関関係を知ることができる。xが増加するとyも増加する関係（右上がり）は正の相関関係[注2]があるといい、xが増加するときyが減少する関係（右下がり）は負の相関関係[注3]があるという。xとyに増減依存の関係がないときは無相関という。

3.7　管理図、グラフ

製品不良あるいはロット不良とは設計規格に合致しないことであり、異常とは生産状態が「いつも」と異なることをいう。

管理図は、生産工程が安定な状態にあるかどうかを調べるため、または工程を安定状態に保持するために用いる図（折れ線グラフが多い）である。この図に全体の平均を示す中心線や上方と下方の管理限界線を記入すると、管理特性（計量値、計数値）の動きに異常があるかどうかを判定することができる。図6-5は計量値（丸棒の直径）を管理特性として作成した管理図である。3日目の点が上方の管理限界を超えているため異常を示していることが一目でわかる。管理特性の点が管理限界線の外にはみ出たり、並び方に「くせ（例えば6点が連続して増加または減少傾向）」が現れれば見逃せない原因があったとして、その原因を調べ、工程に対して再び起こらないような処置を施し、工程を安定的な状態に維持しなければならない（本講5節で詳述）。

グラフには円グラフ（各項目の割合を見る）、棒グラフ（各項目ごとの度数を見る）、折れ線グラフ（時間的推移を見る）、帯グラフ（各項目ごとの割合を見る）など、いろいろなグラフがある。この他用途に応じてさまざまなグラフが工夫されている。

【新QC7つ道具】

SQC手法としてよりも、むしろTQMで使われているものに「新QC7つ道具」がある。下記に紹介する。

① 親和図法：混沌とした要素を構造的にまとめる情報整理法

② 連関図法：複雑に絡み合う問題から重要な要因を見つけ出す

③ 系統図法：目標を達成するための道順を目的手段で決める

注2　相関関係の有無は相関係数によって判断される。相関係数が1に近いほど正の相関関係が強い。1が相関係数の最大値。
注3　相関係数が－1に近いほど負の相関関係が強い。－1が相関係数の最小値。

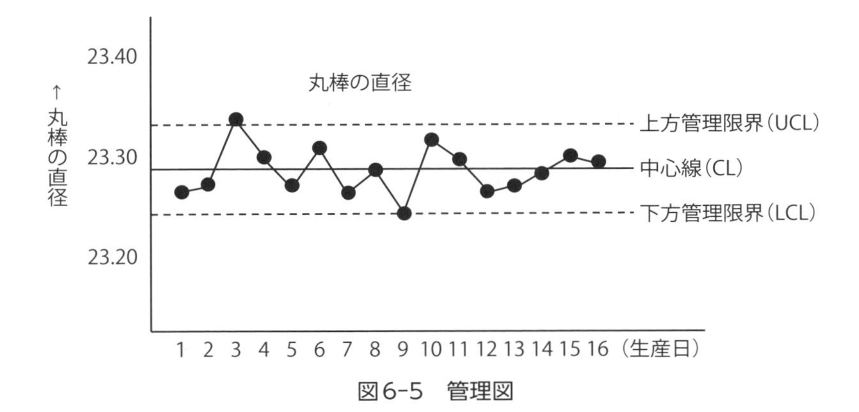

図6-5　管理図

④ マトリックス図法：問題の所在や形態を探り、解決の着想が得られる
⑤ アローダイアグラム：プロジェクトを最短で完了させる道筋の探求
⑥ PDPC：実行計画を着実に進めるように様々な場面を想定する
⑦ マトリックスデータ解析法：多数のデータを整理する方法

3.8　その他のSQC手法

QC7つ道具のほかに、相関と回帰、分散分析、実験計画法、多変量解析、信頼性などの統計手法を実際の品質管理に適用すれば効果が大きい。また抜取検査（本講4節）、管理図（本講5節）、さらには正規分布をはじめとする各種の分布表、因子分析、主成分分析などもSQC手法として利用されている。

4　検査

4.1　検査について

(1) 検査とは

品物の特性値に対して、測定、試験などを行い、規定要求事項と比較して適合しているかどうかを判定する活動を「検査」という。

表6-3　検査の分類

	分類
検査の性質	1. 破壊検査　2. 非破壊検査
検査の方法	1. 全数検査　2. 抜取検査　3. 無検査
検査段階	1. 受入検査　2. 工程内検査　3. 出荷検査
検査場所	1. 定位置検査　2. 移動検査

検査は個々の品物への実施と、ロットへの実施がある。

(2) 検査の目的

検査には2つの目的がある。1つ目は不適合品（不良品や不合格品）を後工程や顧客に渡らないように品質を保証することであり、2つ目は検査データ（特に不適合品データ）を速やかに関連部門へ報告し、検査の管理（特に再発防止）に役立てることである。

(3) 検査の分類

検査には検査の行われる段階や検査方法などにより表6-3に分類できる。

4.2　抜取検査

検査の方法には表6-3で述べたように、全数検査と抜取検査と無検査がある。ここでは抜取検査について説明する。抜取検査には、計数抜取検査と計量抜取検査がある。

(1) 計数抜取検査

サンプルの品質特性が計数値として得られる場合に適用される。

ここに大きさN、不良率pなる製品ロットが入荷したとする。ロットとは、同じ性質をもっていると見なされる製品群のことであり、ロットの大きさとは、そのロットに含まれる製品の数である。このロットから大きさnのサンプルを抜き取り、その中に発見される不良品の個数rがc個以下ならばそのロットを合格と判定する方法である。このcを合格判定個数という（図6-6）。

不良率pのロットからn個のサンプルを抜き取ったなかに不良がr個含まれる確率は二項分布（6.1）式になる。

$$P(r) = {}_nC_r p^r (1-p)^{n-r} \tag{6.1}$$

例えば、不良率pが20%の製品の中からサンプル数nを10個抜き取ったと

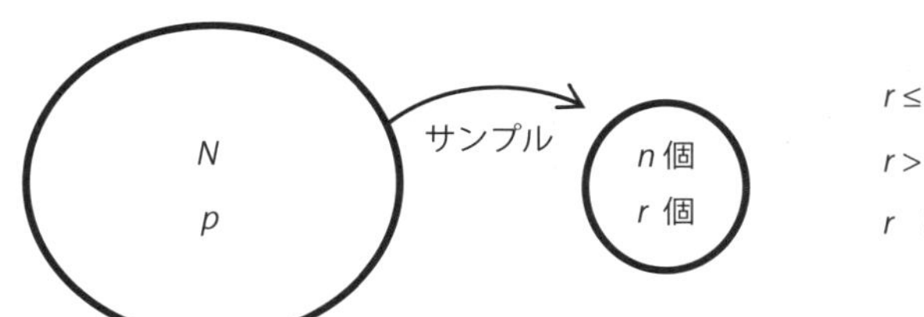

図6-6　計数抜取検査

き、不良個数rが0～10個の確率は（6.1）に代入して求めることができる。

入荷したロットが合格する確率$L(p)$はrが0、1、…cのいずれかが起こる確率であるから、次の（6.2）式になる。

$$L(p) = \sum_{n=0}^{c} {}_nC_r p^r (1-p)^{n-r} \tag{6.2}$$

合格判定個数cを1としたときの合格確率$L(p)$は不良個数0の$P(0)=0.107$と$P(1)=0.268$を合わせた確率になるから0.375（37.5%）となり、合格率は極めて低い。もともとロットに含まれている不良率が20%と高い値であるから、合格する割合が低くなるのは至極当然である。仮にロットに含まれている不良率が1%の場合で、合格判定個数cをロットの不良率20%と同じ1にしたときの合格確率$L(p)$は0.9957（99.6%）と高くなる。

（2）計量抜取検査

サンプルの品質特性が計量値として得られる場合に適用される。簡単なため上限規格がS_U（または下限規格がS_L）のみ与えられた場合を考える。

いま、n個のサンプルを抜き取ってデータを得る。その平均を$\bar{x}$、標準偏差がsのとき、これを上限規格S_Uと比較して以下とする判定である。

$\bar{x}+ks \leq S_U$　ならばロット合格

$\bar{x}+ks > S_U$　ならばロット不合格

なお、サンプル数nは極力合格させたいロット不良率の上限p_0%（例えば1%）と、極力不合格にしたいロットの不良率の下限p_1%（例えば5%）から統計理論に基づいて計算されるサンプル個数である。kは合格判定係数といわれるもので、p_0とp_1および生産者危険[注4] α（α=5%）、消費者危険[注5] β（β

注4　生産者危険：良品ロットなのに不合格と判定されるリスクをいう。「第1種の誤差」や「あわて者の誤り」ともいう。
注5　消費者危険：不良品ロットなのに合格と判定されるリスクをいう。「第2種の誤差」や「ぼんやり者の誤り」ともいう。

=10%）を基に統計理論から求められる計数値である。（JIS　Z　9004-1983計量規準型1回抜取検査の抜取検査表［p_0(%)、p_1(%)を基にしてのサンプルの大きさと合格判定係数を計算するためのkとを求める表］を参照）。

また、下限規格S_Lが与えられた場合は、以下とする判定である。

$\bar{x}-ks \geq S_L$　ならばロット合格

$\bar{x}-ks < S_L$　ならばロット不合格

具体的な数字を入れて考えてみよう。鋼鈑の厚さの下限規格が2.50mmのとき、厚さ2.50mm未満のものがp_0=1%以下のロットは合格とし、それがp_1=9%以上のロットは不合格としたい。生産者危険α=5%（0.05）、消費者危険β=10%（0.10）としたとき、統計理論に基づくと、nとkを求める検査表からn=28、合格判定係数k=1.83になる。

ロットからサンプル28個を抜き取り、平均（$\bar{x}$）と標準偏差（s）を計算した結果$\bar{x}=2.60$、s=0.05であった。このロットの合否判定は下限規格が与えられた判定式を使えば

$\bar{x}-ks=2.60-1.83\times0.05=2.51$　となり、　$2.51\geq2.50$　のため

この鋼鈑は合格と判定される。

4.3　OC曲線

（1）OC曲線とは

抜取検査は、理論的に良いロットも悪いロットも、ある確率で合格したり逆

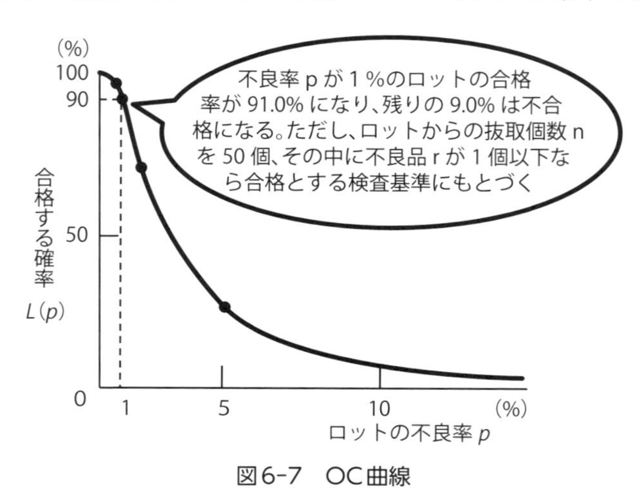

図6-7　OC曲線

に不合格になったりする。その様子を示したのが図6-7に示す検査特性曲線（OC曲線：Operating Characteristic　Curve）である。OC曲線はロットの不良率pと、ロットの合格率$L(p)$との関係を示している。この図で不良率pが1%のロットから抜検査を行い、その中に不良品rが1個以下なら「合格」とする検査基準に対し、91.0%は合格するが、残りの9.0%は不合格になる。

（2）OC曲線の見方

図6-8を見ていただきたい。このOC曲線から生産者リスクと消費者リスクを考えてみよう。かなり優良なロット不良率p_0でもα%の不合格になり、一方、かなり粗悪なロット不良率p_1%でもβ%の合格を出すことがわかる。

このように抜取検査によって製品の品質を確認する取引では、生産者と消費者がそれぞれαとβのリスクを分担することになる。ふつうαが5%、βが10%になるように検査基準を決める。

（3）検査方法の改善

かなり優良なロットでも不合格になったり、逆にかなり粗悪なロットでも合格になったりするリスクを減らすには、次のようないくつかの厳しい検査基準に変える方法が考えられる。

①合格判定個数を小さくする

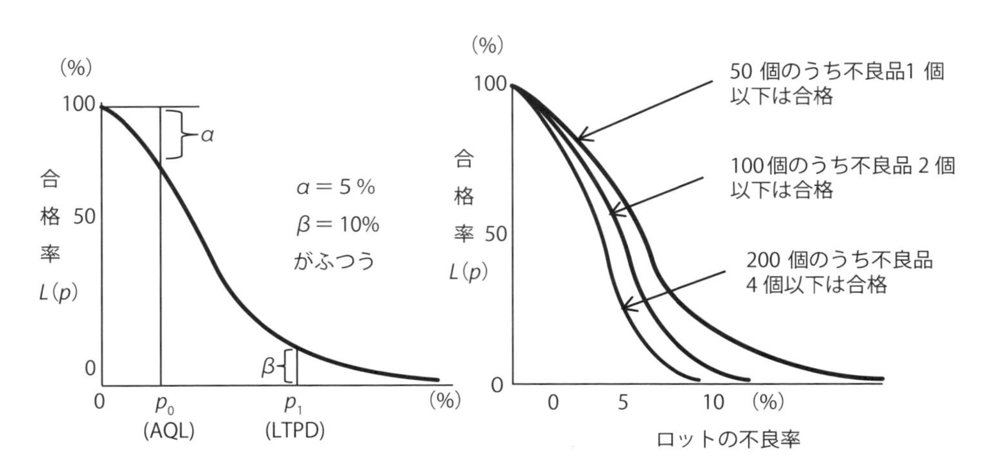

図6-8　生産者リスクと消費者リスク

AQL：Acceptable Quality Level（極力合格させたい不良率の上限）
LTPD：Lot Tolerance Percent Defective（極力不合格としたい不良率の下限）

図6-9　抜取個数でOC曲線は変わる

抜き取ったサンプルの中に含まれる不良品の個数が「1個までなら合格」から、「0個だけを合格」とする、に変える。

②合格判定個数を固定し、抜取サンプル数を大きくする

50個抜き取ったサンプル数の中に含まれる不良品の個数が「1個までなら合格」から、100個抜き取ったサンプル数の中に含まれる不良品の個数を「1個までなら合格」とする、に変える。

③合格判定%を固定し、抜取サンプル数を増やす（図6-9）

50個抜き取ったサンプル数の中に不良品の個数が「1個までなら合格」から、100個抜き取ったサンプル数の中に不良品の個数が「2個までなら合格」とする、また200個抜き取ったサンプル数の中に不良品の個数が「4個までなら合格」に変える。

④場合によっては抜取検査を2回行う

1回目の抜取検査でサンプル数50個中に不良の数が「0個なら合格」とし、1個ならば2回目の抜取検査を行い、不良品が「0個なら合格」に変える。

⑤全数検査を行う

検査時間の短縮を工夫し（ワンタッチ検査など）、全数検査を導入する。

抜取検査の検査基準（生産者危険および消費者危険をどのように設定するか）は、検査する品物の性質、工程品質能力などの状況を踏まえ、会社の検査方針のもとに決めなければならない。

5　管理図

5.1　管理図について

(1)　管理図とは

管理図（Control Chart）とは品質や生産工程が統計的に管理されている状態にあるかどうかを判断するためのグラフである。管理限界線を記入し、製品

表6-4　注意信号のパターン

異常判定のケース	異常判定のケース
①管理限界線を外れたとき	⑤連続する3点中2点が3σにある
②9点が連続して中心線に対し同じ側にある	⑥連続する5点中4点が2σ以上にある
③6点が連続して増加か減少	⑦連続する15点が1σにある
④連続して14点が交互に増減	⑧連続する8点が±1σを超えている

表6-5　管理図の分類

管理特性	管理図	基礎の分布	統計量	用途
計量値	$\overline{X}$－R管理図	正規分布	平均、範囲	群間、群内変動を見る
	X管理図	正規分布	個々の測定値	群間変動を見る
	メジアン管理図	正規分布	メジアン	群間変動を見る
計数値	p管理図	二項分布	不良率	不良率を見る
	pn管理図	二項分布	不良個数	不良個数を見る
	u管理図	ポアソン分布	単位当り欠点数	単位当りの欠点数を見る
	c管理図	ポアソン分布	欠点数	欠点数を見る

や工程の特性値を管理図にプロットすることで、異常を検出する図である。

(2) 管理図の目的

管理図にプロットされた特性値をもとに製品や工程の状態が管理状態にあるか否かを判断するのに用いられる。プロットが管理限界線の外に出たり、プロットの並び方にくせ（表6-4）があれば、見逃せない原因（異変）が検出されたことになり、その原因を探求し、原因を取り除き、安定的な状態にすることを目的とする。

5.2　管理図の種類

表6-5は管理特性ごとの管理図の種類を分類したものである。計量値では、$\overline{X}$－R管理図が最も多く使われている。計数値では、p管理図やpn管理図が代表的な管理図として多く使われている。

5.3　管理図の例

計量値の代表的な管理図$\overline{X}$－R管理図を、ある錠剤の重さ（mg）のデータ

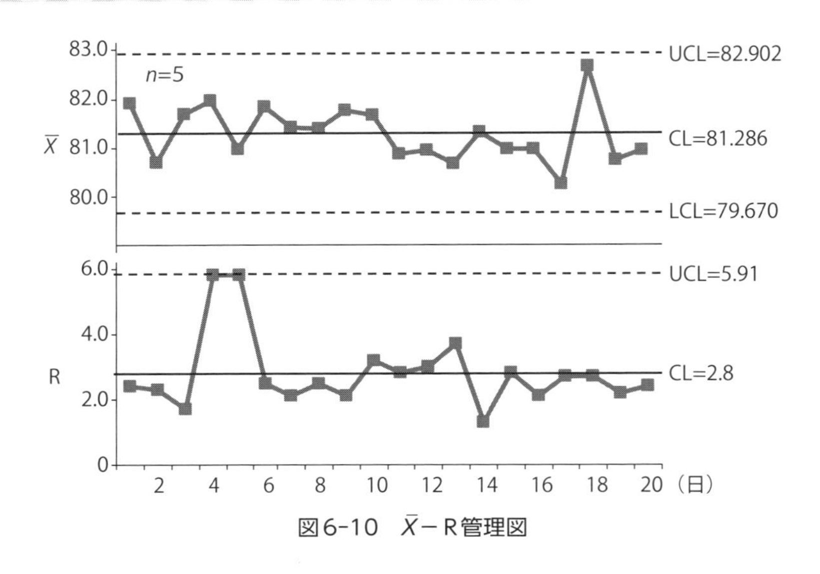

図6-10　$\bar{X}$－R管理図

をもとに作成したのが図6-10である。この管理図は日にちごとのデータの大きさn=5個、データの取得日数k=20日で作成している。

$\overline{X}$管理図は日にちごとのデータの大きさ5個の平均値$\overline{X}$をもとに作成している。$\overline{X}$管理図のCL（Center Line）は中心線といわれるもので、日にちごとのデータの平均値$\overline{X}$の20日分の平均$\overline{\overline{X}}$で求めた値である。UCL（Upper Control Limit）は上方管理限界、LCL（Lower Control Limit）は下方管理限界といわれる限界線である。基本的には$\mu \pm 3\sigma$に相当する。この管理限界の外に$\overline{X}$が出た場合は異変が検出されたことになり、原因を究明して取り除かなければならない。図6-10の$\overline{X}$管理図には異変は見当たらない。

一方、R管理図は日にちごとのデータの大きさn=5個の最大値と最小値の差R（Range）をもとに作成している。CL（Center Line）は中心線といわれるもので、日にちごとの差Rの20日分の平均値$\bar{R}$の値である。UCL（Upper Control Limit）はデータの大きさnにより定まる。LCL（Lower Control Limit）は値が0になるので図6-10には書いていない。図6-10のR管理図では、4日と5日のデータRが続けて上方管理限界に近い値なので、原因を調査する必要がある。

5.4　管理図の使い方

(1)異常現象を見つける

管理図の中で表6-4にあった8つのケースは、統計的管理状態に異変が起こっている可能性が高いことを促している。したがって、モノづくりの製造現場では品質特性項目に影響を及ぼす5M（Man：人、Material：材料、Machine：機械設備、Method：作業方法、Measurement：測定方法）の何が原因かを調査・分析・究明し、解決しなければならない。

第6講　練習問題

問1　知識・理解

品質を管理するデータには①計量値、②計数値、③官能値がある。各々に該当するデータを2個あげよ。

問2　知識・理解

QC7つ道具をあげよ。

問3　知識・理解

OC曲線のαとβの意味を書け。また検査基準を変えて検査方法を改善する方法を2つあげよ。

問4　思考・判断

学生40人の1日当たりの予習時間（H）を調査したところ0.5～1.0Hが2人、1.0～1.5Hが2人、1.5～2.0Hが10人、2.0～2.5Hが20人、2.5～3.0Hが3人、3.0～3.5Hが2人、3.5～4.0Hが1人であった。このデータをもとにパレート図を書け。ただし、0.5～1.0Hは0.5時間から1.0時間未満を意味する。

問5　思考・判断

次の管理図を見て設問に答えよ。

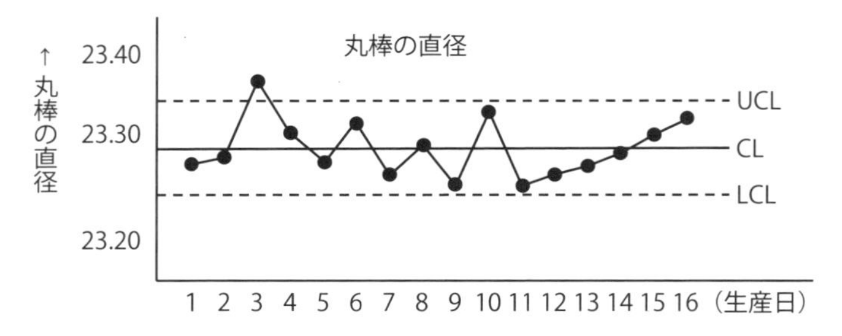

【設問1】CL、UCL、LCLのフルスペルと日本語訳を書け。

【設問2】この管理図で異常と思われるプロットを日にちで指摘し、理由も書け。

問6　関心・意欲

6σ（シックスシグマ）による品質管理、6σによる経営革新など、6σに対する期待は大きい。6σの概要を説明せよ。また、TQMとの違いを説明せよ。

※解答例は236ページ

第7講

原価管理

学びのポイント

(1) **原価の意味と原価管理の意義とは。**原価の正しい把握も重要であるが、原価低減がさらに重要であることを学ぼう。

(2) **売上高と原価と利益の関係とは。**製造原価から直接材料費を除いたすべてが加工費になるため、作業システム（作業者、機械設備、治工具、作業方法）の良否が加工費を決める要素になることを理解しよう。

(3) **製造業の原価低減とは。**あらゆる生産過程の中で上流工程での低減が大きい効果を上げることを学ぼう。

(4) **製品企画段階の原価低減とは。**C戦略（戦略的原価低減）になることを学ぼう。このC戦略が目標原価になり、原価計画につながることを理解しよう。

(5) **開発/設計段階での原価低減とは。**目標原価達成のために製品をモジュール分割し、モジュール単位にVE手法を駆使して目標達成活動を展開することを理解しよう。

(6) **生産準備段階での原価低減とは。**生産システムのQCD能力を過剰にしないこと、生産システムを構成する工程系、作業系、管理系のサブシステムの簡素化が原価低減につながることを学ぼう。

(7) **日常生産での原価低減とは。**生産に流れをつくること、ムダを排除すること、現有工程能力を発揮させることがポイントになることを学ぼう。

(8) **標準原価と実際原価の差異分析とは。**差異分析は差異原因がわかるように行うことと、対応策がとれるように行うことが大切であることを学ぼう。

キーワード

減価低減、材料費、加工費、管理費、目標原価、許容原価、原価計画、モジュール別原価目標、VE（VA）活動、原価統制、標準原価、実際原価、原価差異分析

1 原価管理の意義

1.1 原価とは

原価と名のつくものには、売上原価、標準原価、目標原価、許容原価など多くのものが存在する。使用目的により原価の内訳と呼称が異なるからである。製造業で使われる製造原価とは、製品を生産するのにかかった費用のことをいう。製品を生産するには、材料に人と設備とエネルギーを使うため、製造原価は材料費、労務費、経費になる。

1.2 原価管理

利益管理の一環として、企業が安定的発展に必要な利益を得るため原価引き下げの目標を明らかにし、その実施のための計画を設定し、計画の実現を図る一連の活動が原価管理である。原価管理は原価のPDCA（P計画→D実行→C調査→A対応）を回すことであるが、財務や会計ではPDS（P計画→D実行→See評価）や、PC（P計画→Control統制）という場合もある（図7-1）。

企業利益は「利益＝売上高－原価」から、利益を増やすには①売上高を増やす、②原価を下げる、③売上を増やし、原価を下げる、が考えられるが、ここ

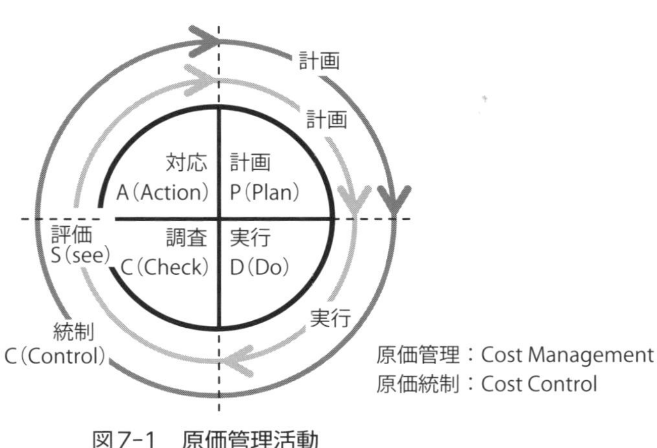

図7-1　原価管理活動

での原価管理は原価を計画的に引き下げる活動をいう。

1.3　原価管理の目的

原価管理には2つの目的がある。一つは製品・サービスの品質や日程・納期を損なうことなく、コストを低減する活動である。もう1つは利益が出るように、利益を増やすような活動で、これには損益分岐点の改善、プロダクトミックス[注1]の改善、工場や設備の投資改善などが含まれる。

2　原価の構成

2.1　加工費の基本

モノづくりの製造現場では材料に作業システムが働きかけ、加工変換することで製品をつくっている（図7-2）。単工程がモノづくりの基本である。複数工程から成り立っている生産システムでは、単工程での加工変換が繰り返されることで製品がつくられる。

加工工程で発生する加工費は、作業システムから受ける作業の費用である。作業システムは人と設備と情報と消耗品などで構成されているため、直接材料費を除くすべての費用になる。

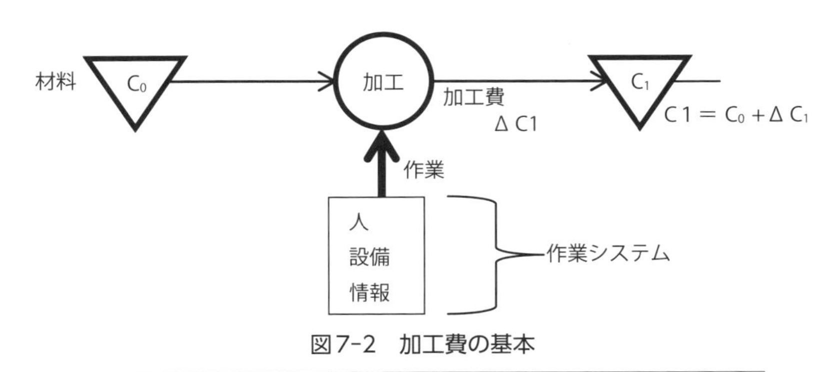

図7-2　加工費の基本

注1　プロダクトミックス：企業が生産する製品・品目の組み合わせ構成。利益の最大化において最適なプロダクトミックスにする方法。

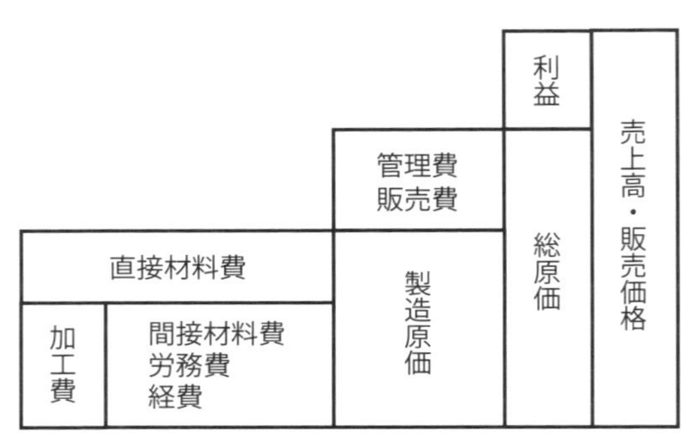

図7-3　売上高と利益と加工費の関係

そして、この加工費は当該工程の作業システムの単位時間当たりのシステム費用と、そこでの作業時間の積となる。生産ラインは加工工程での加工作業だけではなく、検査、運搬、停滞の工程も存在するため、すべての工程システムで単位時間当たりのシステム費用と時間の積として費用は発生する。最初の工程から完成までの工程のすべてにかかった費用が加工費である。製造原価を材料費と加工費の2つにとらえるための呼称である。

2.2　利益と製造原価

原価には製造原価と総原価がある。製造原価は工場原価ともいい、材料費と加工費で構成される。加工費は直接材料費を除いたすべての費用である。つまりすべての間接材料費[注2]とすべての労務費と経費[注3]で構成される。図7-3は売上高と利益と加工費との関係を表した内容である。

3　原価管理の進め方

いかに原価管理を行うべきかを①新製品開発での原価管理、②既存製品生産での原価管理から述べる。分けて述べる理由は、新製品開発での原価管理は新しく開発する製品の製品戦略の一環として行われるべきで、企画段階、開発/

注2　間接材料費：素材費（補修費用に使用）、燃料費（工場の熱源に使用）、消耗品費（補助的に使うもの）、消耗工具器具備品費（道具類）
注3　経費：機械設備の減価償却費、管理費、電力・ガス・水道代など

設計段階で目標原価を計画し、同じ企画、開発/設計段階でそれを達成しなければならないからであり、日常生産まで持ち込んではならないからである。新製品開発段階での原価統制は目標原価を達成するための原価低減活動であり、戦略的原価統制である。

開発された製品を日常的に生産/販売する段階での原価管理は1年や半年の予算単位での原価管理であり、期間原価管理である。原価管理の性格が異なる。

3.1　新製品開発での原価管理

3.1.1　新製品開発での原価計画

新製品の開発では開発する製品の品質（Q）、価格（C）、総需要量（D）を戦略的に決めなければならない。

ここで開発製品のQとは顧客への製品役立ちであり、効用であり、品質である。開発製品のCとは顧客への提供価格であり、売上であり、企業利潤であり、コストである。そして開発製品のDとは製品ライフサイクル期間中の総需要量である（図7-4）。この開発製品の価値条件QCDレベル（高位、中位、低位）を戦略的に決定することが製品開発段階におけるポイントになる。

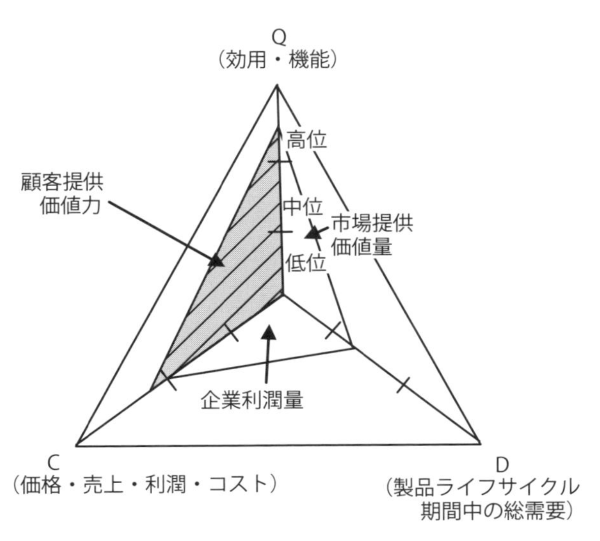

図7-4　開発製品の産出総価値3角形

開発製品のQに競合製品と大差がなくても、Cを安い価格にし、総需要量Dを増やして企業利潤を大きくするのも1つの戦略である。またCの価格が競合他社製品より高いが、Qで圧倒的に差別化することで需要を伸ばし、安定的に利潤を確保するのも1つの戦略である。新製品開発段階でのQCD戦略は図7-4のQCDそれぞれの水準（高位、中位、低位）を組み合わせることで幾通りも可能になる。この開発製品のC戦略が原価計画の基礎になる。

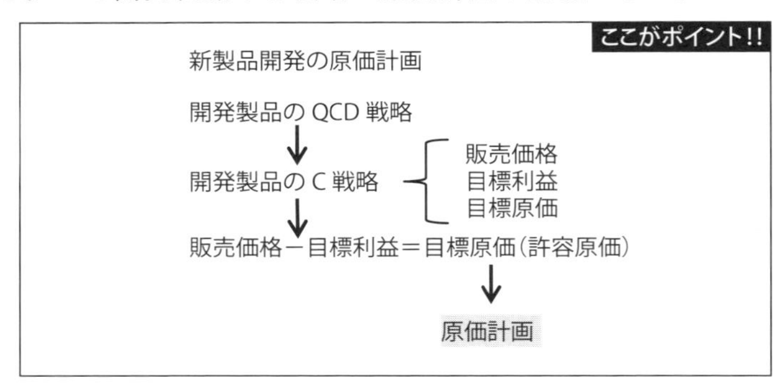

原価低減は実際の生産活動に入ってからの原価低減活動よりも、上流工程である製品企画段階、製品開発/設計段階での原価低減が特に重要である。なぜ上流工程での原価低減が重要なのかは、原価の70～80%がこれら上流工程で決定されるといわれているからである（図7-5）。

3.1.2　新製品開発での原価統制

(1)　製品企画段階での原価低減

製品企画段階は製品を構想する場面であり、開発する製品の骨格を描く段階である。仮に製品の価格を50%引き下げる、あるいは客先のランニングコストを半減させる、ことが基本計画であったなら、従来の製品構造（外殻系、駆動系、作用系）の延長では達成不可能である。抜本的な製品革新が必要になる。カメラが一眼レフから使い捨てカメラに変革。また使い捨てカメラからデジタルカメラへの変革は、利用者への激安価格での提供、格安維持費につながっている。腕時計が機械式（ゼンマイ式）からクォーツ式（電池式）へ、そしてソーラー時計（充電可能）への革新も製品革新による原価低減、維持費低減である。現在、職場へ家庭へと普及したパソコンが劇的に安くなっているのは①大量生産による原価低減、②アジアを中心とする賃金の安い労働者による生産、が考えられるにせよ、③技術革新による集積回路の進歩で小型化、高性

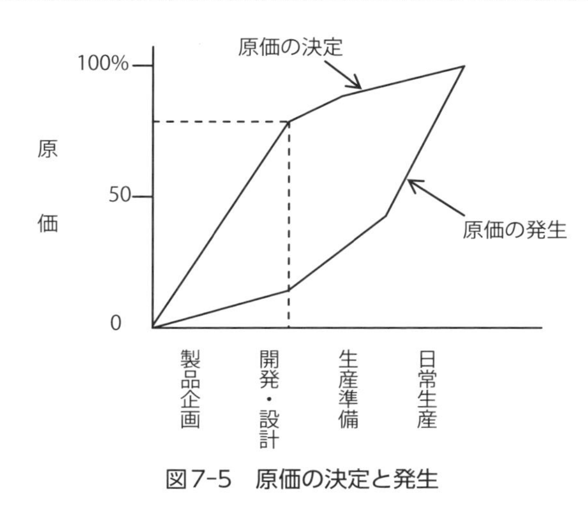

図7-5　原価の決定と発生

能化に成功したことによる原価低減が大きい。つまり3年ごとに4倍に高集積化したことである。小規模IC（SSI：Small scale integrated circuit）から極超大規模IC（ULSI：Ultra large scale integrated circuit）への持続的な技術革新である。

(2)　製品開発/設計段階での原価低減

開発/設計段階での目標原価は企画した製品を機能別に展開し、モジュール別に目標原価を設定する。パソコンなら、本体、ソフトウエア、ディスプレイ、プリンター、キーボード、プロジェクターなどにモジュール展開し、モジュール別に目標原価を設定する。そして何よりも製品全体の機能、性能を果たすための統合型開発/設計が重要なポイントになる。製品全体の機能・性能の維持と、モジュールごとの目標原価、インターフェースの目標原価、製品全体統合のための目標原価の同時達成である（図7-6）。そして目標原価が設定されると、モジュールごとに材料費、購入費、加工費、外注費などの費目別目標原価に配分される（表7-1）。

開発/設計でのコストダウンはVE[注4]が有効である。VEは製品やモジュールやユニットなどの機能、性能を維持する中でコストダウンを行う手法で、着眼点は①不必要な機能を省く、②過剰コストをかけずに機能に合った原価にす

注4　VE：VE（Value Engineering：価値工学）とは製品やモジュールなどの機能を落とすことなく、コストダウンを実現するための手法。製品の機能分析、評価を中心に、ムダを省いたり、構造を再検討したり、素材の代替案を検討したり、新たな作業方法を見つけ出したりして、コストダウンの見直しを行う。

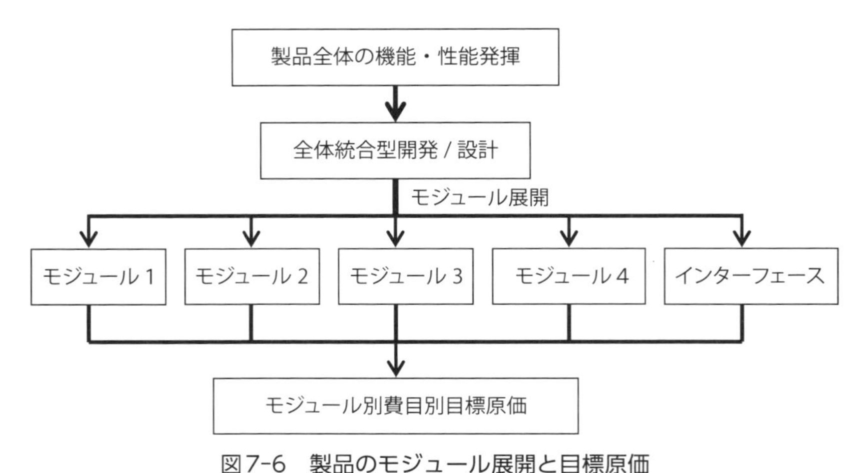

図7-6　製品のモジュール展開と目標原価

表7-1　モジュール別費目別目標原価　(円)

モジュール	材料費	外注費	購入費	加工費	・・・・・	合計
モジュール1	××××	××××	××××	××××	・・・・・	××××
モジュール2	××××	××××	××××	××××	・・・・・	××××
モジュール3	××××	××××	××××	××××	・・・・・	××××
モジュール4	××××	××××	××××	××××	・・・・・	××××
⋮	⋮	⋮	⋮	⋮	⋮	⋮
合計	××××	××××	××××	××××		××××

る、③購入品、外注品を使う、④部品点数を減らす、⑤材料費を下げる、⑥モジュール、ユニット、部品などを共通化する、⑦開発/設計段階で製造場面の生産性を上げる、などで目標原価達成まで図7-7に示すように開発/設計でVE活動を繰り返す。

(3)　生産準備段階での原価低減

生産準備段階での原価低減とは、開発/設計された製品を生産するための生産システムを準備する段階での原価低減活動をいう。生産システムを、生産工程や生産ラインともいう。生産システムはつくる製品を図面通りにつくるだけではなく、開発製品の戦略QCDをつくる場面で実現できる構造と性能になっていなければならない。つまり生産ラインを構成する工程系と作業系と管理系の3つのサブシステムに適切なQCD能力（第4講2.2節工程能力を参照）をも

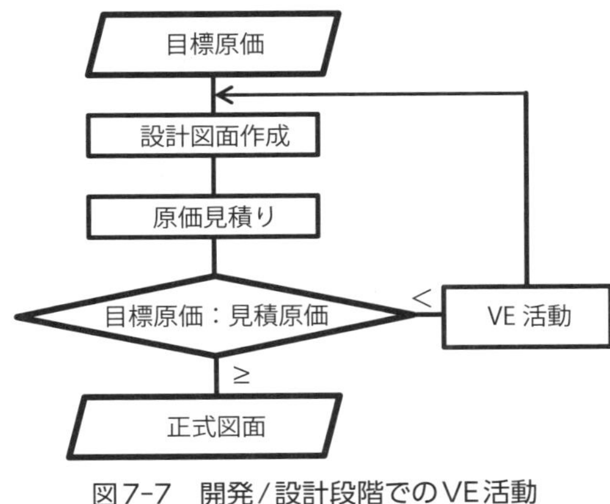

図7-7　開発/設計段階でのVE活動

たせることである。過剰能力は必要以上の能力を備えた生産システムであり、過剰投資から生じる。これにより生産システムの加工費が上がり、原価高になり、利益を圧迫する。一方、過小能力は、つくる製品の品質、コスト、生産量を計画通りに実現することができない。

3.2　既存製品の原価管理

3.2.1　原価管理の流れ

生産段階に入っている製品の原価管理は一般的には1年、もしくは半年単位の予算期間で行われる。原価管理は原価計画と原価統制から成ることは前述した。図7-8にしたがい、原価管理の流れを概説する。最初に利益計画を達成するための販売計画と生産計画が作成される。これらの計画は製品別に展開され、製品別の目標原価が設定される。この目標原価はあくまでも利益計画を達成するための原価であり、原価低減を行わないと到達できない原価である。標準原価は製品をつくるために必要な材料や労力の消費量と価格を科学的に調査・分析して算出する。この標準原価は目標原価の達成と日常生産活動で行うべき改善内容とコスト削減目標を取り入れて設定している。日常の生産統制はこの標準原価達成を目標に行われる。

生産活動の結果は実際原価として製品別、費目別に材料費、労務費、経費として把握される。そして実際原価は標準原価と比較され差異分析が行われる。差異分析結果は、日常生産活動や標準原価に反映される。

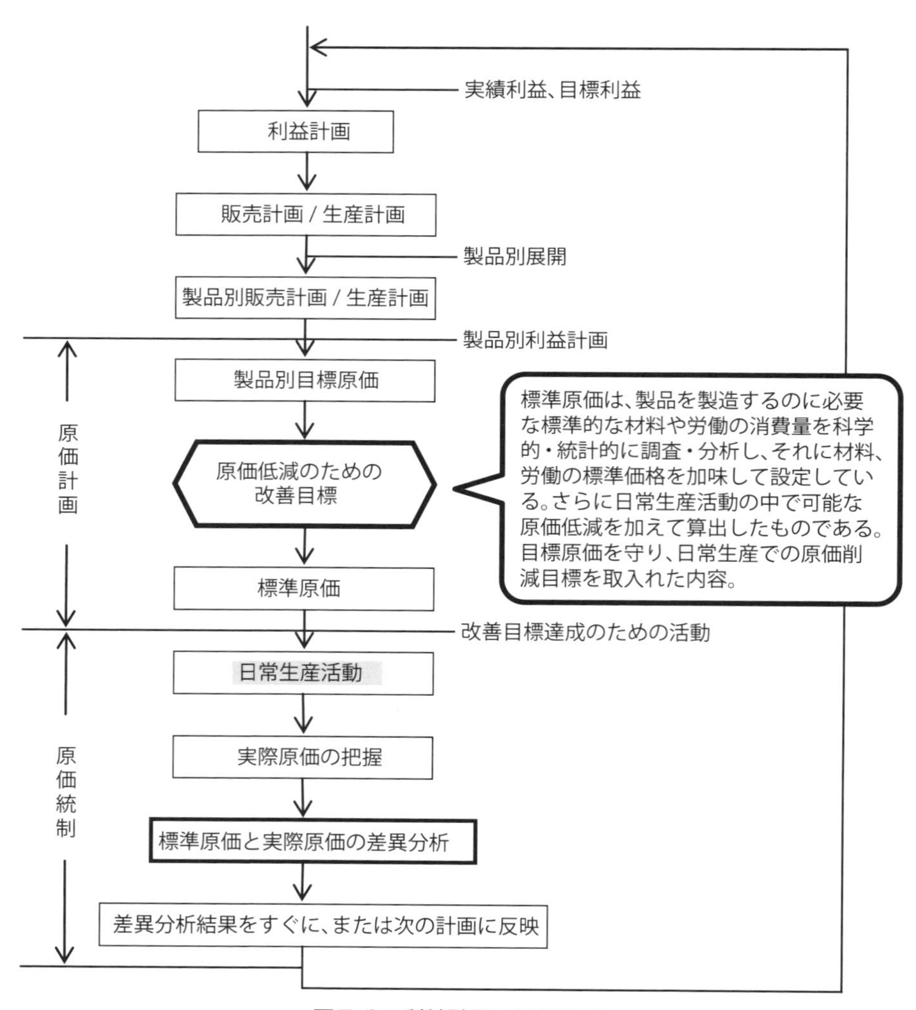

図7-8　利益計画と原価管理

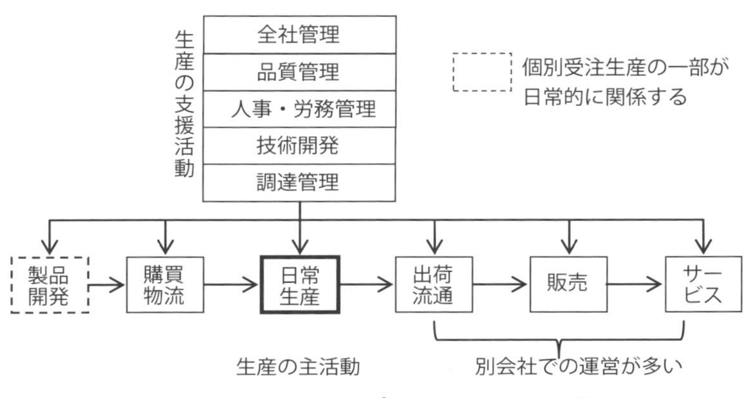

図7-9　生産・調達・販売プロセスとコスト累積過程

この原価管理の流れで目標原価から標準原価を設定するための原価低減活動を本講3.2.2項で、標準原価と実際原価の差異分析を本講3.2.3項で述べる。

3.2.2　目標原価達成のための原価低減活動

本講3.1.1項、図7-5で製品原価の70～80%は上流工程である製品企画、開発/設計、生産準備段階で決定付けられることを述べた。逆にコストの70%は日常生産活動で発生することも本講の図7-5からわかる。上流工程での原価低減は新製品開発をする過程の製品企画、開発/設計、生産準備段階で行われるが、開発された製品の原価低減は日常生産活動の中で行われる。日常生産活動では原材料および部品を調達し、生産を行い、出荷、販売を行う活動を繰り返している。このため複数の部門、企業が関与する（図7-9）。この一連の活動に組織、企業の壁を越えて①流れをつくる、②ムダを排除する、③部門・企業・工程の能力を発揮する、を基本に改善するのが日常生産活動における原価低減である。①～③各々の改善方向を示す。

(1)　生産および流通に流れをつくる

在庫量・仕掛品を減らす、保管・仕分・荷扱いを改善する、運搬効率を上げる、ラインバランスを良くする、必要な量だけ供給する、品種切替の短縮、工具交換の短縮など、社内外における問題点を改善する。企業間、部門間におけるSCM（Supply Chain Management：供給連鎖管理）の改善には情報の共有化が有効である。

(2)　ムダの徹底的排除

よくいわれる7つのムダ（**作りすぎのムダ**：不必要なモノをつくるムダ、ムダなものをつくるための材料や工数のムダなど、**手待ちのムダ**：材料待ち、機械故障による待ちなど、**運搬のムダ**：カラ運搬のムダ、ムダな距離の運搬など、**加工のムダ**：ムダな加工の排除、ムダな加工時間の排除など、**在庫のムダ**：在庫が多いムダ、在庫管理のムダなど、**動作のムダ**：ムダな動き、ムダな作業など、**不良をつくるムダ**：不良が見つかるまでに使った材料や加工費のムダ、不良品を処分するムダなど）、過剰設備のムダ、歩留りの悪いムダ、故障のムダ、などのムダを徹底的に排除することで原価低減になる。

(3) 現有能力の有効活用

企業、部門、工程などの現有能力を発揮することで原価低減が可能になる。例えば、設備故障を防ぎ、稼働率が向上すればムダな待ちがなくなり生産性が上がる。また、作業者のモチベーションが上がれば能率向上につながる。新規に設備投資しなくても、部分改善で工程能力が向上すれば需要拡大に対応できる。設計や技術部門の改善努力も大切である。代替材料への切替による材料費の節減、簡単な設計変更による作業時間の短縮、検査機器の改良による不良防止、小集団による改善活動など改善課題はあらゆる部門に散在している。

日常生産での原価低減活動は早ければ早いほど良い。開発された製品を生産する初期段階ほど効果が大きい。製品ライフサイクルの導入期から成長期の初期市場における上昇期の早目で改善すれば、固定費を増加させないで需要を吸収でき、加工費を低減させることができる。改善を怠って新規に設備投資をすれば、固定費が上がり、利益を圧迫する。特に設備投資を製品ライフサイクルの成熟期から衰退期にかけて行った場合は過剰設備になり、操業度低下をきたし、一気に原価高を加速させる危険を含んでいる。

3.2.3 原価差異分析

製造原価の標準原価と実際原価の差異分析は製造直接費と製造間接費に対して行われる。ここでは製造直接費の直接材料費の差異分析について述べる。直接労務費、間接費の差異分析についても同じように分析できるので省略する。

(1) 直接材料費の差異分析

直接材料費の差異は次の（7.1）式で計算される。

$$\text{直接材料費差異} = \text{実際材料費} - \text{標準材料費} \quad (7.1)$$

（7.1）式は価格差によって発生した材料費差異と消費量差によって発生した

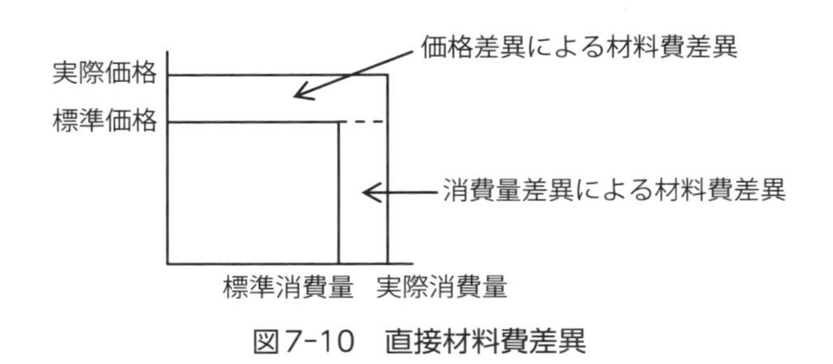

図7-10　直接材料費差異

材料費差異に分けることができるので、次の（7.2）および（7.3）式になる。

価格差異による材料費差異＝(実際価格－標準価格)×実際消費量　　（7.2）

消費量差異による材料費差異＝(実際消費量―標準消費量)×標準価格（7.3）

（7.2）式と（7.3）式を図で表せば図7-10のようになる。

材料費差異は価格差異と消費量差異により発生することがわかったが、価格差異や消費量差異はどのようにして起こるのかの原因を考える。すなわち、価格差異は材料供給先からの値上げ要求によるものか、自社の管理不適切による値上げにつながるものかの究明をしなければならない。また消費量差異についても作業ミスによる消費量の増加なのか、設計、技術面による消費量増加なのかの究明をしなければならない。

これら価格差異発生原因および消費量差異発生原因は、早目に対応策を考え、予算期間内での対策を実施することが重要である。またコントロールできる原因対策は、次期の標準原価に反映させることになる。

第7講　練習問題

問1
知識・理解

原価管理の重要性を説明せよ。また、製造原価について説明せよ。

知識・理解

生産活動の中には7つのムダがあるといわれている。7つのムダをあげよ。また、手待ちのムダの原因を3つあげよ。

知識・理解

製品開発段階におけるC戦略について述べよ。

知識・理解

減価償却費と許容原価について説明せよ。

減価償却費：＿＿＿＿＿＿＿＿＿＿＿＿＿＿＿＿＿＿＿＿

許容原価：＿＿＿＿＿＿＿＿＿＿＿＿＿＿＿＿＿＿＿＿＿

問5
思考・判断

総原価＝製造原価＋（管理費＋販売費）である。管理費と販売費の主な費目を各々2つあげよ。

思考・判断

製造原価の内訳が、材料費8000円（このうち30％は間接費）、労務費6000円（このうち40％は間接費）、経費4000円（このうち60％は間接費）であったときの加工費を求めよ。

問7
関心・意欲

製品の開発／設計段階における原価低減に有効な手法にVE(あるいはVA)手法がある。VE手法について簡潔に説明せよ。また自動車のコストダウンにVEを適用したと思われる事例を2つあげよ。

※解答例は 237 ページ

工程管理

学びのポイント

(1) **工程管理とは。**時間と量を守るための管理である。時間と量を守るには社内だけの管理だけでは十分でなく、社外の管理も大切であることを学ぼう。

(2) **大日程、中日程、小日程とは何か。**それぞれの計画目的や内容について大まかに把握していただきたい。また大日程は個別総合日程計画が割付けられて計画されることを理解しよう。

(3) **受注生産形態の日程計画とは何か。**計画の方法や管理の方法を学習しよう。

(4) **中日程計画はどのようにして行われるか。**日程計画は山積み、山崩しという負荷調整を繰り返して行うことを理解しよう。

(5) 中日程を守るために必要な部品・資材の調達計画も行う。**どのようにして調達計画を作成するか。**

(6) **何のための小日程計画か。**小日程計画はどのような計画内容で、何の目的で作成されるかについて習得しよう。

(7) **進度管理とは何か。**進度を遅らせる要因を把握し、遅らせる要因を排除する方法で進度管理を行っていることを理解しよう。

(8) **生産リードタイムを短縮する方法とは何か。**短縮のためには生産に流れを作ること、仕掛品を減らすための現品管理が重要であることを学ぼう。

キーワード

工程管理、総合日程計画、大日程計画、中日程計画、小日程計画、基準日程、手順計画、外注計画、購入計画、生産（調達）リードタイム、手番、余力管理、負荷調整、7つのムダ、多能工、平準化

1　工程管理の意義

1.1　工程管理とは

工程管理は製品価値条件QCD管理のD管理を受けもつ。つまり日程や納期を管理するのが工程管理である。このことから工程管理を日程管理、納期管理、進度管理ということもある。

製造業では工場に材料が入り、加工され、他の部門へ行って、さらに加工されていく。この過程は部門を超え、企業間を超えて繋がっていく。この生産過程を工程といっている。工程を管理することで日程、納期、進度も管理できるということから、工程管理といわれている。

1.2　工程管理の目的

工程管理の目的は3つある。1つは納期を守ることであり、2つ目は高い生産効率を上げることであり、3つ目は生産リードタイムを短縮することである。

納期を守るために過剰な人員を抱えたり、高額の機械設備を導入したり、余分な在庫や仕掛品をもつことで対応するものではない。生産ラインの改善、ムダな作業、ムダな時間、ムダな待ちを少なくし、人、モノ、金、情報の資源を効率よく活用することで計画納期と生産効率の同時達成を図るものである。また生産リードタイムの短縮は顧客への短納期実現であり、競争優位になる。

工程管理の3つの目的達成には企業間を超えたしくみづくりと協力が重要になる。SCM（Supply Chain Management:供給連鎖管理）は企業の壁を越え情報を共有することでムダを排除し、供給効率、生産効率を向上させるための管理システムである。

1.3　工程管理の機能

工程管理の特徴は時間と量を管理尺度に、生産日程計画を作成し、計画を統制することに特徴がある。いい換えると、日程計画と計画達成にための統制が工程管理の機能である。

工程管理は受注生産、見込み生産などの生産形態によって、需要予測、日程計画や在庫計画などの計画方法は異なるものの、計画達成のための統制方法は基本的に同じである。本講では、受注生産の工程管理について述べる。

2　受注生産方式の工程管理

2.1　受注生産方式の特徴

第2講4節で述べたように、受注生産は注文を受けてから生産を開始する。受注ごとに製品の機能、性能、デザインなどの仕様、価格、納期などが契約される。受注ごとに①製造番号をつけ（単に製番という）、製番ごとに管理する、②受注ごとに製品仕様が異なるため、その都度製品設計が発生する、③受注生産ではあらかじめ部品や材料の在庫を持たないため製品生産に必要な部品や材料の多くはその都度調達する、などの特徴がある。

また、つくる企業側の負荷（設計、工場、外注などの仕事量）の状況により、顧客の要求納期がそのまま契約納期になるとは限らない。通常は企業側の負荷が多いときには要求納期が延ばされて契約される。

2.2　生産計画（生産日程計画）

2.2.1　大日程計画

大日程計画は半年～1年という長期にわたる生産計画を決めるもので、工場全体の受注状況、負荷状況の把握、販売計画と生産計画の調整などに使われる。大日程計画は個別受注ごとに作成される総合日程計画（図8-1）の積み上げにより作成される。積み上げする個別受注にはすでに契約されたものもあれば、今後受注が見込まれるものも含まれる。受注ごとの総合日程計画を積み上げることで半年～1年の設計、外注、部品加工、組立など各工程の大まかな負荷状況が把握できる。

個別総合日程計画の作成は契約納期をベースに必要な工程を遡り計画する

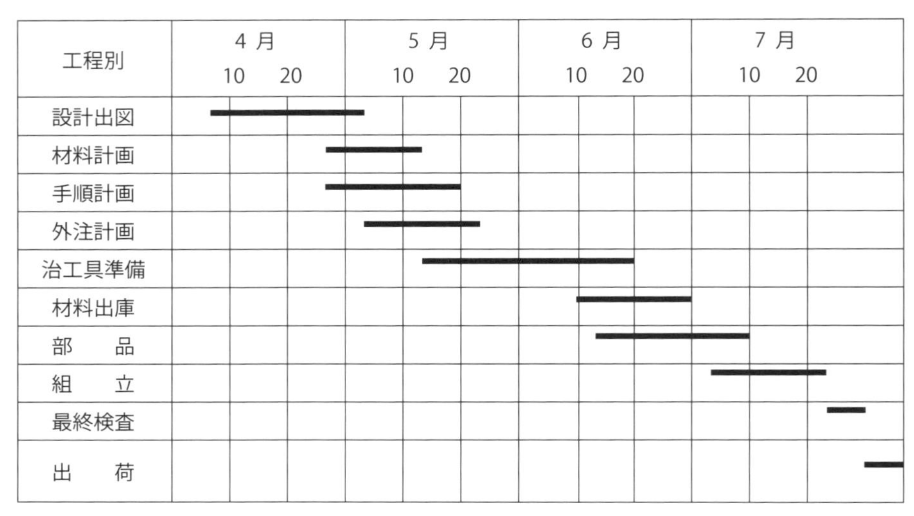

図8-1　個別総合日程計画

バックワード方式[注1]をとる。この方式では完成した製品が納入時期に間に合うように最終検査を終わらせる、検査を行う時期に間に合うように組立を完成させる、組立に間に合うように部品の準備を完了させる、などのように前工程の完成を次工程に間に合うように遡り計画する方法である。日程計画は現有の設計、生産、外注などの工程能力に対して負荷を割り付けして作成するが、工程能力増加のため、外注契約を増やす、残業を増やす、設備を増やす、人を増やすなどの対策をとることもある。

(1) 個別総合日程計画の所要日数の求め方

個別総合日程計画の中で設計出図に何日、材料計画に何日など、工程別所要日数はどのように決められるだろうか。日程計画を立てる上で所要日数算出の基準になるのが基準日程である。基準日程が所要日数を決めるベースになる。

【基準日程】

基準日程は製品、部品を生産するために必要な「日」単位の標準生産期間のことである。基準日程は作業ごとに設定される標準時間[注2]が基礎になるが、現実的には見積時間や実績値に余裕を加味して決めることが多い。

設計の所要日数も基準日程により算出している。例えば図面1枚を作成する

注1　バックワード方式：完成日（または納入日）を基準にして何日前から作業に取りかかるべきかを決める方式。これに対してフォワード方式とは作業開始日を基準に負荷を割り付ける方式をいう。いずれもの場合も割り付け負荷は基準日程がベースになる。

注2　標準時間：ST（Standard Time）は標準の技能をもった作業者が標準のペースで作業をしたときに必要な時間をいう。

ために平均4時間必要（図面1枚当たりの基準日程は0.5日／人）とし、1人1日当たり2枚の図面処理が可能だとして、所要日数を算出してみる。仮に設計部門に所属するグループAの人数が5人とする（処理能力は1日10枚）。あるオーダーの設計に図面枚数が100枚必要と見積もられたなら、所要日数は10日間（100枚／（5人×2枚／日）=10）になる。10日間で設計図面が完成されることになる。実際の計画では工程能力と負荷をバランスさせ、かつ改善を行い、緻密な管理を施しながら実現可能な日程を計画することになる。

(2) 材料・部品計画

設計が完了すると製品を構成する1つひとつの部品も明らかになる。また、部品をつくるために必要な材料も明らかになる。製品ごとに必要な部品や材料の種類と所要量と所要時期を大まかに計画することと、部品や材料の調達先を大まかに計画するのが材料計画である。

(3) 手順計画

材料から部品をつくる場合、外注でつくる場合と社内でつくる場合がある。部品ごとに何の材料を使い、どのような工程で何の加工を行いながら完成させるかの工程順序を大まかに計画するのが手順計画である。

(4) 外注計画

外注に製作依頼して部品をつくる場合、どこの外注に何を何個依頼するかを大まかに計画するのが外注計画である。外注計画は、外注工場別に依頼する部品の種類と、部品ごとの製作個数と納入時期の計画が主な内容になる。

当然のことながら、外注先の選択は納入実績、外注先の財務基盤、経営力、技術力、品質能力、生産能力、取引条件（単価、納期など）が加味される。

2.2.2 中日程計画

中日程計画は月ごとに計画されるので月次計画ともいわれている。各部門単位（職場単位：ジョブショップといわれる同じ機械設備、同じタイプの作業でまとめられた機能別部門職場）に日程計画が作成される。この計画は個別総合日程計画を守るように、毎月先々3か月の計画を立てるが、翌月の計画が基準生産計画として確定されたものになる。2、3か月先の計画は負荷状況予告の意味をもつ。3か月の計画は毎月ローリングさせながらつくられる。

(1) 手順計画（工程順序計画）による基準日程と生産リードタイムの見積

組立着手日に間に合うように部品を完成しなければならないから、当該部品の組立着手日の何日前に加工着手し、完成しなければならないかを決める。大日程計画に組み込まれている個別総合生産計画の、この月に生産すべきすべての部品について加工着手日、完成日を決めていく。このように組立着手日に間に合うように先行して着手すべき日をリードタイム（手番[注3]）という。リードタイムは基準日程を基に当該部品の組立着手に間に合うように作業開始日と完成日を決めている。今、組立に使われる部品A、B、Cの数量と基準日程と加工手順（工程順序経路）と組立着手日が表8-1のようになっていたとすれば、A部品は旋盤加工を組立着手日の2日前の9月28日に、穴あけ加工はその2日前の9月26日に、切断加工はさらにその1日前の9月25日に作業着手しなければならないことになる。B、C部品についても同じである。

(2) 山積み山崩しによる負荷調整

部品ごとに手順計画と基準日程と生産リードタイムが見積もられると、各工程へ基準日程で負荷の山積みと（図8-2）山崩しを行いながら（図8-3）負荷調整により平準化を図る。中日程計画は月次計画として職場別に作成される（表8-2）。中日程計画は個別総合日程計画（特に納期）を守ることは当然であるが、日々の負荷を平準化する、手待ちや仕掛量を少なくする、作業に流れをつくるように計画しなければならない。

(3) 材料、外注、購入計画

中日程での材料計画とは社内で必要な材料のことであり、外注計画とは外注企業の生産計画であり、購入計画とは購入品の計画のことである。いずれも①必要なものを、②必要なときに、③必要な量を、④必要な場所に、入荷されるように計画する。つまりJIT（Just In Time：定時定納方式といわれるもので、次工程で必要なものを必要な時期に前工程の供給タイミングを一致させること）計画である。そして、材料や外注部品や購入品の在庫を極力少なくするため外注生産や購入品の納入まで「かんばん方式」[注4]による生産と納入指示を行っている。

(4) 図面、作業標準、要員、設備、治工具などの準備

中日程計画で計画されているあらゆる部品加工、組み立てに必要な図面が準備されてなければならない。また作業方法については作業標準として、作業で

注3　手番：手配番号の略で完成日の何日前に着手すべきかを指示するもので、手番3とは3日前に作業着手すれば間に合うことを意味している。

注4　かんばん方式：かんばんと呼ばれる巡回伝票が納入先、生産工程内を移動し、必要なものを必要な時に必要な量を必要な部門に納入指示する。トヨタ生産方式（TPS：Toyota Production System）の中で開発された生産指示方法。

使う設備、治工具、作業順序、作業方法、作業時間などが準備される。作業標準は作業者にわかりやすい内容で作成すべきであり、作業後の製品QCDに悪い影響を与えないようにすることも大切である。また作業者の計画も人数だけ

表8-1　部品加工経路と基準日程

部品	数量	加工経路と基準日程	組立着手日
A	300	C (1)、D (2)、L (2)	9/30
B	500	C (1)、D (2)、S (3)、L (2)	9/30
C	200	C (1)、D (2)、S (3)、L (2)、BF (3)、K (1)、I (1)	10/3

加工経路の記号　C:切断　D:穴あけ　S:平削　L:旋盤
BF:中ぐりフライス　I:検査　（　）内数字は基準日程

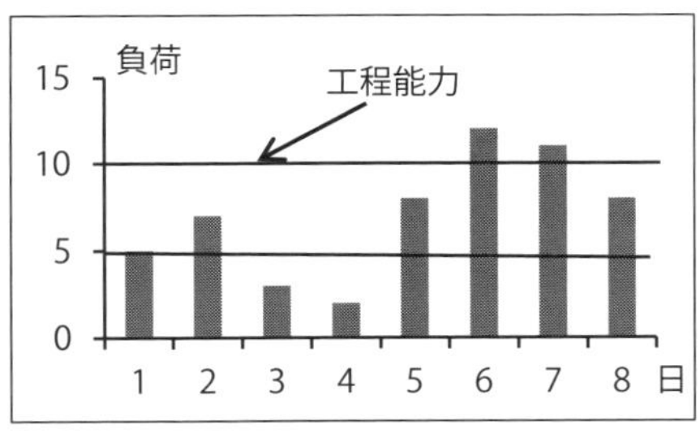

図8-2　負荷の山積み

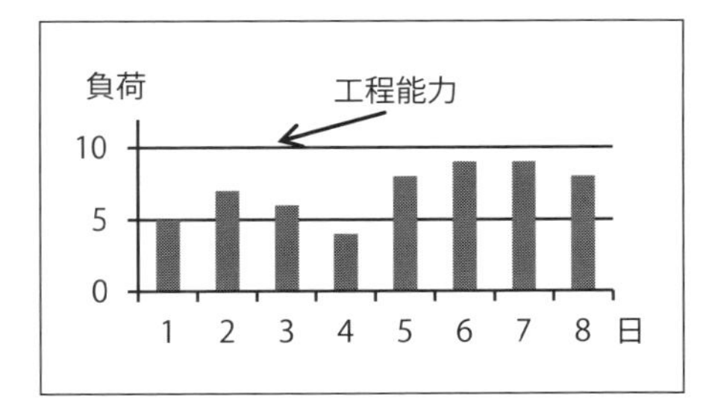

図8-3　負荷の山崩し

表8-2　中日程計画表

製番	部品番号	個数		作業着完日		作業着完日		作業着完日	
				着手日	完成日	着手日	完成日	着手日	完成日
XXXXX	XXX	XX	工程	XXX1		XXX2		XXX3	
			予定	XX1	XX2	XX3	XX4	XX5	XX6
			実績						
○○○○	○○○	○○	工程	○○○1		○○○2		○○○3	
			予定	○○1	○○2	○○3	○○4	○○5	○○6
			実績						
△△△△	△△△	△△	工程	△△△1		△△△2		△△△3	
			予定	△△1	△△2	△△3	△△4	△△5	△△6
			実績						

表8-3　小日程計画表

機械	作業者	品名	品番	生産量		2月21日	2月22日	2月23日	2月24日	2月25日
A1	佐藤	XXX	B1	計画	500	100	100	100	100	100
				実績						
A2	鈴木	YYY	B2	計画	180	60	60	60		
				実績						
A3	池田	ZZZ	B3	計画	250	100	100	50		
				実績						

ではなく、必要技術レベルに合った要員の確保も大事になる。近年は作業標準とは別に「QC工程表」[注5]を準備する企業も増えている（第12講4.1節に詳述）。

2.2.3 小日程計画

小日程計画は短期計画といわれており、1～6日間（1週間）の工程計画を機械別、作業者別にスケジュールしたものである。この計画で実際の生産が行われる。小日程計画は中日程計画に基づき作成されるが、現実には客先の予定変更や飛び込みや追加受注が入る。また設備故障、材料や部品の納期遅れなどの発生により中日程計画を変更せずに実行することは不可能になる。小日程計画はこれらのトラブルや予定変更による混乱を防ぎ、中日程計画に支障をきたさないように、かつ生産効率を下げないように作成される。小日程計画は職場部門が主体となって、機械別、作業者別に作業を割当て、いつから、いつまで、誰がどの機械で何を、どれだけ、どのようにつくるかを計画したものである（表8-3）。小日程の計画過程で機械設備や作業者に負荷積みを行い、余力管理[注6]をしながら機械設備の能力活用と生産効率の向上を図っている。現場の監督者は作業者の能力や特徴、機械の能力・性能をよく把握しており、残業などのコントロールをしやすいことなどから小日程計画を職場で作成することが多い。

注5　QC工程表：品質を保証するために、各工程で、どのような製造条件をコントロールすべきか、どのような品質特性をだれがどのように管理すべきかについて作成したもの。
注6　余力管理：機械や作業者の保有時間を生産能力（単に能力ともいう）といっている。これに対してどれだけ仕事（工数：作業の延べ時間）が割り振られているのかを作業負荷といっている。余力とは能力と作業負荷の差をいう。
　余力＝能力－負荷
余力管理は持っている能力を十分に発揮させるための管理である。負荷オーバーすればもともと達成不可能な計画であるが、負荷が少ないと機械や作業者の稼働状態が悪くなる。余力をみながら負荷積みする、負荷積みをしながら余力をみて管理するのが余力管理である。

表8-4　進度管理票

時間	計画	実績	差異	備考
8:00〜9:00	50	45	-5	機械故障
9:00〜10:00	60 / 110	60 / 105	-5	
10:00〜11:00	55 / 165	60 / 165	0	挽回完了
11:00〜12:00	60 / 225	60 / 225	0	

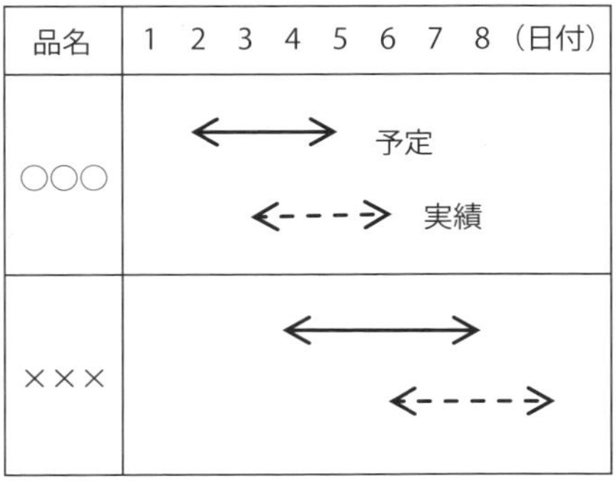

品名	1　2　3　4　5　6　7　8（日付）
○○○	←→ 予定 ←--→ 実績
×××	←→ ←--→

図8-4　日程管理板

2.3　生産統制（日程統制）

2.3.1　生産統制

生産統制は①計画された日程を守ること、②生産効率を上げること、③生産リードタイムを短縮することが生産統制である。この①〜③をいかにして達成するかについてのポイントは次のようになる。日程を守ることは進度管理を徹底することであり、進度を遅らせる原因を取り除くことである。生産効率を上げるには無駄をなくし、人、モノ、情報の資源を有効活用することである。生産リードタイムの短縮は生産に流れを作ることであり、そのために仕掛品や在庫などを減らす現品管理を徹底することである。

2.3.2　進度管理

生産が計画通りに進んでおれば問題はないが、一般には喰い違いが生ずる。計画と実際がどのようになっているかを把握するために、①進度管理票（表8-4）、②電光掲示板、③日程管理板（図8-4）、④差立板、⑤カウンターなどの進度管理板を用いる。進度管理板で進捗状況を把握し、遅れている場合は挽回策を考え、遅れを取り戻すことが進度管理である。進度管理の方法を以下に述べる。

(1)　差立てによる生産指令

日程計画ができると、差立板により作業指示（ディスパッチング[注7]という）

注7　ディスパッチング：差立（さしたて）ともいう。工程における作業の最適な順序を決定し、作業員に指示することをいう。工程に到着した作業オーダーは、すべてが同一の優先度ではない。遅らせてもよいものや、緊急で先に作業しなければならないオーダーが含まれている。これらを判別して最適な順序を決め、指示を与え、統制することが、差立の主な機能となる。

が行われる。作業者や機械に対して「何を、誰が、どの機械で、どれだけ、いつまでに」を指令する。差立板による作業指示は1日単位で入替える場合も、1週間単位で入替える場合もある。入替え単位は職場の計画変更頻度の必要性などの事情に依存する。

(2) 進度管理の徹底

進度管理板の計画に従い作業を進めることになるが、計画通りに進めるために第1に作業者自身がセルフ管理を心掛けなければならない。作業者自身が計画通りに達成するという強い心構えである。第2に進度状況が目でわかるように可視化されてなければならない。予定通りに進んでいるのか、遅れているのかが誰が見ても一目でわかる状態になっていることである。第3に問題や異常に対する行動は迅速に対応しなければならない。スピードが勝負である。第4に部門間の連携を強化し、協力体制を築いていなければならない。遅延を最小限に抑えるには関連部門の協力が必要である。

【納期遅延を防ぐ方法】

外注品や購入品の納期遅れを防ぐ方法は、遅れた後の対応よりも遅れる前のフォローが大事である。外注品なら納入リードタイム、購入品なら調達リードタイムを基準に次のように確認日を計算して予定通り納入できるか否かの納期確認をすると遅延が減少する。

確認日 ＝ 納入予定日 ―(納入・調達リードタイム ＋ α日)

例えば、納入予定の部品が5月8日で、その部品の納入（調達）リードタイムが3日でαが2日とするならば、5月5日（8-3=5）の前々日の5月3日に予定通りに納入できるか否かを確認する。また発注先、品種ごとに納期確認の日程を決め、確認の日付け順にカムアップ箱に整理し、これを基に督促を行い、進度や納期を確認することで納期遅延を防ぐ方法も用いられている（カムアップシステム[注8]という)。

ICT化の普及により納期確認及びカムアップもコンピュータによる自動管理ができるようになった。

【進度を遅らせる原因の排除】

進度を遅らせる原因には外注品や購入品の納入遅れの他にも多くの原因がある。作業に関わる材料、機械設備、作業者である生産要素の原因が多い。

注8 カムアップシステム：納入遅れを防ぐ手法の一つである。作業指示ごとに1枚の伝票を日付順または着手日順に、箱やキャビネットに立てて並べておき、何日間前に調べて、関係者に確認・督促する方法をいう。

材料については材料不良、異なる品種の納入などがある。外注工場に適切な作業指導を行い、自社と同じレベルに作業水準を向上させることが必要である。外注には無理な納期を強要しないことも必要である。不良品は原因究明と対策が必須条件である。機械設備ついては機械故障や停止、治工具の準備不足などが考えられるが、日常の点検・保守をきめ細かに行い、故障や停止を未然に防ぐことである。作業者については作業負荷に合った適正な人数が確保されなければならない。また作業者の技能不足も不良品をつくったり、納期遅延につながるので、教育・訓練も時間をかけて行うべきである。モチベーションが上がらないと能率低下を招き、作業が遅れるので、普段から現場の管理監督者との人間関係を良好に保つことを心掛けなければならない。

2.3.3　生産効率の向上

生産効率を下げる原因であるムダの排除と生産効率を上げる資源有効活用について述べる。

(1)　ムダの排除

生産効率を下げるムダには手待ちのムダ、運搬のムダ、動作のムダ、加工のムダ、不良品をつくるムダなどがある。

手待ちのムダは材料や部品の納入遅れ、ロット加工が終わるのを待つロット待ち、機械設備故障などがある。これらは進度管理の徹底と機械設備の予防保全を計画的に実施することで減らせる。ロット待ちについてはロットサイズを小さくして、品種切替時間を短縮すれば手待ちを少なくすることができる。自動加工中に作業を監視する待ちは、多能工化[注9]、多持台数（1人が複数の機械設備を操作する方式）にすることで待ちを減少できる。

運搬のムダはカラ運搬が多い、荷姿が悪いため時間がかかる、運搬距離が長いなどが起因している。運搬は往復とも荷物を運ぶ、活性示数[注10]の高い荷姿に変える、職場の5S（整理、整頓、清掃、清潔、躾）を徹底することで、運搬のムダだけでなく不良率低減、品質向上にも役立てることができる。

動作のムダには手直しをする、モノを探す、積み替えをする、などがある。

注9　多能工化：生産・施工の現場において、1人が旋盤加工だけのように一つの職務だけを受けもつ単能工に対し、1人で旋盤、ボール盤、溶接など複数の異なる作業や工程を遂行する作業者のことを「多能工」と呼ぶ。組織の人材を多能工として教育・訓練するしくみを「多能工化」という。

注10　活性示数：運びやすさ、移動のしやすさのこと。モノの置かれている状態によって決まる。この運搬活性を数値化したものを運搬活性示数（0～4）と呼ぶ。
0：バラ置きの状態　1：箱入りの状態　2：枕（パレット）置きの状態
3：車上置きの状態　4：移動中の状態　　高い数字ほど運搬しやすい。

5Sの実施、モノを置く場所のロケーション管理、教育・訓練などで動作のムダを少なくすることができる。

加工のムダは設計や技術に関係するものが多い。例えば余肉の加工はもともと必要以上の肉厚で設計されていたために、余分な肉厚を削除するための加工であり、余分な加工である。

不良品を作るムダは作るまでに費やした部品や材料、それに労働時間はすべてムダになる。生産過程で品質に影響を及ぼす5M（Machine：機械設備、Material：材料、Method：作業方法、Man：作業者、Measurement：計測）の管理がポイントになる。機械設備は日常の点検および定期的な点検と保守が重要になる。材料は原材料、中間加工品を含め先入先出が鉄則である。先入先出を行わないと劣化の問題、履歴の問題が起こる。作業方法はやりにくい作業、熟練を要する作業、無理な姿勢による作業などは早急に対策しなければならない。ついうっかり犯すミスはポカヨケ[注11]を研究し、職場の小集団活動の中でも取組むべき改善課題である。作業者については標準作業を十分に教育・訓練しておくことが重要であるが、単工程の教育・訓練だけでなく複数工程の訓練をしておくと融通性がきき、作業効率がよくなる。計測は計測する人の技術水準を高度に保つこと、また、計測機器、計装機器のいずれも初期の精度が維持されることが重要なので、精度の定期的な点検・保守管理が必要である。

(2) 資源有効活用

機械設備と作業者のもっている能力を十分に発揮させるには、各々のもっている能力（所要能力という）に対して、仕事量を適切に割付けることが必要である。能力を見ながら仕事を割付けて余力を計算する。余力を見ながら仕事を割付けて余力を計算する、この作業を繰り返し行うことを余力管理という。余力（余力＝能力－負荷）が大きすぎると遊びが増え、逆に余力がマイナスになると負荷オーバーとなり進度に遅れをきたす。能力と負荷のバランス良い割付けが生産効率を上げる。

(3) モチベーションの向上

活気のある職場、元気のよい職場は、そうでない職場と比べ生産性に大きな差が出る。モチベーション（やる気、意欲）に違いが現れるからである。モチベーションの向上は給料だけの問題でないことは過去の研究から実証されてい

注11　ポカヨケ：工場などの製造ラインに設置される作業ミスを防止するしくみや装置のこと。通常は考えられない誤りや誤操作により、不良品が発生したり、作業員が怪我をしたりすることを予防するためのしくみをいう。

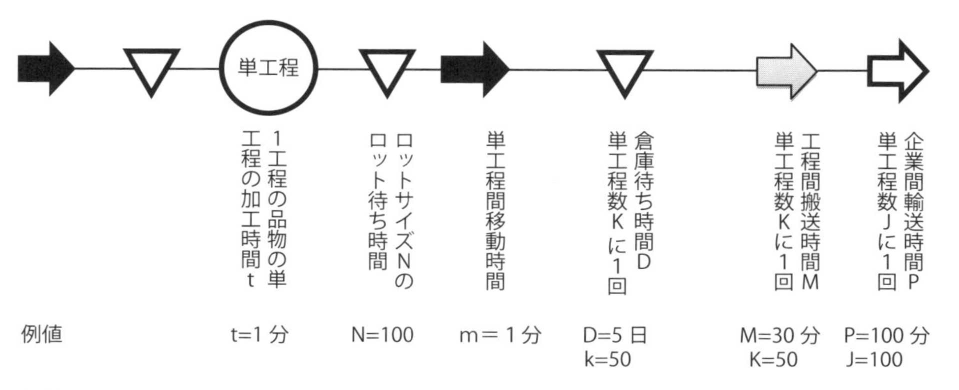

例値のリードタイム　1分　+　100分　+　1分　+　7200分/50 + 30分/50 + 100分/100
1分　+　100分　+　1分　+　144分　+　0.6分　+　1分＝247.65分

図8-5　リードタイム倍数の構成
出所：熊谷知徳「生産経営論」、放送大学教育振興会　図3-12から抜粋

る。モチベーションの向上はどのような状況から生まれてくるだろうか。それは働く作業者と企業が共通の目的を共有できることから生まれるものと考えられる。例えば小集団による改善活動は、作業者の創意工夫が活かされ、やりがいにつながる。企業も改善によって生産効率が上がる。また、作業者の能力開発は個々人の職業能力を高めると同時に人間としての成長にもつながる。この能力開発は企業にとっても大きな戦力になる。しかしもっと大切なことは、そこで働く作業者が仕事を通じて生きがいを見い出せることである。技能検定試験に挑戦するのも生きがいであろう。セル生産方式は、サイクルタイムの短い単調作業から、製品を一人で作る満足感を得るために考案された生産方式である。仕事を通じて資格を取得する喜びも生きがいになろう。仕事のやりがいは人的資源有効活用と生産性向上の両方に役立つ。

2.3.4　生産リードタイムの短縮

(1)　生産に流れを作る

材料から製品になるまでの総経過時間が生産リードタイムである。この中で変形、変質により価値変換を受けている作業工程は加工工程である。工程には加工だけではなく、検査、運搬、停滞工程がある。運搬は工程間、工場間、企業間の移動がある。停滞はロット待ちと倉庫での保管待ちがある。図8-5に通常生産でみられる時間の大きさをもとに、リードタイム倍数の例値を示す。図

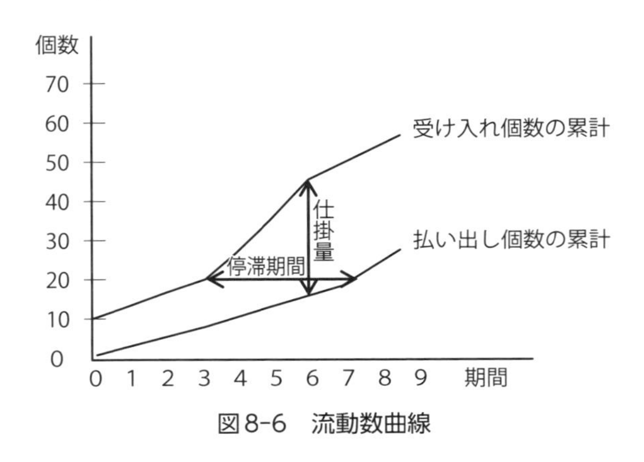

図8-6　流動数曲線

8-5からわかるようにロット待ちと倉庫待ちがリードタイムを極端に長くしている。

生産リードタイムを短くするには第1にロットサイズを小さくすること、究極は1個流し、第2に倉庫のような保管状態をなくすことである。これを可能にするには、作業負荷の平準化[注12]、素早い品種切替、設備無故障化が前提になる。つまり生産に流れを作ることである。

(2) 現品管理の徹底

モノを管理しながら生産統制するのが現品管理である。材料、部品、仕掛品、半製品、製品などが、どこに、どれだけあるかを把握し、多すぎたり、不足したり、破損しないように管理を徹底し、生産に支障をきたさないことである。現品の適正管理である。特に仕掛品は生産リードタイムを長くするので徹底した管理が必要である。図8-6は仕掛量を管理するために使われている流動数曲線[注13]である。毎日の受け入れ個数と払い出し個数を記入することで、仕掛量、仕掛量の増減、仕掛期間が目でわかるようになっている。仕掛量が増えれば生産リードタイムが長くなるので、なぜ増えたかの原因を究明し、対策を施す必要がある。スピード対応が望まれる。

注12　平準化：工程間の作業負荷をできるだけ均等化することをいう。平準化することで工程間の仕掛量が減り、作業に流れができ、生産リードタイムを短縮できる。

注13　流動数曲線：ある工程における停滞個数のことを指す。前工程からの受け入れ個数が次工程への払い出し個数よりも多いと仕掛量が増える。停滞期間の算出は、受け入れ累計数の水準に達するまで、払い出し累計数の水準が何日要したかによって求めることができる。図8-6の停滞期間は7−3=4日間の停滞日数になる。

第8講　練習問題

問1　知識・理解

個別総合日程計画について説明せよ。

問2　知識・理解

小日程計画について説明せよ。また、なぜ小日程計画が必要かについて述べよ。

問3　知識・理解

社内製作過程で生産を遅らせる原因を3つあげよ。

問4　知識・理解

外注製作品の遅延を防ぐ方法を述べよ。

問5　思考・判断

製品Aは見込み生産を行っている。Aの今月の需要予測は100個である。在庫は50個あった。Aの安全在庫は10個である。また、製作中で未完のA製品が20個あった。今月のA製品の生産計画量は何個にすべきか。

問6　関心・意欲

標準時間設定を次の観測から設定せよ。
【観測】作業Aをストップウォッチで測定したところ10分であった（正味時間に相当）。作業Aの作業スピードは標準に比べ20%遅かった（標準スピードを100としたとき80%のスピードであった。レイティング係数80ともいう）。これから判断して作業Aの標準時間は何分にすべきか。ただし、標準時間＝正味時間＋余裕時間　とする。また、余裕時間は正味時間の20%として付加することにする。

※解答例は 239 ページ

第 9 講

資材管理

学びのポイント

(1) **資材の種類とは。**取り扱い方や管理上から学習しよう。資材の呼称と意味が一致するように学習しよう。

(2) **資材管理の意義とは。**製造コストに占める材料費の大きさから理解しよう。

(3) **資材計画とは。**生産（または組立）に間に合うように計画される。JIT方式を思い出して、単に間に合うだけでなく、どのような内容で計画するかを習得しよう。

(4) **MRPシステムとは。**製品の生産計画と在庫量をベースに、どのように所要量計算するかを理解しよう。

(5) **購買管理、外注管理とは。**外注先を決める、購買先を決める場合、何を基準に決めるかについて学習しよう。また、なぜ購入品や外注製作品を使用するかについても学習しよう。

(6) **在庫管理とは。**在庫を持つ利点、欠点を理解しよう。なぜ重点管理をするのかを学習しよう。

(7) 資材の補充には定期発注方式、定量（経済）発注方式、ダブルビン方式がある。**各々の発注方式はどのような資材（部品）に適用するか。**

キーワード

資材管理、MRP、内外製区分、外注管理、購買管理、調達リードタイム、重点管理、定期発注量、経済発注量、安全在庫、ダブルビン

1　資材の概要

1.1　資材の種類

(1)　加工程度による区分

加工が加えられていない資材を**素材・材料**といい、加工が完了し、製品を構成する部分品を**部品**という。**仕掛品**は製造工程の中で加工（または組立）中のものをいう。いくつかの部品が組み合わされてできたものを**構成品**という。

(2)　使用目的による区分

自動車の車体鋼板のように製品に直接反映される資材を**直接材料**といい、洗剤や燃料のように製品に反映されないものを**間接材料**という。

(3)　調達・支給方法による区分

外注工場から調達する資材は**外注品**、購入して調達する資材は**購入品**、自社内で製作したものは**社内製作品**、親会社から支給する資材は**支給品**という。

(4)　在庫をもつかもたないかによる区分

常時在庫しておく資材を**常備品**、在庫しない資材は**非常備品**という。

2　資材管理とは

2.1　資材管理の意義

(1)　資材管理とは何か

資材管理とは製品をつくるために必要な資材の種類と量と時期を計画し、計画を達成するための統制活動である。これは日常の資材管理活動である。これに対して資材調達のための購入先や外注先の選定は生産計画の都度必要はないが、納入業者の選定は資材の品質、コスト、納期に大きな影響を与えるので重

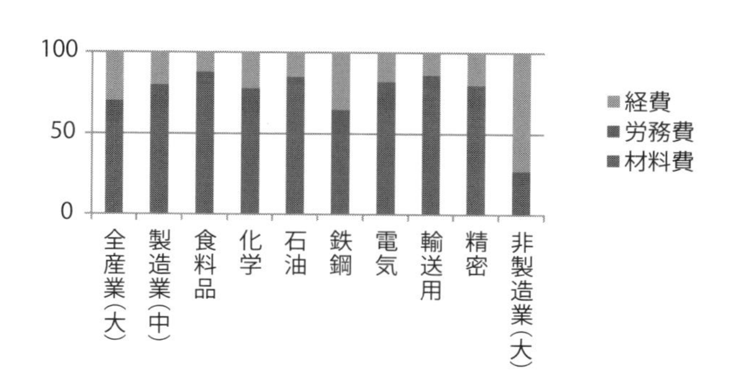

図9-1　製造原価の構成
（(大）は大分類、(中）は中分類を示す。他は小分類）
出所：日本銀行「主要企業経営分析　昭和63年度」より作成

要な資材管理である。また資材在庫を適切に管理することで品切れを防ぎ、在庫費用を削減できる。資材QCDに関するあらゆる管理活動が資材管理といえる。

(2) 資材管理の必要性と重要性

部品や材料はそれを使って生産される製品の価値条件QCDに大きな影響を及ぼす。すなわち部品や材料が使用時期に間に合わないと製品の完成時期を遅らせることになり、また部品や材料の品質良否はそのまま製品品質に影響を与える。また原価についても同じである。このように資材のもつ価値条件QCDがとりもなおさず製品の価値条件QCDに影響を与える。

現代のように製品の高度化、多様化、複雑化が進むと、部品の数、材料の種類も増え、資材管理はますます複雑となる。また製品原価に占める材料費の割合は大きく、図9-1に示すように製造業全体の65%を超えるに至り、資材コスト管理の良否がいかに製造業の収益に大きな影響を与えるかがわかる。

2.2　資材管理の目的

日常における資材管理の目的は「必要とする資材を必要なときに必要な量だけ安く調達し、所定の使用工程に引き渡すこと」である。つまり資材のもつ品質、コスト、納期のQCD管理である。

しかし、資材のもつQCDを高位に達成するためには日常における資材管理だけでは不十分で、①資材品質仕様の決定、②適切な仕入れ先の決定、③資材管理システムの開発など、日常資材管理に先立ち、準備すべき資材経営[注1]との連携も重要である。

2.3 資材管理の機能

資材管理の機能には①材料計画、②購買管理、③外注管理、④在庫管理、⑤倉庫管理、⑥包装管理、⑦物流管理の7つがある。本講では①～④について述べる。

3 材料計画

3.1 材料計画の内容

材料計画は生産計画に依存する。計画数量が多ければ使用材料も多くなるからである。当然のことながら使用材料の在庫があれば、在庫品から使うことになる。材料計画の内容はどんな材料を（材料の種類）、いつまで（調達時期）、どれだけ（調達量）、どのような方法で調達するか（調達方法）を計画することである。注文生産と見込み生産の計画方法に違いがあるので以下に述べる。

注文生産ではオーダー（製品）ごとに設計され、その都度材料の種類、材料の調達方法、調達時期、調達量が計画される。そして製品ごとに材料表が作成される。材料計画は設計部門が中心となるが、材料の調達方法や調達時期は購買部門、生産管理部門など関連部門の協議により決められる。

見込み生産では生産計画が決まれば製品ごとに使用される材料の種類と使用量と調達方法が決まる。見込み生産の材料は在庫されているため在庫管理と密接な関係がある。つまり品切れを防ぎ、かつ在庫費用が最適になるように経済発注量を決めて調達時期と調達量を計画している（本講6.3節参照）。

注1　資材経営：日常資材管理に先立ち原則1回限り行う資材品質の決定、仕入れ先の決定、資材システムの開発、さらに資材の終期（寿命が尽きる頃）に行う運用決定事項の評価と資材システムの評価を資材経営という。

3.2　資材料調達方法

材料調達の方法には大きく次の3つがある。

(1) 購買による調達

購入先メーカ仕様にもとづいて生産された資材を購入元が調達する方式。一般に標準品や規格品として市販されている資材（ボルト、ナット、ベアリングなど）、素材メーカが生産した資材（鋼板、丸棒など）、特殊な技術で生産されたもの（特殊歯車）などが対象になる。

(2) 外注製作による調達

自社の設計仕様にもとづき、外注工場が製造したものを調達する方式。自動車のドア類、バンパー類、トランクリッドなどが対象になる。

(3) 社内製作による調達

部品や構成品を自社で製作したものを使う場合がこれにあたる。自動車のエンジン、ミッションなどの主要部品が対象になる。

3.3　MRPによる部品・材料などの所要量計算と手配

月次生産計画がつくられると生産に必要な部品や材料の所要量を計算し、組立生産時期に間に合うように発注しなければならない。この所要量計算と発注業務にMRPシステムを導入している企業が多い。1980年以降日本でも数多くの企業でMRPシステムを採用している。MRP（Material Requirement Planning：材料所要量計画）は単に資材所要量計画のみならず受注、生産、在庫、工程負荷、発注などの計画と統制の機能をもつ総合生産管理システムである。MRPシステムを適用した資材所要量計算と発注手配の方法を見てみよう。

(1) 資材所要量計算

製品Xの部品構成と各構成部品の在庫量が、図9-2および表9-1であったとする。また図9-2のA×2は直近上位の部品を組み立てるために部品Aが2個使われることを示す。今、製品Xが30台販売計画されたとき（在庫10を引き当て、生産は20）、各々の部品はいくら必要になるだろうか。部品A、B、Cが製品Xに従属し、部品C、DがB部品に従属していることに注目して算出すると次のようになる。

A＝20×2−20=20　　　B=20×3−50＝10

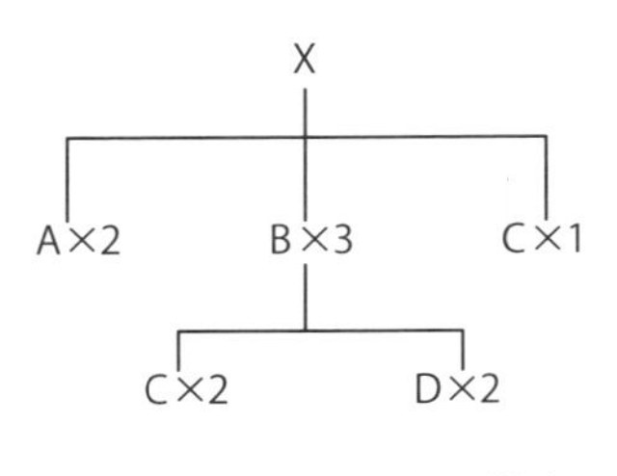

図9-2　製品Xの部品構成

表9-1　在庫量と構成部品の生産計画

製品または部品	在庫量	生産計画
X	10	20
A	20	
B	50	
C	20	
D	10	

$$C=(20\times1)+(10\times2)-20=20 \qquad D=10\times2-10=10$$

実際にMRPを用いて所要量計算する場合は簡単でない。各々の部品の在庫量、発注残、リードタイムを加味しなければならないし、また、各々の部品は複数の製品に共通に使われる場合もあるし、また、製品によって生産サイクルが不規則な場合もあるからである。

(2) 資材の発注量と手配時期

部品や材料の資材調達では、生産計画と在庫との関係から所要量を産出し、調達リードタイムから遡って発注することになる。発注する資材には外注に製作依頼する部品、購入により調達する材料や部品、社内で加工する部品などすべての資材が含まれる。

4 購買管理

(1) 購買先の開拓・選定

新規に購買先を開拓する場合は、情報収集から始める。主な情報源としては、①業種別企業一覧、②業界誌、③取引先の同業者リスト、④製品カタログ、⑤広報誌、⑥同業者、関連業者、業界団体からの情報や評判、などがある。

取引先の可能性がある購買先業者をいくつか絞り込み、その調査、評価・各付けを行う。評価・各付けは、その企業の経営能力、財務状態、技術力、品質レベル、コスト力、工程管理能力を総合的に判断して行う。

さらに、実際の購入先の決定に当たっては、納入業者との長期的な関係や、地理的条件なども考慮する必要がある。近年の生産や販売のグローバル化に伴い、部品・材料の国際的な取引も活発になっている。購入業者の選定には慎重にならざるを得ない。

(2) 日常調達管理

注文生産に必要な購入部品を、その都度発注して調達する場合に、購入先から納期に間に合うように自社工場の所定の位置まで間違いなく届けられるように管理するのが調達管理である。特殊な購入品が対象になるため、厳密な納期管理が必要である。

一方、市販されている小物資材と鋼板や丸棒のような大物資材は、いずれも在庫を常備しているので、在庫を加味した発注方法と調達方法になる。

(3) 検収・支払い

納入された品物が発注した品物と数量や仕様に間違いないかを検査し、異常がある場合は返品、修正、特別採用などの対応を施し、異常がない品物を要求元へ引き渡すまでの業務を検収という。荷受け→検査→受入→不合格品処理の順で検収業務が行われる。代金の支払いは受け入れ後に購買部門が経理部門に支払い要求を提出して代金が支払われることになる。

5 外注管理

5.1 外注管理の意義

5.1.1 外注企業を利用する理由

なぜ外注を利用するかについては次の5つが考えられる。

(1) 自社にない技術力や特殊設備を持っているため

自社でつくるよりも外注の特殊技術力を利用することで高度なものができる。新たに設備投資をするよりも外注の持っている特殊設備を利用することで高精度のものができるなどの理由から外注を利用する。いずれも専門メーカとしての外注である。

(2) 自社でつくるよりコストが安くなるため

通常は外注企業や協力企業は親企業より賃金が安い。外注企業でつくるとコストが安くなることから利用する。ただし、コストが安いのみならず、品質面や納期面で問題がないことが前提である。

(3) 需要変動に弾力性をもたせるため

現在の生産能力では需要に対応できないため一時的な需要変動への対応策としての外注利用である。

(4) 投資負担を軽減するため

需要増、増産増が見込まれるが、すぐ自社で設備投資や人員増を行うための資金に余裕のないときに利用する。

(5) 協力企業の育成のため

協力企業の中でも経営者をはじめ従業員が意欲的で、かつ協力的な外注企業に対しては、積極的に仕事を発注し、成長を助長する。先行投資型の育成である。

5.1.2 外注管理の重要性

図9-3は製造業の製造原価に占める外注費の割合である。2005年度以降は30%を超えている。そして2008年度には製造コストの3分の1を占めるに至っている。外注費はコスト面から重要な要素である。また外注管理は社内の工程管理と同じように重要である。理由は外注工場の製作過程で部品のQCDがつくり込まれるからである。つくられた部品の品質が悪くても、納期が遅れてもコスト高になっても組立製品のQCDに悪い影響をおよぼす。外注での生産品を高位に保つには、生産に関わる生産要素MFWも高位に保たなければならない。つまり、変換される材料と設備と労働と図面などの適切な準備と供給であ

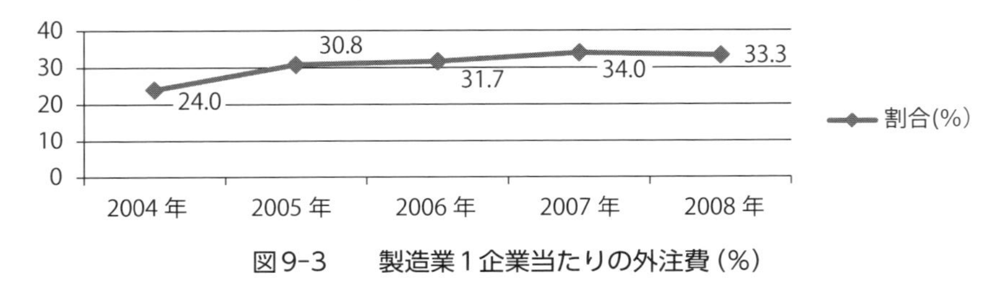

図9-3　製造業1企業当たりの外注費（%）

る。これらは外注への指導、援助、教育、育成を通じて充実しなければならない。外注業者に良きパートナーとして協力していただくためにも外注管理の重要性は大きい。

5.2　外注先選定と日常外注管理

5.2.1　外注先選定管理

(1)　何を外注し、どこに発注するか

購入品で補充することができず、製造して調達するものの中から自社で製造するか外注企業に依頼するかを決定することを内外製区分[注2]という。外注先から部品調達する場合は、外注企業に当該部品を製造するための設備や技術力があること、外注方針[注3]を遵守することは当然であるが、次の条件を満たさなければならない。①コスト面で採算が合うこと、②品質面で自社製作と遜色ないこと、③納期が厳守できること、などである。

次に、どこに外注するかの外注先の選定は、コスト、品質、納期の条件に加えて外注企業の収益性、安全性、成長性など経営内容を分析・評価し、有利な条件で外注先を決定する。

(2)　外注企業の指導・育成

外注企業の体質強化を図り、良きパートナーとして協力していただくことは自社にとって大きなプラスになる。指導・育成の基本的な考え方は、親企業が外注企業に一方的に押し付けるのではなく、次の考え方が重要である。

①外注先の自主性を尊重する

外注先の希望にマッチした指導・育成

②専門メーカとして自立するための支援

特定分野の専門メーカとして育つことを前提に指導・育成

③分業体制の一翼を担うための支援

責任と協力が自覚できる企業として指導・育成

改善指導は発注時、トラブル発生時、受入検査時に行うことも必要であるが、コスト低減、不良低減、工数低減などは外注先に出向き共同で行うと効果が大きい。

注2　内外製区分：社内で製作するものは内製、社外で製作するものは外製という。
注3　外注方針：方針には外注利用の理念、目的、依存度合や範囲、育成・指導の考え方、選定基準の考え方などが含まれる。

5.2.2 日常外注管理

(1) 進度管理

外注の進度管理は信頼ある納期設定が基本となる。無理な納期設定、容易な納期設定は信頼性維持に逆行する。信頼ある納期設定は外注工場の工程能力把握とその強化がポイントになる。基準日程（調達リードタイム）をベースにした日程計画はもちろんのこと、工程能力を高める改善には常に協力しなければならない。一方、外注企業も生産能力以上の受注をしない、ムリな日程計画を立てない、納期管理の意識を高めるなど、双方が協力して進度管理を行うべきである。具体的納期管理は、自社の日程管理と同じように計画に対する進捗状況を把握し、遅れている場合は応援、残業、休日出勤などの挽回策で取り返さなければならない。納期遅れを起こした場合は原因究明と再発防止を発注企業と外注企業との協同体制で対応する必要がある。

(2) 検収業務の効率化とスピード化

外注部品の受入検収業務を効率的、かつスピーディーに行う方法を考える。

検収業務は①外注から納入された部品を、②品名、キズや破損などの外観、荷姿などを調べ、③検査基準に従って品質、性能、数量をチェックし、④②と③で問題がない場合は現品は工場や倉庫へ、各伝票は外注（または購買）部門へ送る、⑤納品書を確認し検収通知を外注企業へ、請求書は経理へ送る、⑥経理は請求書を確認して支払の準備をするまでの範囲をさす。

検収業務を効率良くスピーディーに行うには検収業務のムダを徹底的に省くことである。そのためには第1に品種ごとに、どこを、どのように検査するかの検査基準を決めておき、マニュアル化し、検査員が時間をかけずに自在に検査できるように訓練しておくことである。第2に外注企業に検査内容や不良になった場合の処置を事前に知らせておき、品物を納入する前に不良品にならないように責任をもたせることである。第3に不合格になった場合の対処も品種ごとに代替品か、次回に数量加算か、手直しか、値引きかなどを標準化しておき、効率化、スピード化に努めなければならない。当然のことながら発注元企業の支払いは契約にもとづき速やかに実行しなければならないし、検収結果については外注企業の評価・各付けに使われる。

6　在庫管理

6.1　在庫管理の意義

(1) 在庫の功罪

在庫を持たなくても生産や販売に支障をきたさなければ問題ない。しかし現実には生産量や需要量の変動で在庫をもたないと、手待ちや品切れが発生する。また調達時期の変更、調達量の変更などの変動でも、同じ現象が起こる。

一方、在庫をもつことによる悪い面もある。在庫をもつ功罪をまとめると次のようになる。

【在庫をもつ利点】

①需要変動、調達変動などの変化に対して、在庫をもつことで品切れや待ちを防ぐことができる

②不良品の発生や運送中の事故など不測の事態に在庫をもつことで迅速に対応できる

③まとめ発注、まとめ調達が可能になり、業務の効率化、簡素化につながる

【過剰在庫をもつ欠点】

①在庫維持費が増加する

②保管スペース、管理費が増加する

③陳腐化、品質劣化の危険性が増加する

④ムダな資金の投入につながる

(2) 在庫管理とは

品切れや過剰在庫をなくし、適正在庫を維持できるように調達量を計画し、調達のために指令し、計画通りに達成するための一連の活動を在庫管理という。つまり、適正在庫維持のための在庫計画と在庫統制が在庫管理である。在庫品の破損や減耗を少なくし、品質を保持することなども在庫管理と位置付ける。

6.2　在庫の重点管理

あらゆる在庫品を一律に管理するのではなく、管理効果を上げるため、格付けして管理するのが重点管理である。格付けは、在庫品を年間消費金額（使用量×単価）の大きいグループをA品目として重点管理する。年間消費金額の小さいグループをC品目として簡略管理する。その中間グループをB品目として中間的管理をする方式である。

ABCのグループ分けは、ABC分析（パレート分析ともいう）により行う。すなわち、年間消費金額の大きい品目順にグラフの横軸にメモリ、縦軸には当該品目の年間消費金額の割合の累積値をとる。

A品目には累積消費金額が70%前後占める品目を定め、B品目には累積消費金額の90%前後（B品目としては20%前後）までのところを、またC品目累積消費金額の100%まで（C品目としては10%）までのところをとるのである（図9-4）。資材補充方法としては、①A品目には定期発注方式、②B品目には定量発注方式、③C品目にはダブルビン方式を用いるのが一般的である。

6.3　資材補充方式

(1)　定期発注方式

定期発注方式は、発注時期を毎月10日、毎週月曜日など定期的に行う（FOP：Fixed Order Period System）調達方式である。発注量はその都度変化する。発注間隔は次のように求めることができる。

年間発注回数　＝　年間予想需要量　／　経済発注量　　(9.1)

発注間隔　＝　年間稼働日数　／　年間発注回数　　(9.2)

(9.1) 式を (9.2) 式に代入すれば

発注間隔＝年間稼働日数×経済発注量　／　年間予想需要量　(9.3)

となる。経済発注量は次に述べる定量発注方式の経済発注量と同じ。

ここで、t：発注間隔、Y：年間予想需要量、Q：経済発注量、T：年間稼働日数、C：1回あたりの発注費用、P：資材単価、i：在庫維持費率、とすれば

$$t = T\sqrt{(2C)/(YPi)} \qquad (9.4)$$

実際の発注間隔はtの値に近い間隔で行う。例えば$t = 5.1$ならば毎週月曜日に1回に発注する。t=10.5ならば10日に1回発注する。t=25ならば月に1回発

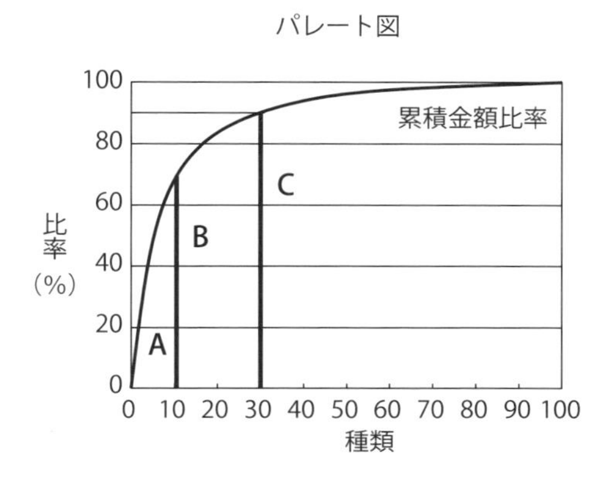

図9-4　重点管理とABC分析

注すなど、発注しやすい間隔に丸めるのがふつうである。

また発注量Qは、次式で求めることができる。

$$Q = R - (I + B) + S \tag{9.5}$$

ここで、R：発注してから納入されるまでの期間中の予想需要量、I：発注時点の在庫残、B：発注時点の注文残、S：安全在庫[注4]。

定期発注方式で補充する資材は①大物部品、②高額品、③消費量の多いもの、④需要変動の大きいもの、⑤調達期間の長いもの、などきめ細かな管理を必要とするものが対象になる。

(2) 定量発注方式

定量発注方式は発注点方式ともいわれ、在庫量が発注点（OP：Order Point）に達したときに定量で発注する方式（FOQ：Fixed Order Quantity System）である。調達する量を経済発注量（EOQ：Economic Order Quantity）で一定とし、発注間隔tを変える方式である（図9-5）。今、経済発注量をQとすれば次の式で求めることができる。

$$Q = \sqrt{(2YC)/(Pi)} \tag{9.6}$$

ここで（9.6）式で使われている記号Y、C、P、iは定期発注方式と同じ内容である。

定量発注方式の発注点OPは次の（9.7）式で求めることができる。

注4　安全在庫：資材調達期間中の需要変動に、「安全在庫」と呼ばれるバッファをもち、欠品の発生確率を少なくする役割をもつ。安全在庫は次式で求める。安全在庫＝K$\sigma\sqrt{n}$ここで、K：安全係数（K=1.65で95％、K=2.33で99％）　σ：資材調達期間中における需要量バラツキの標準偏差　$\sqrt{n}$：調達リードタイムの平方根。

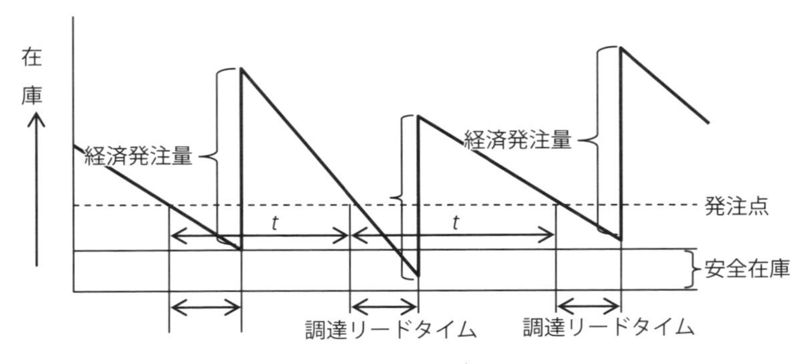

図9-5　定量発注方式の補充方法

$$OP = R_L + S \tag{9.7}$$

R_L：リード期間中の予想需要量　　S：安全在庫量

定量発注方式で補充する資材は①需要が安定している、②共通資材、③手配期間が短いもの、④入手しやすいものなどが対象になる。

(3) ダブルビン

複棚方式の補充方式ともいわれている。同じ資材について梱包されたものを2個用意し、使用中の梱包のものがなくなり、新たな梱包の資材を使い始めたときに梱包単位で補充するもっとも簡単なやり方である。単価が安く、使用量の多いボルト、ナット、パッキンなどに適用される。

第9講　練習問題

問1　知識・理解

資材が製品価値QCDに影響を与えるのはなぜか。

問2　知識・理解

資材調達方法を3つあげ、簡潔に説明せよ。

問3　知識・理解

在庫のABC管理について説明せよ。

問4　思考・判断

次の条件からX部品の最適発注量Qを求めよ。

【条件】X部品の年間使用量は20,000個予想されている。また、X部品単価は1,000円である。この部品を発注するために1回当りの発注費用が5,000円必要である。また、部品を保管するための在庫保管比率は20%である。

問5　思考・判断

在庫を圧縮する方法を述べよ。

問6　関心・意欲

下図のような部品構成をもつ製品Xがある。この製品Xを10個受注したときA、B、C、D部品はそれぞれ何個生産しなければならないか。ただし、部品構成図および在庫表は本講3.3節図9-2および表9-1と同じ意味で使うこと。

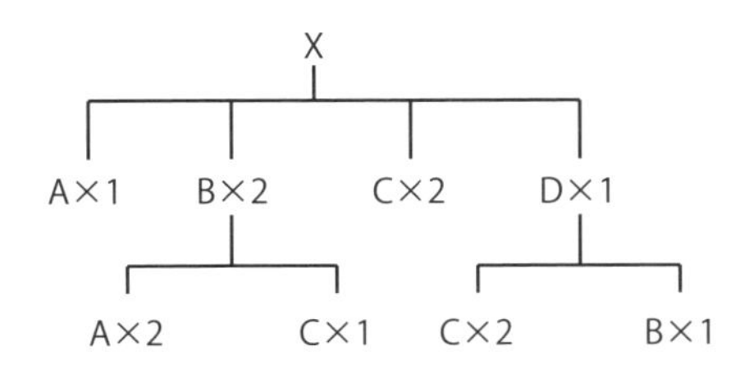

図　製品Xの部品構成

	現在庫
X	8
A	5
B	6
C	3
D	2

表　製品および部品在庫

※解答例は240ページ

設備管理

学びのポイント

(1) **生産設備の役割とは。**設備能力は過大でも過小でも悪い影響を及ぼす。また設備には加工変換だけではなく移動、検査、保管などの設備があることを習得しよう。

(2) **コンピュータの生産活動への利用にはどんなものがあるか。**NC工作機械に始まり、複数の工作機械を郡管理するのに利用され、やがては工場全体の生産管理（製造と管理）に利用されるようになったことを知ろう。

(3) **生産設備の構造と性能と変化とは。**単に性能が優れているだけでは十分でなく、変化（使用年数とともに劣化する変化）への対応にも優れていなければならないことを学習しよう。

(4) **生産設備の性能とは。**QCD性能のほかに自動性や社会性（安全で環境に優しいなど）にも優れていなければならないことを学習しよう。

(5) **設備保全とは。**保全方式と保全内容が一致するように学習しよう。

(6) **なぜTPM（総合的生産保全）を導入するに至ったのか。**またTPMの展開方法について概略把握しよう。

(7) **設備の信頼性、保守性、可動性とは。**具体的算出方法を理解しよう。

(8) **設備投資計画とは。**設備投資は莫大な金額を要し、失敗すると企業の存続に係る大きな問題になることを学習しよう。

キーワード

設備管理、設備保全、事後保全、予防保全、生産保全、TPM、自主保全、設備故障、信頼性、保守性、可動性、回収期間法、投資利益率法

1　生産設備の役割

1.1　価値変換手段としての生産設備

モノづくりの製造業では素価値体である材料に変換を加え、高価値体である製品をつくる。生産設備は素価値体を高価値体へ変換する物的生産手段である(図10-1)。生産手段である生産設備が変換後の価値体QCDに大きな影響を与える。設備が過大でも過小でも悪い影響を及ぼす。製品の過剰品質、コスト高などは設備の過大から起こり、品質不良、納期遅れなどは過小から起こる。良い設備とは価値変換課題QCD実現に最適な設備をさす。

1.2　生産工程と生産設備

生産工程には変形、変質を行う加工工程だけではなく、検査工程、移動（運搬）工程、停滞（保管）工程がある（第4講2節参照)。

変形を行う加工工程には工作機械、プレス、溶接機械などがあり、変質を行う加工工程には反応装置、熱処理炉などがある。検査工程には測定器、検査器具がある。移動工程にはコンベヤ、フォークリフトなどがあり、保管工程には棚、倉庫などがある。

変形、変質を加える生産設備は課題である変形、変質の品質形成を果たし、かつ作業をする人間の安全性と環境などの社会性を確保する設備構造が必要に

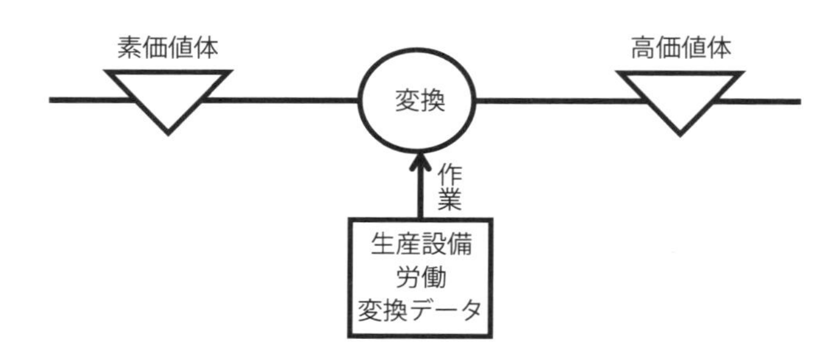

図10-1　生産設備と変換作業

なる。

測定器や検査器具は検査を確実に行い、品質管理のサポートを果たし、かつ検査する人間の安全と社会性を確保することが必要である。

運搬や保管の設備は、対象物の品質と状態を変えずに保護する機能となる。運搬中に破損する、保管中に錆びつく、などを防ぐ対応である。

2　生産設備の変遷

2.1　生産方式と生産設備との関係

アダム・スミス（A.Smith）は「国富論」(1776) の中で、分業（division of labour）が生産性を向上させるという「分業の原則」を提唱した。ホイットニー（E.Whitney）は「互換性[注1]の原理」(1798) を発表し、量産方式の基礎を築いた。生産性向上に貢献した生産方式と生産設備の変遷を見てみよう。

(1)　労働力中心の生産時代

19世紀中半から19世紀後半にかけては、工具、道具、単純な機械が生産手段として使用されていたにすぎなかった。

(2)　機械化中心の生産時代

1909年に開発されたT型フォード車の生産では、多くの専用機械が用いられた。また組立作業にもコンベヤが導入された。1920年代には一連の単能化した専用機群を工程順に並べ、供給された材料に穴あけ、平面切削と順次搬送しながら加工を施し、完成させるトランスファーマシンがフォード社で設置された。大量生産時代の突入であり、オートメーション時代の幕開けでもある。

(3)　自動化中心の生産時代

1950年代に入るとNC（数値制御：Numerical Control）旋盤が開発され、加工するための製作指令データをNCテープに納め、制御装置を通じて機械を操作するしくみが導入された。1960年代にはハンドリングに便利な産業用ロボッ

注1　互換性：各々の部品の寸法に適当なユトリ（公差）を与え、どの部品も互いに交換できるしくみにしたものである。互換性は後に標準化や規格化と結び付き、製造業の生産性向上に貢献するとともに、我々の生活にも利便性をもたらした。

トが開発され、部品の取付け、取外しに加えて組立、溶接、塗装作業などにも適用された。

(4) コンピュータ管理の生産時代

1970年代になるとマイクロプロセッサが開発され、NC工作機械、産業用ロボットの普及に貢献した。複数の工作機械、自動測定器、コンベヤなどをコンピュータで制御する群管理(DNC(ダイレクトNC:Direct Numerical Control))生産方式に拡大された。FMS(柔軟生産システム:Flexible Manufacturing System)、そして1980年代からCIM(コンピュータ支援統合生産:Computer Integrated Manufacturing)へと展開された。セル生産[注2]単位から工程へ、そして工場全体へとコンピュータが管理する時代に向かったのである。

2.2 コンピュータの生産活動への影響

生産活動におけるコンピュータ利用の影響は2方向から考えられる。1つは生産設備に対する影響であり、2つ目は生産管理活動への影響である。

(1) コンピュータの生産設備への影響

工作機械にコンピュータを内蔵する方式は旋盤などの単機能工作機械から始まり、ロボットへ、資材供給装置へ、そして計測装置へと展開されていった。生産設備による作業の自動化である。

(2) コンピュータの生産管理活動への影響

生産管理活動へのコンピュータ利用は生産計画の作成に始まる。コンピュータでつくられた生産計画をもとに製造現場で生産が行われた。その後、製造現場に小型コンピュータが設置され、複数のNC工作機械群から構成されるDNCやFMCでの生産はコンピュータ制御のもとに行われるようになった(詳細は第14講参照)。

注2 セル単位:セルとはある機能を果たすことのできる機械の集まりである。製造における加工、組み立てなどの部分的機能を果たす単位をいう。

3　設備の構造と性能と変化

3.1　設備の構造と性能と変化とは

生産設備は変換を行う手段であり、「構造」と「性能」と「変化」をもつ。「構造」は性能を生み出す機能をもち、作用系と駆動系と形態系からなる。「性能」は変形、変質を行う能力で、基本性能、自動性、社会性からなる。「変化」は就役を行うことによる変化で、設備自体の劣化と設備の進歩に伴う相対的劣化がある。そして設備劣化の保全には設備自体の劣化に伴う性能の変化を構造の劣化修復で回復する発現保全、相対劣化を構造の改良で回復する改良保全、設備更新（改廃）で対応する更新保全がある（図10-2）。

3.2　設備の性能

生産設備の性能は基本性能、自動性、社会性から評価しなければならない。

(1) 基本機能

生産設備の性能にはその設備がつくった目的への果たす役割としての基本機能がある。QCD実現の性能であり、設備能力である。設備能力は、工程にお

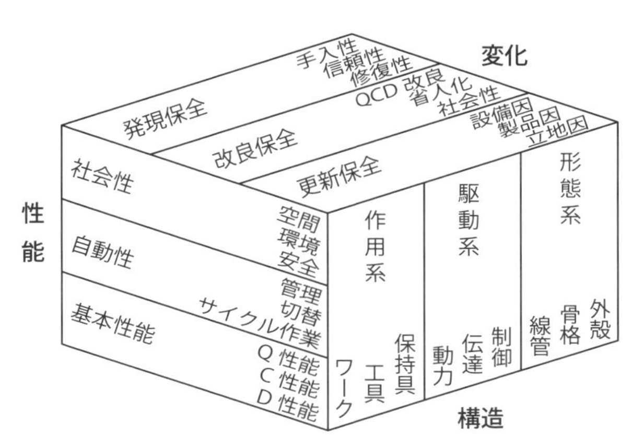

図10-2　設備の構造と性能と変化

出所：熊谷知徳著「設備管理」放送大学教育振興会　図1-2より抜粋

いて生産される製品のQCD与件[注3]に対する実現力である。

（ア）Q性能

作業変換によって形成される品質の水準に対する性能である。形状、寸法、精度、品質の安定性などがこれに相当する。

（イ）C性能

Q性能と次に述べるD性能との相対比較としてのコストパフォーマンスである。ただし、コストにはイニシャルコストといわれる購入費用とランニングコストといわれる運転費用があり、それらを含めた一生涯の総費用（LCC：Life Cycle Cost）としてのコストパフォーマンス性能である。

（ウ）D性能

変換速度や品種切替速度や、ほかの準備後始末の迅速さに相当する性能である。

(2) 自動性

どれだけ人間に依存しないで作業ができるかの自動化率である。自動化率が高ければ高いほど労働生産性が高くなる。

(3) 社会性

生産設備の社会性には安全性、環境性、空間性がある。

（ア）安全性

設備は安全でなければならない。ミスが起こらない装置、作業者が安全に作業できる環境である（第15講4.3節参照）。

（イ）環境性

設備が環境に害を与えてはならない。公害（大気/水質/土壌汚染、騒音、振動、臭気）防止はもちろんのこと、綺麗で気持ち良く働ける環境である。

（ウ）空間性

生産設備は本来の目的を果たせるなら小型ほど良い。空間占有、床面積占有が小さいほど空間性が優れている。

注3　QCD与件：与えられた品質とコストと時間に対する達成すべき課題をいう。工程のQCD与件とは当該工程で達成すべき品質とコストと日程・時間・納期課題をさす。

4　設備管理の目的

設備管理（Plant Engineering、Facility Management、Equipment management）は設備を通して生産性を高める管理活動である。製品の価値条件QCDを高位にバランスよく達成するために設備管理が存在する。

設備故障が起きると、計画した品質、コスト、納期が達成できない。まずは故障しないことが生産性を高める早道である。これは信頼性（Reliability）を高める問題でもある。また現代のように設備の高度化や複雑化が進むと、高い信頼性を維持することは容易でない。そこで故障しても短時間で修復できることが現実に大切になる。保守性（Repairability またはServiceability）が高いとは回復のしやすさを意味している。

信頼性と保守性を高めるために経済性を無視してはならない。少ない費用で、経済性を考えた運用が重要になる。この信頼性、保守性、経済性の3つが設備管理を実際に運用するときの管理尺度となる。

設備管理には、①設備の計画、開発から運転使用、引退に至るまでの一生涯にわたる過程を対象とした広義の設備管理と、②設備の運転過程における保全を対象にした狭義の保全管理、の2つがある。この広狭2つの管理は、計画段階では保全しやすい設備にすることであり、そのためには日常の保全活動での経験を計画段階に反映させなければならない。本講の設備管理は日常の保全活動にかかわる狭義の保全管理について述べる。

5　設備保全

設備に起こる構造劣化および性能劣化で、目的・機能を果たせなくなるのを防ぐことや回復するのが保全（Maintenance）である。保全方式には事後保全から予知保全までさまざまな方式が存在する。

(1) 事後保全

1950年以前に行われていた保全方式で壊れたら修理する方式である。事後保全（BM：Breakdown Maintenance）と呼ばれ、現在でも多く行われている。壊れたから修復しても大きな損失を与えない場合や、すぐに修復可能な設備保全に採用されている。

(2) 予防保全

故障する前に保全する方法である。つまり故障を未然に防ごうとする保全方式であり、予防保全（PM：Preventive Maintenance）と呼ばれている。定期点検修理やオーバーホール、あるいは定期的時間間隔で劣化部品やユニットなどの交換を行うことで故障による損失を少なくする方式である。予防保全は戦後の老衰化した設備を抱える石油、鉄鋼、化学などの材料加工産業から他の産業へと浸透していった。

(3) 生産保全

PMだけではBMよりも保全費が高くなる場合もある。設備の設計/開発段階から保全性の高いものを計画するもので生産保全（PM：Productive Maintenance）といわれている。ただし、保全性を高くするあまり経済性を無視するのではなく、一生涯にわたる設備コスト（LCC：Life Cycle Cost、初期導入コスト、運転コスト、劣化損失）を最小限に抑える保全方式である。

この生産保全の展開には2つの考え方がある。1つは設備を積極的に改良して信頼性や保守性を高める改良保全（CM：Corrective Maintenance）であり、ほかの1つは保全をしなくてもよいような設備を計画段階から導入する保全予防（MP：Maintenance　Prevention）である。

(4) 全社的生産保全

全員参加の保全活動としてTPM（全社的生産保全：Total Productive Maintenance）へ発展した。TPMの基本は生産保全と予防保全と小集団活動を融合した点にある（本講6.1項で詳述）。

(5) 予知保全

予知保全（PM：Predictive Maintenance）は設備の劣化状況や性能状況を診断し、診断データを基に保全活動を展開する概念である。

蓄積した劣化データの解析にもとづいて、傾向値管理などを実施し、対象設備について何時間動作させたら点検する、整備する、メンテナンスをする、交

表10-1　日本の設備保全の発展

発展段階	設備保全方式	年代
第1段階	事後保全（BM）	～1950
第2段階	予防保全（PM）	1950～
第3段階	生産保全（PM―CM―MP）	1960～
第4段階	全社的生産保全（TPM）	1970～
第5段階	予知保全（PM）	1980～

出所：塹江清志・澤田善次郎「生産管理総論」、日刊工業新聞社、（1995）179ページより抜粋

換するなどの保全計画にもとづく保全方式である。

表10-1は日本における設備保全の発展を年代別にまとめたものである。

6　TPM

6.1　TPMとは

1989年に日本プラントメンテナンス協会が定めた定義によれば、TPM（全社的生産保全、または総合的生産保全：Total Productive Maintenance）とは、①生産システム効率化を追求する体質づくりを目標にして、②生産システムのライフサイクル全体を対象にしたあらゆるロスをゼロ（災害ゼロ、不良ゼロ、故障ゼロなど）にするためのしくみを構築し、③生産部門を始め、開発、営業、管理などあらゆる部門にわたり、④トップから第一線従業員にいたる全員が参加し、⑤小集団活動によりロス・ゼロを達成する活動とされている。

TPMのT（Total）は①総合的効率化、②生産システムのライフサイクル全体、③あらゆる部門、④全員参加の意味がある。P（Productive）は生産システムの効率化の追求であり、単に故障ゼロの効率化を追求するだけではなく、災害ゼロ、不良ゼロなど、あらゆるロスをゼロにする効率化である。M（Maintenance）は市場と社会の変化に対して適応への体質づくりにより、利益を確保できる経営保全（Managirial Management）、儲かる経営保全の意味がある。

6.2 TPMの基本

企画/開発された製品を生産するとき、優れた生産システムを提供し、長期にわたり安定的、効率的に製品生産に貢献できるようにすることを目標とする。優れた生産システムの開発、改善、保守が基本になる。

このコンセプトを実現するために次の活動を行う。

①生産設備のあるべき姿を描き、現状との比較からあらゆるロスを見出す

②あらゆるロスを排除するため組織的に活動を展開する

6.3 自主保全

TPMでは自主保全を基礎にしている。設備を利用している作業者が設備の状態を最もよく把握しているからである。作業者が設備の基礎的な知識を学習し、正しい運転操作と日常的な手入れを施すならば故障の早期発見や予防に大きな効果と期待ができる。TPMはこのことを実践している。

設備を運転する部門が分担する保全活動を自主保全という。自主保全は次のような手順で行う。

①整理、整頓、清掃

②摩耗、詰り、ゆるみ、亀裂、油切れなどの欠陥箇所を発見し措置する

③切粉や油など汚れの発生源に対応する

④危険な状態を早く発見するために、部分的にカバーを透明にしてのぞき窓をつける。設備をかさ上げして清掃を容易にする

⑤設備の構造、機能などの理解を深め点検技能を身に付ける

7 設備故障

7.1 設備故障とは

設備故障（Facility Failure）とは、設備を構成する装置や構成品や部品など

が本来の機能を失うことや、規定の性能を満たさなくなることをいう。そのため、当該設備からの産出物が規定の品質レベルに達しなくなる。

設備に携わる人は、設備の動作や品質、加工速度などから機械が正常か否かの判断ができるようになる必要がある。

7.1.1　設備故障の分類

(1) 種類による分類

①劣化故障（機能低下故障）

設備は使用時間とともに劣化が起こる。材料の劣化、液体や気体の漏れる量が徐々に増えるための劣化などで、性能が低下する劣化である。この劣化は事前の点検や監視により予知できる故障である。

②突発故障（機能停止故障）

使用中に生ずる軸の折れなどのように突然発生するもので、事前の点検や監視などでは予知できない故障である。

(2) 程度による分類

①部分故障

設備全体の機能が失われるのではなく、部分的に故障するもので、機能が失われていない部分もある。一部の故障は装置や部品の交換で素早く修復することで設備全体の機能を維持できる。

②完全故障

設備全体の機能が完全に失われる故障をいう。原因不明による設備崩壊、装置全体の爆発破壊などは完全故障になる。

7.1.2　ライフサイクル過程における故障率と原因

設備の故障率は、ライフサイクル過程では一定ではなく、図10-3のように変化（バスタブ曲線：Bathtub Curve）する。設備が稼働すると、設計ミスや

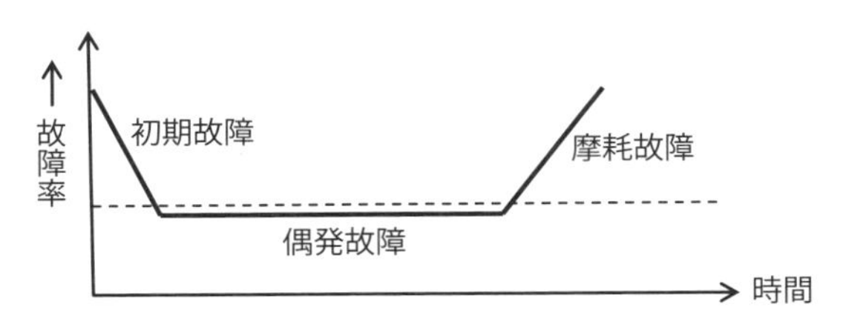

図10-3　ライフサイクルと故障率

製造ミスに起因する故障が多く発生する。これを**初期故障**と呼んでいるが、不具合を手直しながら運転を続けると、間もなく一定の故障率に落ち着く。

ここでの故障原因は、人間の操作ミスや部品の中に運悪く不良品が入り込んでいたというような偶発的なもので、**偶発故障**と呼んでいる。この期間中設備も安定して運用されるが、長い期間がたつと次第に部品が劣化したり、摩耗したりして、再び故障が増える。この期間の故障を**摩耗故障**という。摩耗故障が発生し出すと、簡単な消耗品は捨てられ、部品を交換しながら偶発故障の水準に保持しつつ使用を続けていく。場合によっては新装置や改良部品により設備性能を改良する可能性もありうるが、やがて製品QCDを維持できなくなると廃棄、新設備の導入などの設備更新が行われる。

7.2　設備の信頼性と保全性と可動性

7.2.1　設備の信頼性

設備に要求された機能を故障なく実現する確率を信頼度（Reliability）と呼んでいる。この逆が故障率である。これまで正常に作動していた設備が次の単位時間内に故障する確率である。故障が起これば原因を調べて修復するか、あるいは部品を交換して修復するかなどの措置を施す。

故障と故障との間の平均時間を平均故障間隔（MTBF：Mean Time Between Failure）といい、信頼性（信頼度ともいう）をMTBFで表している。MTBFは長ければ長いほど故障間隔が長く、故障しにくい設備であるといえる。

7.2.2　設備の保全性

設備の種類や故障内容によっては、故障をすぐに修復できるものとなかなか修復できないものがある。故障後の修復時間の平均を平均修復時間（MTTR：Mean Time To Repair）といい、保全性（保守性ともいう）をMTTRで表わしている。MTTRは修復しやすさを計る尺度に用いられ、短ければ短いほど修復しやすく、保全性に優れているといえる。

7.2.3　可動性

本来、設備は作業計画されている時間帯はすべてにおいて可動してなければならない。ところが故障が起きれば停止になり、その故障の修復が長くなれば停止時間が長くなる。設備の稼働率（rate of operation）は、本来可動すべき時間に対する実際に可動した時間の割合で表す。前述したMTBFとMTTRを用いて稼働率Rを計算するには（10.1）式で求めることができる。

$$R = \frac{MTBF}{MTBF + MTTR} \times 100 \qquad (10.1)$$

稼働率が高ければ高いほど可動状態がよい設備であるといえる。この稼働率を高くするには①故障しにくい設備にすること、②故障した場合すぐ修復できる設備にすること、がポイントになる。

8　設備投資計画の策定（投資の経済性計算）

設備投資は一度に莫大な資金を要し、しかも投下資本の回収に時間がかかる。先行き不透明、景気動向が読みにくい最近の状況下にあっては、設備投資の成否は、企業の命運を左右するといっても過言でない。このため、可能な限り将来を正しく予測し、さらに各投資案について、必要資本量と供給可能量、予想利益率と予定資本コスト、さらに回収期間というように多面的に投資効果を分析し、慎重に比較検討する必要がある。当然のことながら供給可能量を上回る資本量を必要とする投資案は、最初から除外すべきである。

8.1　回収期間法

設備投資をする場合、投資額の回収に何年かかるかを見積もるものであり、回収期間が短いほど有利であると判断される。投資額から得られる年々の収益予想はキャッシュ・フロー（原価償却費＋利子控除前の税引後利益）により何年で投資額が回収できるかを計算する。今、設備投資額10億円、年間平均4億円のキャッシュ・フローをもたらす投資案があるとすれば、回収期間は次のように計算できる。

$$\text{投資回収期間} = \frac{\text{投資額}}{\text{年間平均キャッシュ・フロー}} = \frac{10\text{億円}}{4\text{億円}} = 2.5\ \text{年}$$

2.5年の短期間で投資回収ができるので、この投資効果は大きい。ただし、この方法は回収期間後のキャッシュ・フローについてはフォローしていない、資本利益率などの収益性を考慮していないなど欠点がある。

8.2 投資利益率法

投資額に対する利益の比率を求め、その比率を借入利子率や目標利益率と比較して投資の採用・不採用を検討する方法である。今、投資前の収益関係税が2,500万円、当期利益が2,500万円、支払利息が2,000万円だったのが、2億円の設備投資（耐用年数15年、残存価値0円）により、収益関係税が3,200万円、当期利益が3,200万円、支払利息が2,600万円になったとすれば、投資利益率は次のように計算できる。

$$\text{投資利益率} = \frac{\text{年間予想利益(増加分)}}{\text{投資額}} = \frac{(32+32+26)-(25+25+20)}{200} = 0.1\,(10.0\%)$$

投資利益率10％は、例えば3.5％の借入金利や運用資産の例えば5％の利子率に比べ大きいので投資効率は高いと判断できる。ただし、この方法はキャッシュ・フローの考え方がなく、投資額の回収期間を考慮していないなどの欠点がある。

8.3 リスクを加味した投資計画

将来にわたる利益予想は需要の大きさ、製品寿命、価格変動などによって変化する。先行き不透明な部分が多い。競争相手の出方、需要予測のもつ不確実性、景気動向、外国企業の進出、製品革新、素材革新などによっても利益予想は変化する。このように先行き不透明な時代においては、不確実性によるリスクを加味して投資計画を立てる必要がある。そのためには、例えば回収期間法と投資利益率法など、複数の投資経済性計算を併用して判断するとか、あるいは大胆に投資回収は3年以内、投資利益率は10％以上、の両基準をクリアした投資計画のみ採用する、という厳しい方針を打ち出すことも必要である。

第10講　練習問題

問1
知識・理解

NCのフルスペルと日本語訳を書け。また、NC工作機械の特徴をあげよ。

問2
知識・理解

予防保全と生産保全について説明せよ。

問3
知識・理解

TPM（全社的生産保全、総合的生産保全）の特徴をあげよ。

問4
思考・判断

設備劣化に伴い新設備導入を検討している。設備投資への計画案は下表のとおりである。この表をもとに次の設問に答えよ。

投資額	年間平均キャッシュフロー	資本コスト（金利）
1,000万円	40万円	5%

【設問1】投資回収期間は何年か。
【設問2】投下資本利益率は何％か。
【設問3】この投資計画は実施すべきか（理由も示せ）。

問5
思考・判断

下図の稼働状態から各設問に答えよ。

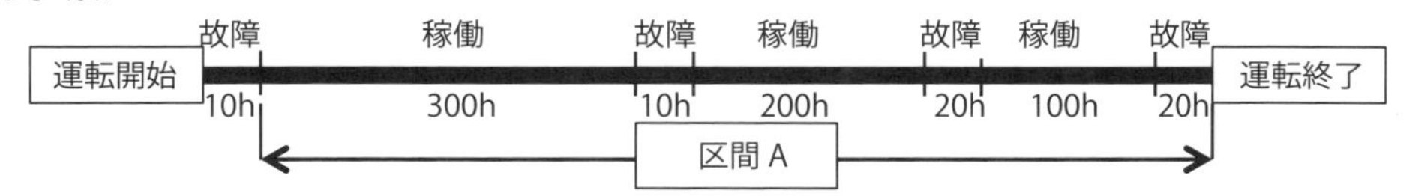

【設問1】この図から区間AのMTBFを求めよ。
【設問2】この図から区間AのMTTRを求めよ。
【設問3】この図から区間Aの稼働率を求めよ。

問6
関心・意欲

家庭用掃除機について、次の設問に答えよ。
【設問1】掃除機の機能は何か。
【設問2】掃除機の性能は何か。
【設問3】環境に配慮した掃除機とはどんな掃除機か。

※解答例は241ページ

第11講

労務管理

学びのポイント

(1) **労務管理の目的とは。主観目的と客観目的とは。**両目的を一致させることが重要である意味を学ぼう。

(2) **労務管理の特徴とは。**資材管理や設備管理と異なり感情をもつ人間が対象になるからである。働く人間が仕事から満足を得て、かつ仕事への能率向上も同時に達成できるしくみづくりが労務管理のねらいであることを学習しよう。

(3) **労務管理の発展（変遷）とはどのようなものか。**現場作業の生産性向上の労務管理からどのように変貌してきたかを学ぼう。

(4) **人間課題とは何か。**人間の課題を職位と人間の能力とライフサイクルの3方向から学習しよう。

(5) **経営者の人間課題とは。**P性能（仕事の能力）とM性能（人徳性）から捉えているが、P性能、M性能とは何かを理解することと、経営者はP性能およびM性能の両方が高位にバランスしていることが重要であること学ぼう。

(6) **人事管理とは。**職位と人間課題、職位別能力開発の方法などについて学習していただきたい。

キーワード

労働目的、報酬目的、動機付け、労働意欲、CDP、TWI、人間のP性能、M性能、OJT、Off－JT

労働問題は人間の仕事に対する労働課題である。これは人の職位（現業者、技術者/専門者、管理者、経営者）によって異なる。企業から見て人の能力はどうあるべきか、何を人に期待するか。人から見て仕事はどうあるべきか、企業に何を求めるか。現業者では単調作業の問題、危険作業の問題など、管理者ではストレスの問題、動機付け・コミュニケーション能力の問題など、多くの課題が存在する。具体的には、企業への成果と人への報酬の課題になる。これはまさに人事と労務の課題である。本講では人事と労務の両課題管理を「労務管理」として扱う。

1　労務管理の目的

1.1　労務管理とは

仕事への労働の量と質を計画し実現すること、仕事から得る報酬を計画し実現すること。この2つの管理が労務管理である。

労働の量と質には採用人数、教育・訓練、配置などが含まれ、仕事から得る報酬には賃金だけではなく、知識、技能、帰属感、やりがい、達成感など、啓発要素や人格形成要素も含まれる。仕事から得られる啓発要素や人格形成要素をここでは「人間の成長」という。

1.2　報酬目的と労働目的

企業には人がいて、仕事がある（図11-1）。人と仕事の関係は、人は労働を通じて仕事をし、価値を産出する。仕事で算出した価値から人は報酬を得る関係になる。これから人は報酬を得るのが目的で、そのための手段として労働を提供している見方がある（報酬目的という）。見方を変えると、人は社会に提供する価値産出のために労働することが目的で、働いた結果として報酬を得るとする見方がある（労働目的という）。

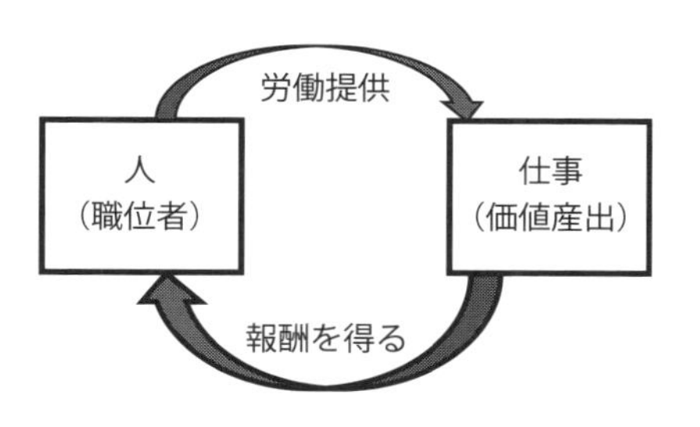

図11-1　人と仕事の関係

1.3　労務管理の目的

労務管理の内容である仕事への労働の量と質の管理、および仕事から得る報酬の管理を高水準に上げ、維持することが労務管理の目的と考える。いい換えると①労働生産性[注1]および付加価値[注2]の向上、②人間の成長、が労務管理の2大目的と考える。

人間のQCD性能が高まると、企業から社会に提供する価値体（製品やサービス）が競争優位になる。健康や人格を含め人間が成長すれば家庭も職場も企業も成長することからも容易に理解できよう。

2　労務管理の特徴

経営資源である人、モノ、金、情報の中で、モノの管理、お金の管理、情報の管理については違和感がないが「人の管理」という言葉にはどうしても個人の行動を束縛するニュアンスがある。人が組織の中で働く限り自由奔放に行動できるはずはないが、それにしても人の行動を他人が決め（計画し）、やらせ

注1　労働生産性：生産過程における労働効率のこと。生みだされた生産量を投下した労働の量で割った値、すなわち労働者1人1時間当たりの生産量で示される。2人で1時間当たり10個生産していたものを、努力により2人で1時間当たり20個生産したとすれば生産性は倍になる。
注2　付加価値：新たに加えられた価値を付加価値という。売上高から原料費と外注部品費を引いたもので、人件費、利子、利潤の合計に等しい。付加価値生産性は労働者1人当たりの付加価値額をさす。1人1時間当たり2万円の付加価値を、改善により4万円に増やせば、付加価値生産性は2倍になる。

る（コントロール）イメージが強い。このような一方向の労務管理は長続きしない。経営資源としての人、生産要素としての労働は価値を生み出す原動力であるから、人間の持っている専門性などの能力を仕事へ活かさなければならない。

人はモノやお金や情報と違い、1人ひとりが感情や意思を持った人間で、主体的判断力を持つ個人の集合体である。人の能力とやる気をいかに引き出し、いかに活用するか、そして1人ひとりの「労働生活の質」（QWL：Quality of Working Life）をいかに向上させるかは双方向の労務管理である。QWLは作業能率の向上と人の職務満足の同時達成を目指している。仕事をやらされるのではなく、仕事から満足を得るのである（セル生産方式が代表的なQWLである）。そのためには単調作業や危険作業に代わり、仕事から得られる啓発要素や人格形成要素を多く取り入れる作業設計が重要になる。これが労務管理の他の経営資源管理との違いである。永遠のテーマでもある。

3　労務管理の発展

労務管理の発展を大まかにまとめると**表11-1**のようになる。

(1) 労働の経済人・機械人（アメとムチ）

1903年版のテーラー（F.W.Taylor）による「差別出来高払制」は、課業（Task）[注3]を達成した人には割増賃金を、達成できなかった人には低賃金を支払う制度であった。人間を金銭的報酬と懲罰だけに反応する経済人・機械人とみていた背景がある。

(2) 生産性と人間関係

1924～1932年にレスリスバーガー（F.J.Roethlisberger）とメイヨー（E.Mayo）らはホーソン実験を行った。その結果、従業員の生産性や労働意欲は「物理的で客観的な作業条件」よりもむしろ、「精神的で主観的な職場の人間関係」に左右されるという人間関係論的組織論を体系化させた。

注3　課業（Task）：1日の標準仕事量を科学的な研究によって設定するものである。標準時間で1日の仕事量（作業量）を設定するものである。例えば、車にタイヤ1個取付ける標準時間が10分なら1日420分稼働として42個のタイヤ取付けが「課業：タスク」になる。

表11-1　労務管理の変遷

年代	管理の発想	代表的提唱者	生産性向上手段
1900年代	アメとムチ 労働の経済人	FWテーラー FBギルブレス	人は金銭的報酬と懲罰だけで行動する。人間の経済人、機械人モデル
1920年代 1930年代	人間関係論	メイヨー、レスリスバーガー	ホーソン実験から人間の労働意欲は物理的な作業条件や雇用待遇より、精神的な職場の人間関係にあると説いた
1930年代 1940年代	個人と組織の共通目的	バーナード サイモン	組織を維持、活性化するには組織目的と組織を構成する人々に共通目的をもつことの重要性を説いた
1940年代 1960年代	モチベーション論	マズロー マグレガー	やる気を引き出すには満たされている欲求より高次の欲求を充足させる動機付けが重要である。人間は生まれながらにして怠け者でなく、組織目標と個人目標の統合による動機付けが有効であるとした
1960年代	リーダーシップ論	リカート	組織のリーダーシップにおいては、集団参加型リーダーシップが動機付け、生産性向上を維持でると説いた。また求められるリーダーシップは状況によって異なることも唱えた
1960年代	人的資源管理	—	人間を単に労働力として扱うのではなく、感情を持つ人間（人材）として位置づけ、人間のもつ能力を教育・訓練より高め、やる気を引き出すには職務再設計（拡大、拡充）などが重要としている
1970年代	労務の人間化 QWL	—	作業の成果だけではなく、仕事から生きがい、達成感などの報酬を得ようとする発想である。労働の人間回復を目指したものである

(3)　個人と組織の共通目的と労働意欲

バーナード（C.I.Barnard）は「経営者の役割」（1938年）の中で組織を成立し、活性化し、維持するには、組織と組織を構成する人々に共通目的を持つことが重要であると説いた。

(4)　動機付けと人間行動

マズロー（A.H.Maslow）は1943年学術論文「A Theory of Motivation」の中で欲求5段階説（低次欲求から順に生理的、安全、社会的、自尊、自己実現）を説いた。人間のやる気を引き出すにはすでに満たされている欲求では動機付けに役に立たず、より高次の欲求充足が求められることを説いた。

(5)　リーダーシップ論と労働意欲

1961年リッカート（R.Likert）は組織におけるリーダーシップ、動機付け、などの特徴にもとづいて、組織管理では集団参画型が全面的に参加を認められ、動機付けられ、帰属意識が高くなり、長期間にわたって高い生産性を維持できると説いた。

(6) 労働力管理から人的資源管理へ

1960年代からの人的資源管理（HRM：Human Resource Management）は働く人間を労働力としてだけでなく、個性と感情を持った人間として“人材/人的資源”と位置付け、人的資源最大限発揮させることを目的とした。

(7) 労働の人間化—QWL

1970年以降、労働生活の質（QWL：Quality of Working Life）が注目された。QWLは作業の成果だけではなく、仕事から生きがい、達成感などの報酬を得ようとするものである。作業を安全で、役に立ち、面白くするように再設計することで人間の労働化の回復を目指したものである。

4 人間課題と労務問題

4.1 人間の課題

人間の課題は①職位、②人の能力、③ライフサイクルの3側面からとらえることができる（図11-2)。

(1) 職位と役割

製造現場で働く作業者（現業者）は使う設備、道具が決められているばかりでなく、作業方法や時間まで細かく決められた条件の下で作業をする。

製品設計、生産技術、情報技術などの技術者/専門者は高度な専門知識を活かし、課題解決に取り組む。人が主役であり、現業者のようにこと細かく決められた条件下で作業することはない。

管理者は上位者、経営者の目標実現のため部門組織を運営する。構成員の能力引出しと統率力が求められる。

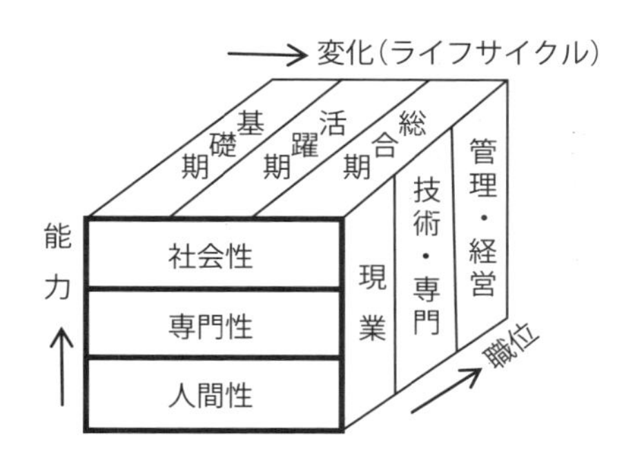

図11-2　人間課題の成り立ち

出所：熊谷智徳「生産経営論」、放送大学教育振興会（1997）p317図12-1より抜粋

経営者は自社を競争優位に導くため、経営資源を有効に活用し、戦略的に事業展開する。強いリーダーシップが求められる。

(2)　人の能力の内容

人間の能力には3つの視点がある。人間性と専門性と社会性である。人間性の能力とは健康で人格者で魅力あることをさす。専門性とは仕事へ専門能力であり、QCD性能である。社会性とは家族、組織、社会の一員としての知見と相互尊重の能力である。

(3)　ライフサイクル

人間は就労を通じて成長しなければならない、通常は経験とともに成長する。入社後10年までの若年期には基礎知識を習得する時期で基礎期といえる。中堅時代の30歳代から50歳代までは、最も活躍する時代で、専門性を活かしながら、将来の目標を見据えて活動する時代であり、活躍期といえる。ベテランになると総合的に安定する時期になり50歳代になる。専門性の水準が高くリーダーや指導者の立場にある。企業経営に一番貢献できる年代であり、総合期といえる。

要約すると、人間課題は職位によって異なる。また、人間の能力は専門性だけでなく、人間性、社会性から成り立っている。そして、人間は各職務において能力開発を行い、就役し、保全を行い、変化に対して改良しながら年齢とともにライフサイクルを経て貢献していく。

4.2 職位と人間課題

(1) 現業者

現業者の人間課題は健康性と精神性と環境への感覚性からなる。

【健康性】

安全第一であることはいうまでもない、次に過労防止である。過労になってからでは間に合わない。設備の予防保全も大事であるが、人間の健康保全はもっと重要である。

【精神性】

単調な作業は面白くなく、ストレスも溜まる。精神衛生上良くない。ストレスは万病のもとであるが、特に、うつ病、神経症は完治が難しいといわれている病気である。

【感覚性】

働く職場が汚い、危険、臭い、煩い、などは言語道断である。危険作業、過労防止、単調作業からの解放は労働災害抑止に役立つ、定期健診はもとより、作業設計に感覚性を取込む必要がある。2つ例をあげる。

1つ目は今でもプレス作業中の指の切断が多い話を聞く、プレス機械にレーザー光線を当て、指の侵入を検知してブレーキをかける。危険防止、指を守る作業設計である。

2つ目は単調作業中、放送を聴きながら行う実験を、1970年前後に熊谷智徳氏（名古屋工業大学名誉教授）は研究室で行っていた。作業者が興味深いコンテンツ（音楽、英会話など）をヘッドホンで選択して聴きながら作業する方式である。工場騒音を遮断でき、楽しく作業でき、場合によっては教養も身に付く、生産能率がほとんど低下しないとのことであった。一石二鳥超えである。

(2) 管理者、専門者の人間課題

【管理者、技術者/専門者】

現業者が機械化、自動化で業務効率が高いのに比べ、管理者、技術者/専門者は業務効率が低い。逆に現業者は人間性疎外が起こっているが、管理者、技術者/専門者は人間性が高い。技術者などの業務効率の低いのはロスが多いといわれているからである。技術者のロスには①雑用が多い、②技術者の知識やノウハウが個人の頭の中に埋没している、③業務遂行の手順化が遅れている、

④余談・雑談、根回しが多い、⑤業務遂行の標準スピードがわからない、概して遅いなどがある。

管理者、技術者/専門者の業務向上策の1つは雑用やコミュニケーションなどのロスを減らすことである。特にコミュニケーションは口述と記述を含め稼働時間の40%を占めているという調査もある（須賀雅夫著：「システム工学」、コロナ社（1981）P130図4.1より）。2つは定形作業や繰り返し作業などを機械化、システム化、標準化で効率を上げることである。3つは個人の頭の中にある知識、技術、ノウハウを客観化し、共有化することである。そのためにはIT技術の力を借りなければならない。

(3) 経営者の人間課題

経営者の人材に望む条件に「仕事の能力：P性能（Performability）」と「人徳性：M性能（Maintainability of Relation）」がいわれている。仕事の能力とは経営者として仕事を成功させるための能力（使命、革新、国際的視野、リーダーシップ、企業家精神など）と意志力（積極的挑戦、強靭不屈、勇気、情熱など）と知力（創造、個性、英知、客観など）である。仕事の能力だけではなく、人間性（人徳性）への関心も重要である。人徳性とは人間性（正直、信頼、誠実、協調など）や印象性（表現力、スマート、ゆとり、ユーモア、国際性など）のことである（図11-3）。経営者は自社の組織に明確な目標を与え、道筋を示し、リーダーシップを発揮することで、企業業績を向上させる役割の「仕事中心型」と同時に組織構成員に関心を示し、意見を聴いたり、相談にのったり、支援することに積極的で、組織構成員から尊敬される「人徳型」の両方を兼ね備えた人材が求められる。

経営者の人材開発（P性能とM性能）は基本的に自己開発にある。「常に本当はどうあるべきかを求めて、その実現へ献身する人」である。自己開発の場は日常の行動の場の中にある。行動に臨むごとに本当はどうあるべきかを考え、実行していく、自ら行動規範を作っておき、実践し、自省する。ところが現実にはP性能-M性能の優れた人材ばかりが経営者になっているとは限らない。P性能-M性能の悪性な人間が経営者になっている場合もある。悪性を駆使して地位を得ることから始まり、周りの人間を巻き込み同化させ、そればかりではなく、真に優れた人材を排除し、人の成長を妨げたりする。悪性な経営者は企業をも滅ぼす。経営者の重要な人間課題は、優秀な人材開発が可能にな

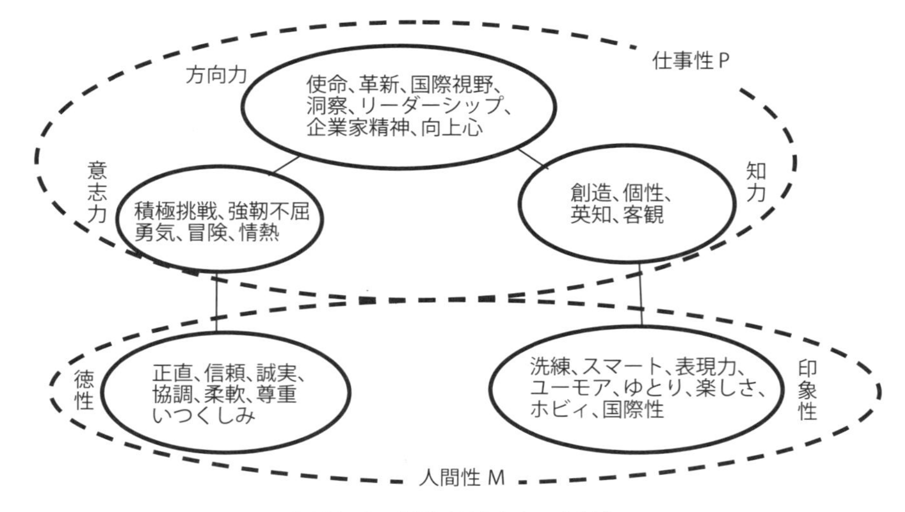

図11-3　経営者が求める人材像

出所：熊谷智徳「生産経営論」、放送大学教育振興会（1997）図12-6より抜粋

るような状況を作ることにある。

(4) ライフサイクルからの人間課題

企業の中で人間は基礎期（20～30歳）、活躍期（30～50歳）、総合期（50～60歳）に分けられる。各期に到達しておくべき課題（P課題-M課題）がある。現業者の基礎期には仕事を覚え、能力開発を行い、仕事能力を高めると同時に、改善手法を身に付け、改善を実践する力を身に付けるP課題の達成と、集団の中で協力し合う協調性、素直、勇気、忍耐力などのM課題の達成がある。また、健康や安全や環境に対する認識を仕事に生かすことができるようになることが課題クリアの条件になろう。

これらの課題に対する取り組みは生まれたときから始まっている。家庭や学校や社会で順調に養成されているならば問題はないが、この課題を先送りすると取り返しが容易でない。大学を卒業する学生が本当に大学でのP課題-M課題をクリアして卒業しているだろうか。先送りをして卒業させていないだろうか。例えば、製造業なら不良品の出荷である。ライフサイクルにおける人間課題は製品課題（製品のQCD課題）のように明確な規定がないところに問題がある。子どもは生まれて1歳で歩き、2歳で言葉が出、3歳でおしめが取れ、など成長とともにできるようになる標準の成長課題である。基礎期、活躍期、総合期の到達課題を企業規範として制定し、運用することの必要性を強く感じている。

5　労務管理の体系と能力開発

労務管理は2方向から体系付けられる。1つは人間のもつ労働力の効率的な使用と、労働力の向上、さらには、仕事から満足を得る人事管理である。2つは労働者と経営者の利害対立の調整をする労使関係管理である（図11-4）。

本節では人事管理の中からOJT、Off-JT、CDPなどの教育・訓練について考察する。

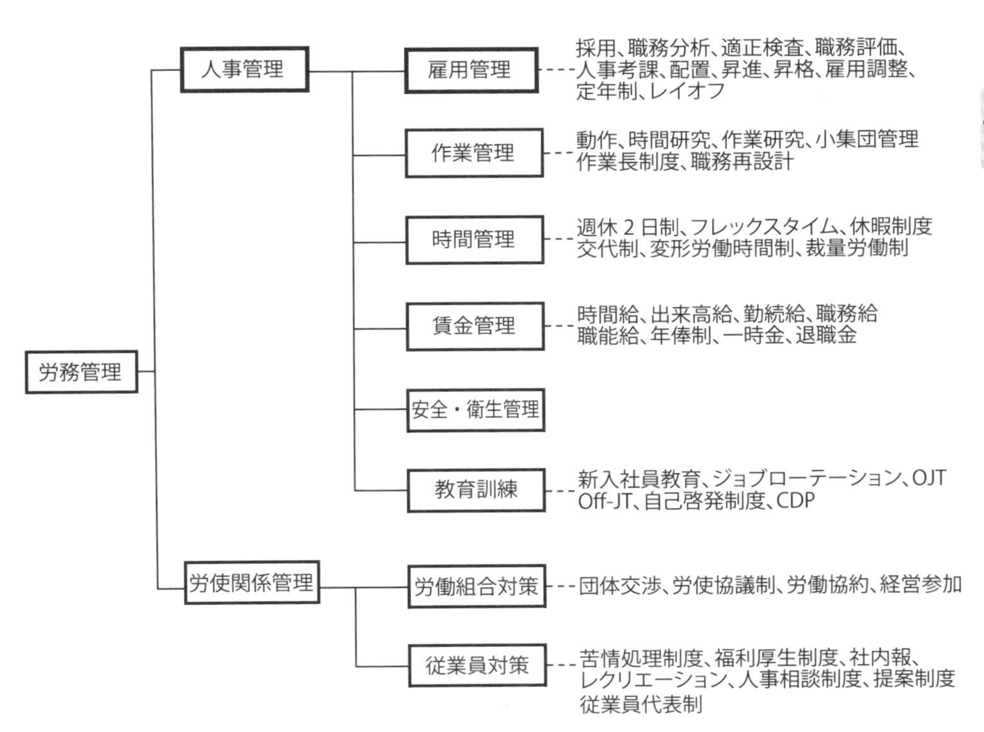

図11-4　労務管理の体系

5.1　教育・訓練—能力開発

採用された新入社員への教育・訓練期間は短くなっている。バブル崩壊前のように1年や半年かけて行う企業は稀で、10日間～1か月間が通常である。はじめに職種に関係なく、採用された従業員が入社後に職場で行われる能力開発を述べ、次に職位別能力開発を述べる。

(1)　OJTとOff－JT

教育訓練には、職場で実際に仕事をしながら作業手順や要点、操作方法や技能を教えるOJT（On the Job Training）と、職場を一時的に離れて研修所などで行うOff-JT（Off the Job Training）がある。前者は先輩から後輩へマン・ツー・マンかそれに近い形で教育指導が行われる。本人の達成レベルに合わせながら指導が進められる。教育訓練の内容も本人がこれから行う仕事そのものであるために習得への動機付けが高く、教育効果が高い。

Off-JTは外部の専門家や教育スタッフや、教育内容に精通した技術または経営スタッフによって行われるので、質の高い、均質な内容が教授される。

OJTは職種に関係なく仕事を覚える、一人前になる手段としては、最も効果的な方法である。

(2)　CDP

さまざまな仕事を経験させながら人材を育成するという発想は昔からあった。これを制度化し、個人個人のキャリア目標を上司または人事部門と当事者が話し合い、目標を達成するための育成計画を定め、計画に沿って人事を進めるようにしたキャリア育成手法がCDP（Carrier Development Program）である。目標に至る途中の職務、業務を“キャリア・パス”（Carrier Path）という。仮に、ある技術者の目標が工場長になることだとすると、製造現場の中だけで昇進させるのではなく、研究開発部門や経理部門や営業部門などの業務もキャリア・パスの中で経験しておくことが望ましい。

(3)　TWI

監督者が部下や組織員に指導するための教育訓練にTWI（Training Within Industry for supervisor：監督者のための企業内訓練）がある。OJTで指導する先輩は素人であり、技能、知識にバラツキがあり、指導する先輩によって教育差がでることに欠点がある。監督者はTWI研修により、教える技能、人を扱う技能、改善方法の指導、安全教育の指導などを習得し、部下に対して公平に、効率的に教育できることをねらった能力開発である。

5.2　職位別教育訓練

次のような職位による教育訓練（能力開発）が大企業を中心に取り入れられている。理由は職位によって役割が異なるからである。職位による役割を最大限に果たすために必要な能力と実行力を養う教育訓練である。

①経営者（Top Management）の能力開発
②管理者（Middle Management）の能力開発
③技術者/専門者（engineer/specialist）の能力開発
④現業者（Worker）の能力開発

(1)　経営者の能力開発

本講4.2節経営者の人間課題で述べたように、経営者の人材開発（P性能とM性能）は基本的に自己開発にある。「常に本当はどうあるべきかを求めて、その実現へ献身する人」である。近年、コンサルタント会社が主催している経営者能力開発では戦略の立て方、目標に向けての道筋のつけ方、リーダーシップを発揮しての実現方法や動機づけ方法などがプログラム化されており、戦略を実現するための能力開発として準備されている。

また自社のSWOT分析（Strength（強み）、Weakness（弱み）、Opportunity（機会）、Thread（脅威））を4つの視点 から評価を行い、経営資源の有効活用を行う能力開発も行われている。

(2)　管理者の能力開発

管理者の人材開発（P性能とM性能）も基本的に自己開発にある。管理者は経営者の決定や指示を理解し、実現する能力が必要である。経営者と管理者の違いは、経営者が企業全体に関わる課題/問題解決を行うのに対して、管理者は部門単位の課題解決になる。規模の差である。経営者の対象とする課題は規模が大きく、管理者のそれは規模が小さい。経営戦略や経営課題を実現するために必要な能力は管理者も経営者と同じと考える。つまり、仕事に対するP性能（専門知識、創造力、リーダーシップなど）とM性能（正直、信頼、人的魅力、心の広さなど）の両方が必要である。この両性能向上の能力開発である。

大手コンサルタント会社が主催している能力開発コースへの参加や、主要大学に設置されているMBA（Master of Business Administration：経営学修士）へ派遣留学、海外留学、などの方法がある。いずれも管理者としての資質を磨き、交渉能力、コミュニケーション能力、国際性を高めるためである。

(3) 技術者/専門者の能力開発

能力開発を通じて自身の専門能力の維持・向上を図ることと、社会的使命を果たせるようにすることが目的である。

技術者/専門者の能力開発の有効性は、担当分野や年齢や専門職志向と管理職志向などのキャリア志向により差異があると言われているが、最も有効な人材開発方法は次の順である。

①先輩や上司の指導・OJT

②責任の重い仕事の経験

③自己啓発

この他にも異分野の研究開発者との共同プロジェクトの推進、新しいプロジェクトの企画・推進、海外留学などがある。

近年、CPD（Continuing Professional Development：継続的専門能力開発）制度を利用して技術者の能力開発を支援する動きがある。この制度は講演会、講習会、シンポジウム、学会、研究会への参加や活動成果の発表を通じて継続的に自己研鑽に努め、適正に業務を実施することによって、技術者としての社会的使命を果たせることを目指している。CPDは日本技術者教育認定機構（JABEE：Japan Accreditation Board for Engineering Educationで技術者教育の振興、国際的に通用する技術者の育成を目的として1999年11月19日に設立）が技術士、1級建築士など国際的に通用する資格団体と連携し、専門能力開発協議会（PDE：Professional Development of Engineers）として、技術者への一貫した能力開発を支援している。

(4) 現業者の能力開発

企業で、早くから力を入れ、実施しているのが現業者への教育訓練である。現業者が職場に配置されると、仕事に従事しながら先輩の指導を受けて覚えていく。OJT方式である。作業改善の方法もOJTや提案制度を通じてマスターする。QCサークルなどの小集団活動から改善方法の習得やリーダーの素養も身に付けていく。現代のように現業者を多能工（1人で複数の異なる作業や工程を遂行する技能を身に付けた作業者のこと）に移行するにはジョブローテーションを組み込むことも必要になる。職務拡大である。やがて熟練工になり指導者になる。

一方、現業者のキャリアパスにラインリーダ→作業長→職長→主任→工長→係長がある。大手コンサルタント会社が企画するCPF資格（Certified Production Foreman：公認職工長（第一線監督者））講習会がある。この講習会は製造業の第一線監督者として必要な高度マネジメント能力（Q：品質、C：コスト、D：納期・日程、S：安全、E：環境、H：人づくり）を有する人材育成プログラムとして案内されている。また、各都道府県職業能力開発協会主管の技能検定がある。技能検定は働く上で身に付けるべき、または必要とされる技能の習得レベルを評価する国家検定制度で、溶接、機械加工、プレス加工など製造業で行われている作業のほとんどが対象になっている。試験は技能水準により特級（1級合格から5年以上）、1級（経験7年以上）、2級（経験2年以上）などにクラス分けされており、経験を重ねながらレベルアップにつなげることができる。これら外部講習会や検定試験は社内での能力開発と合わせて活用すると効果が大きい。

第11講　練習問題

問1
知識・理解

生産要素である資材（Material）、設備（Facility）、労働（Worker）の中で労働の管理が他の生産要素管理に比べて難しいといわれる理由を述べよ。

問2
知識・理解

労働生活の質（QWL）について説明せよ。

問3
知識・理解

経営者に求められる条件にP性能とM性能の両方が必要といわれている。このP性能、M性能について説明せよ。

問4
知識・理解

能力開発に関係する次の語句を説明せよ。

（1）OJTとOff－JT
（2）CDP
（3）TWI

問5
思考・判断

基本給決定に日本が伝統的に取り入れてきた職能給に変わり成果主義を採用する企業が増えつつある。次の設問に答えよ。

【設問1】職能給について説明せよ。
【設問2】成果主義について説明せよ。
【設問3】成果主義の問題点について述べよ。

問6
関心・意欲

日本企業の中にも時間をかけて教育する余裕がないとのことで、即戦力になる人材（中途採用）の採用が増えてきた。即戦力になる人材とはどんな人材か。また経験者である中途採用だけに偏った場合の問題点を指摘せよ。

※解答例は242ページ

作業管理

学びのポイント

(1) **良い作業設計とは何か。**この作業の中に人間性（生甲斐、人間の成長）を取り入れた作業設計の意義があることを習得しよう。

(2) **作業の構成内容とは。**変形・変質を行う主作業に前後して部品の取付け、取外しを行う付随作業など、どんな作業でも作業の構成内容は同じになることを学習しよう。

(3) **工程能力を具体化するのは何か。**具体的な工程能力は作業設計により達成されることを理解しよう。

(4) **作業研究とは何か。**現場作業の効率化を図るため、作業研究、動作研究として20世紀初期から行われていた。テーラーやギルブレスによる作業研究の方向を学習しよう。

(5) **作業分析とは。**作業分析は人と設備（機械）に対して行うものであり、どのような目的で、何の手法で分析し、ムダをどのように発見し、改善するかについての、一連の進め方について習得していただきたい。

(6) **QC工程表および標準作業書とは。**QC工程表の内容、標準作業書の内容を把握すると同時に、なぜこのような標準類が必要であったかについて学習しよう。

(7) **品種切替作業とは。**品種切替作業が重要視される理由を考えながら効率的に切替作業を行う方法を学習しよう。

(8) **作業改善のアプローチ方法とは。**作業改善には改善のための原理原則、改善原則、動作経済の原則など多くの目の付けどころが研究されている。これらの内容と適用方法を学習しよう。

キーワード

作業設計、人間性作業設計、作業の構成、IE、連合作業設計、作業研究、作業分析、作業改善、タイムスタディ、標準化、要素作業、QC工程表、標準作業書、品種切替、改善の原理・原則、5W1H

1　作業管理とは

1.1　作業と作業目的

作業は素材に対して変換情報をもとに設備と労働が働きかけ素価値体を高価値体へ変換を行う。変換を行う具体的行為を作業という。作業により高価値体へ変換される（図12-1）。作業には高価値体へ変換する正の部分と、同時に時間と費用を費やす負の部分が共存している。作業は高価値体への変換が目的である。

1.2　作業管理と人間性設計

計画されている品質課題、コスト課題、時間課題を達成するための活動を作業で行っている。正の部分である品質課題の達成だけではなく、負の部分であるコストと時間を小さくする管理である。QCD課題を同時に達成できるように作業設計を行い、設計通りに達成するための管理が作業管理である。近年は作業を通じて人間成長を目指している。1つは作業からの人間成長である。これには単調作業の繰り返しではなく、1人で製品を完成させる達成感、満足感を得る成長である。2つは作業のキャリアパスを制度化して作業者の技術水準を上げていきながら、本人の希望を達成する成長である。モノづくりの作業現場にも作業設計を通じて、多くの人間性成長の機会が存在している。

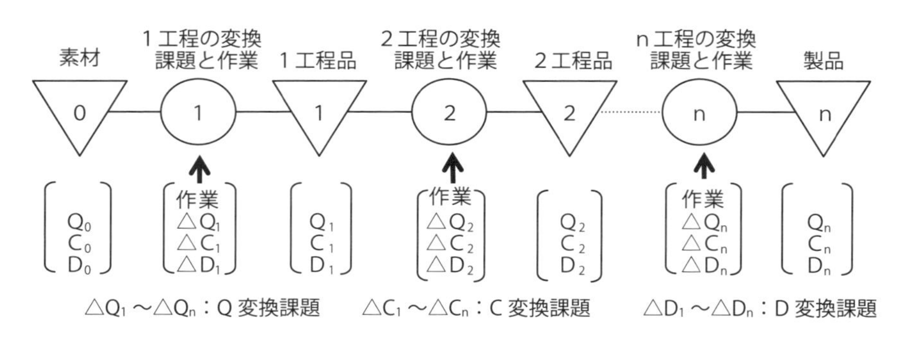

図12-1　工程と変換課題と作業

2　作業の構成

2.1　作業の構成内容

機械加工の作業は第4講3.3節で述べたように主体作業と準備後始末作業から構成される（表4–1参照）。主体作業は生産ロット内の1個1個のワークについてくり返し行われるサイクル作業になる。準備後始末作業は品種切替作業として1ロットに1回発生する。そして、作業システムを設計するときはQCD支配をもつ単位作業[注1]視点が重要である（詳細は第4講3.3節参照）。

2.2　品種切替作業—（段取作業）

多品種生産の生産ラインは、品種切替が重要な課題となる。品種切替の都度、多くの時間がかかったり、切替の拙さから次の製品品質に悪影響を及ぼす問題である。

少ない時間と費用で次の製品品質を保証するための品種切替作業は、切替工程とそれを実現する切替作業と切替管理の3つから成る。品種切替が安全に素早く正確にでき、かつその後に生産される製品QCD課題をクリアしなければならない（第4講3.4節参照）。

3　作業計画

3.1　工程能力と作業設計

QCD工程能力を満足させる優れた作業方法を確立することが作業設計であ

注1　単位作業とは作業レベルを大きさの順にまとめると、まとまり作業→単位作業→要素作業→単位動作になる。車のヘッドランプ取付け（まとまり作業）のために行う、ヘッドランプを取り、フェンダーに合わせる、ボルトで固定するなどは単位作業になる。ボルトで固定するために行う、ボルトを取り、ボルトをねじ込み、ヘッドランプの固定状況確認する、などは要素作業になる（泉英明「生産工学」、日刊工業新聞社（1994）P21図1.5参照）。

る。

(1) Q作業設計

変換の結果、製品品質を満足するための作業設計がQ作業設計である。

(2) C作業設計

変換コストを決める作業設計がC作業設計である。ここでのコストは労務費と設備償却費からなる加工費である。

(3) D作業設計

生産能力を決める時間の作業設計がD作業設計である。ロット加工作業と品種切替作業の設計が含まれる。

(4) QCD連合作業設計

QCD作業設計を単独に進めるのではなく、連携させ、QCD工程能力の同時達成を満たす作業設計である。

(5) 効率的作業設計をするための基礎

作業設計は通常IE[注2]技術者が行う。優れた作業設計をするには、作業をするとき使われる材料・工作物および機械・設備の性質・特徴を把握し「人、モノ、機械」の諸条件を総合的に考慮して行なう必要がある。そして「何がムダか、ムダ発見する能力」「作業設計手法」「人間性設計手法」の知識も必要になる。本講では最も古くから研究されている作業研究について述べる。作業研究はIEの基礎であり、長年にわたり製造業の生産性向上に貢献してきた。

3.2 作業設計と作業研究

3.2.1 作業研究とは

作業研究は20世紀初期、テーラー（F.W.Taylor）の科学的管理法およびギルブレス（F.B.Gilbreth）の動作研究から始まったといわれている。それまでは同じ作業でも作業方法や作業順序が作業者によりまちまちであった。作業のための基準や標準がなく、作業者個々人の成り行きに委ねられていた。

テーラーやギルブレスは標準による作業管理を提唱した。そして、標準の設定に科学的根拠を持たせるようにした。テーラーは個々の作業に時間を設定し、これを標準時間とした。標準時間で作業を行うように管理した。

一方、ギルブレスは作業者によってまちまちな作業法を研究し、最適な作業

注2　IE（Industrial Engineering：産業工学または生産工学）については次ページIEの定義参照。

法を見つけ、個々の作業について標準作業方法を設定した。標準作業方法による管理を行った。その後に動作・時間研究として作業研究に統一され、作業改善、作業設計、作業標準などの設定・改善に役立っている。現在では下記IEの定義でもわかるように、生産資源を有効に活用するための総合的工学技術である。

ここがポイント!!

【IEの定義】

IEは、人、設備、材料・資材、情報、エネルギー等の生産資源を有効に活用するための、作業システムの、設計、導入、運用、改善に関する総合的工学技術である。

3.2.2　作業研究の発展

作業研究はもともと製造現場の生産性向上のために考えられた学問であり、手法であるため、初期は作業時間の短縮、時間管理が主であった（狭義の作業研究）。この思想は製造分野だけではなく、他の技術分野、事務分野、営業分野などにも適用できる。また他のシステム工学、オペレションズ・リサーチ、人間工学、コンピュータシステム、統計分析手法などの学問から影響を受けながら、経営や管理にも適用できるように発展し定着した。その後に品質管理や原価管理などほかの管理手法の影響を受け、QCD管理に適用できる（広義の作業研究）まで広がり、工程QCD能力を実現できる技法になった。

本節では方法研究の例として連合作業分析について述べる。

3.2.3　連合作業分析

(1) 連合作業分析とは

連合作業分析とは、人と機械、または人と人の組み作業のように、連携して行う作業を対象に分析する方法をいう。分析の主体が作業者と機械の両方におかれる。

(2) 連合作業分析の目的

連合作業分析の結果から、連合作業（人と機械、人と人、機械と機械など）の組み合わせロスを見つけ出し、改善し、組み合わせロスを少なくし、連合効率を高めることが目的である。

(3) 連合作業分析の着眼（人―機械作業分析）

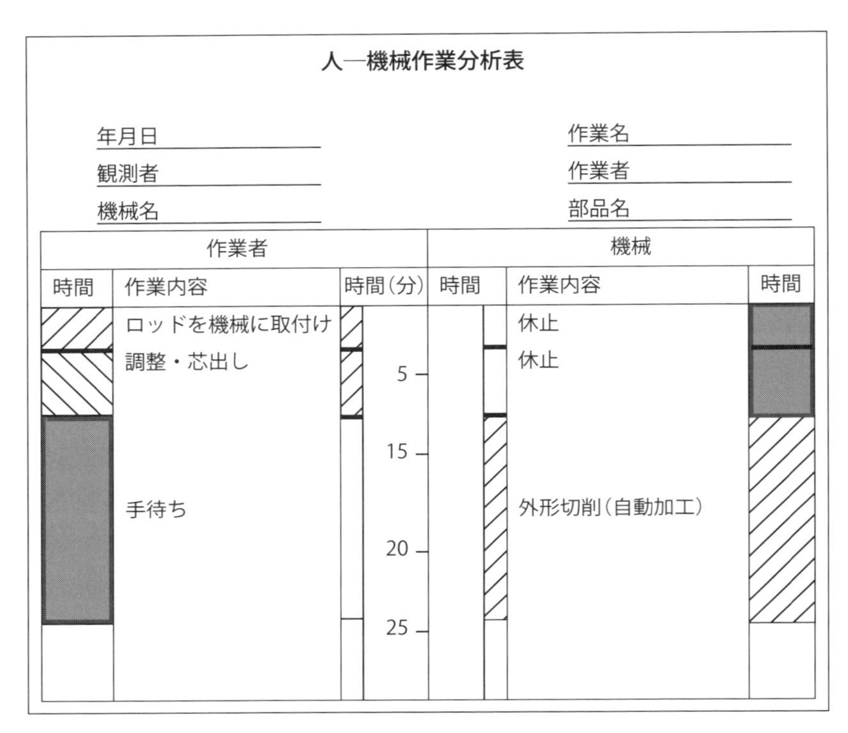

図12-2　人―機械作業分析表

人や機械の待ち状態、組み合わせロス、負荷のアンバランスなど、組み作業に関連する問題の発見に着眼する。

(4) 連合作業分析方法

連合作業分析には、作業者と機械の台数により、1人―1台、1人―複数台、複数人―1台、複数人―複数台の組み合わせが考えられるが、説明の都合上、1人―1台の人―機械作業分析を説明する。図12-2を見ていただきたい。

○分析表の左側には、作業者の作業内容、右側には機械の稼働状態、中心部には時間目盛（単位：分）の記入欄を設ける

○作業者および機械とも単位作業（または要素作業）にかかった時間を記入する

○時間はDMストップウオッチ法（DM：デシマル・ミニッツ1分を100分割する方法、0.50DMが30秒になる）を用いて測定する

○計測した時間値は、作業単位の個別時間と累計時間の両方を求め、個別時

表12-1　人─機械作業分析結果の総括表

	作業者		機械	
	時間	割合	時間	割合
作業	18.50	55.2	18.50	55.2
運搬・移動	2.30	6.9	—	—
検査	2.30	6.9	—	—
待ち・停止	10.40	31.0	15.0	44.8
その他	0.0	0.0	0.0	0.0
サイクル	33.50	100%	33.50	100%

注）表12-1と図12-2とは関連性がないことに注意

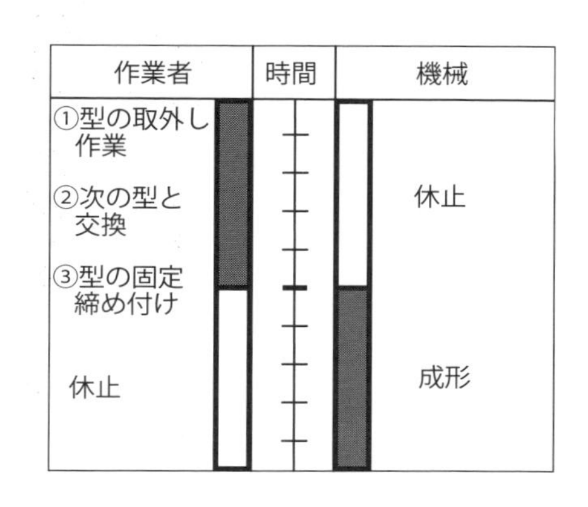

図12-3　旧方式での成形作業

間は左右両端に、累計時間は真ん中に記入する

○分析は時系列的に矛盾しないように表す。例えば、機械の切削加工を作業者が監視する場合は、作業者の監視と機械の切削加工は同じ位置になるように時間を記入する

【改善の着眼】

作業者の手待ち、機械の休止時間を少なくする方法を考える。

(5)　連合作業分析結果の総括表

連合作業分析の結果は人─機械作業分析結果の総括表にまとめる（表12-1）。この総括表から作業者のサイクル作業中に占める実作業割合が55.2%と低い、逆に待ちが31%と高い。機械についてもサイクルに占める加工時間の割合が55.2%と低く、停止時間が44.8%と高くなっている。

一般にサイクルに占める作業別割合は、人および機械とも実作業が80%、運搬・移動が5%、検査が5%、手待ち・停止が5%、その他が5%といわれている。

(6)　連合作業の改善例

【旧方式】

1人の作業者が1台の成形機でファッション商品を成形していた。そのときの人-機械作業分析表を図12-3に示す。成形時間は10分、金型交換時間5分であった。

【新方式】

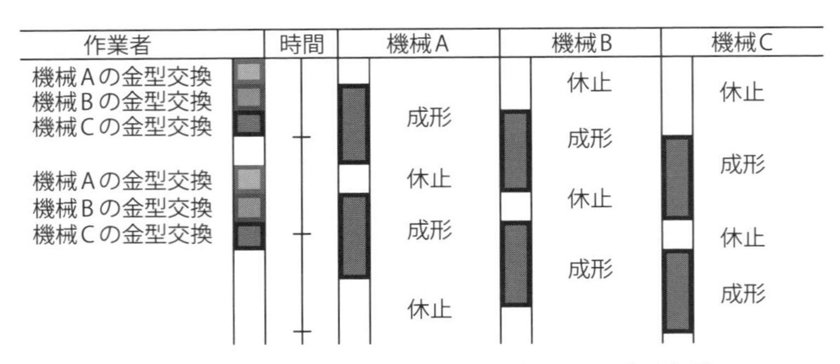

図12-4　新方式（1人3台持ち作業）による成形作業

図12-4は金型取外し、次の金型の取付け・締め付け作業を改善し、交換作業を3分に短縮し、1人に3台の成形機を受け持たせたときの作業分析表である。

旧方式の作業方法では、作業者の実作業割合が33.3%（5/15分）、機械の場合は66.7%（10/15分）となり、作業者の手待ちが67%、機械の休止が33%になる。新方式では、作業者の実作業割合が約70%（9/13分）、機械の場合は約77%（10/13分）となり、作業者の手待ちが30%、機械の休止が23%になる。新方式では作業者の手待ちや機械の休止時間の短縮効果も大きく、生産性が旧方式（1個/15分）に比べ新方式（3個/19分）の場合は約2.5倍と高くなる。

4　作業統制

作業設計が作業管理の作業計画に相当するのに対して、作業計画通りに行わせるのが作業統制である。作業統制には品質を統制するQC工程表、作業標準、検査などがあり、コストや日程を統制する標準作業書、進度管理表などがある。本節ではQC工程表と標準作業書について述べる。

4.1　QC工程表

（1）QC工程表とは

表12-2　QC工程表

工程名	使用設備	管理項目	品質特性	規格値	検査方法	関連資料
材料受入		品名、数量 材質、外観	物性	材料基準	目視	
加工Ａ	ＮＣ自動盤	軸径寸法	φ1.5±0.05	製造基準	マイクロメータ	作業手順書 作業標準書
加工Ｂ	ＮＣ自動盤	軸径寸法	φ3.5±0.1	製造基準	ノギス	作業手順書 作業標準書
加工Ｃ	ＮＣ旋盤	軸長寸法	φ8.5±0.3	製造基準	投影機	作業手順書 作業標準書
梱包	梱包機械	梱包姿		梱包基準	目視	

品質保証を行うための代表的な管理手段にQC工程表がある（表12-2）。QC工程表は材料・部品の受入検査から製造工程、出荷検査まで全工程にわたる流れ、管理項目、管理基準、管理方法などを一覧表にしたものである。

QC工程表は、品質をつくり込む各工程で、どのような製造条件をコントロールすべきか、どのような品質特性を誰がどのようにして、確認すべきかを表したものである。

(2) QC工程表の具体例

QC工程表は、工程ごとに次のような項目について記載される。

①工程名……………材料・部品の受入から出荷検査まで工程順に工程名を記入
②使用設備…………工程ごとに使用する設備や工具を記入
③管理項目…………管理の対象になる項目を記入
④品質特性…………厚みや硬さや重さなど、各工程で管理する品質特性を記入
⑤規格値……………格工程の管理項目の規格値を記入
⑥検査方法…………品質特性の検査方法を記入
⑦関連資料…………工程で使用する作業手順書、作業標準書などを記入
⑧異常処理…………異常があった場合の処理方法を記入
⑨その他……………担当者、記録、頻度などを記入

4.2 標準作業書

(1) 標準作業書とは

標準作業書は作業を行うとき、良い品質の製品を、安く、早く、安全につく

表12-3　標準作業書

作業名	△△△荒切削	部品名：×××		
使用設備	手動式旋盤	部面番号：□□□		
使用治工具	バイト	作業者：1人		
測定機器	マイクロメータ	工程名：M ライン工程		

順序	作業内容	注意事項	略図	時間(分)
1	材料をチャックに取付け			2.5
2	芯押台で材料を固定する			1.5
3	バイトを確認	○超合金バイト ○バイトのすくい角と逃げ角を確認 ○刃先が工作物の中心を確認	すくい角 / 工作物 / バイト / 逃げ角	0.5
4	切削条件	主軸回転数、切削速度、安全性		
5	切込み量	2mm 以下		

るための作業方法を人中心にまとめたものである。具体的には次のような項目からなっている（表12-3）。

①作業順序……………………作業優先[注3]、作業のやりやすさ、効率の良さから順序を決定

②作業内容……………………実際に作業する内容

③使用設備……………………作業するときの使用設備

④使用治工具…………………作業するときに使用する治具と工具

⑤作業時間……………………作業に対する標準時間

⑥作業時の注意点……………作業するとき特に注意すべき点を列挙

⑦その他………………………工程名、部品番号、作業者人数などを記入

作業標準書は作業計画をコントロールするための手段であると同時に、さらなる改善のための基準になる。作業改善をすれば、当然標準作業書も作り変えなければならない。

(2) 標準作業書の目的

作業者が誰であろうとも、作業者が変わっても、同じような作業方法で行えることを目的とする。つまり、作業者が誰でも、良い品質の製品を、安く、早く、安全につくるための作業方法を指示した内容である。

注3　優先順位（priority）：この作業（タイヤはめ込む）が終了した後でないと次の作業（ナットで固定）ができない関係をいう。タイヤはめ込み作業はナット締めに優先する。

5　品種切替作業管理

5.1　品種切替とは

同一生産ライン、あるいは同一設備で複数の製品を生産する場合、生産する製品が変わるごとに、今まで生産している製品からこれから生産する製品のため準備が必要になる（金型の交換、治工具の交換、制御プログラムの変更など)。これを品種切替といい、品種切替のための作業を品種切替作業という。

5.2　切替工程課題と切替システムの性能

品種切替で達成すべき工程課題は、次に生産する製品への品質を少ない費用と少ない時間で実現することである。このことから切替システムの優秀性は、切替後に生産する製品品質を維持でき、切替コストを小さくし、切替時間が短くなるような切替システムの総合的評価になる。いくら素早く品種切替が済んでも、切替後に生産する製品品質が維持できないならば、品種切替システムに問題がある。

5.3　品種切替管理

(1)　品種切替計画

品種切替作業の設計が品種切替計画になる。品種切替作業の設計は次に生産する製品品質維持を、少ない費用で、少ない時間で達成できるようにすることはすでに述べた。そのため準備の外段取化、工具の専用化、締付作業のワンタッチ化などあらゆる改善案を検討してから設計すべきである。

(2)　品種切替作業の統制

①標準品種切替作業書の整備

品種切替作業設計通りに作業をしなければならない。そのためには誰が品種切替を行っても、安全で、次につくる製品の品質が保たれ、安く、早く切替ができるように「標準品種切替作業書」を準備する。

②標準品種切替作業書が準備できたなら、これに基づき教育・訓練を実施す

る

③教育・訓練段階で不都合がでてきたならば、さらに切替作業を改善し、標準品種切替作業書をレベルアップする

(3) 標準切替作業時間による管理統制

①作業者ごとに切り換え作業時間を測定する

②標準時間内で切替作業が行われているかを把握する

③標準作業時間内で切替作業が行われていない場合は、さらにどの作業内容で時間が多くかかっているかを見つけ出し、その原因を究明する。

作業方法に問題がある場合は、標準作業方法を教育・訓練して、標準作業間内でできるようにする。

6 作業管理に役立つ5S、ロケーション管理、見える化

6.1 5S

5Sは整理（Seiri）、整頓（Seiton）、清掃（Seiso）、清潔（Seiketsu）、躾（Sitsuke）の頭文字がSになることから名付けられた。職場の安全のみならず、作業効率の向上に役立つものとして、製造現場のみならず、特に事務作業などの間接業務にも適用され、適用範囲は広がっている。5Sの内容を考えてみる。

①整理：必要なものと不必要なものを区分し、不必要なものは取り除く

②整頓：必要なものが必要な時に、すぐに取り出せるようにしておく

③清掃：ゴミ・汚れなどをなくし、きれいに掃除し、点検する

④清潔：整理、整頓、清掃された状態を維持する

⑤躾：決められた事を守れる習慣づけを行う

日常の仕事でムダな探す時間がいかに多いかを考えただけでも5Sの重要性は理解できよう。

6.2　ロケーション管理

ロケーション管理とは、モノを保管する1つの方法で、保管場所とそこに置く品物の関係を対応させた管理方式をいう。商品が点在している場合は、必要な商品を探す時間が長くなる。しかし何がどこにあるかが明確にされておれば、探す時間が短くて済む。ロケーション管理は探す時間を少なくするために考えられた方式である。

保管するモノと保管場所を固定化する固定ロケーション方式にすれば、保管するモノがないときは保管場所が空きになり、ムダが発生するので、多くの工夫をこらして（間口を広くする、ロケーションに融通を持たせるなど）、空間スペースをムダにしないようにしている。在庫管理では、フリーロケーション（空いている場所に保管する方法）と固定ロケーション双方の長所をとったダブルトランザクション方式によるロケーション管理が行われている。ピックエリアとストックエリアを定め、ピックエリアは固定ロケーション、ストックエリアはフリーロケーションで運用する、作業効率と保管効率の共存を目指す考え方である。

6.3　見える化

作業は誰が行っても効率の良い同じ方法で行われなければならない。そのために作業手順書、作業指導書、標準作業書などの標準類、基準類を整備している。また、作業をするときに使う道具や治工具が「何が」「何処に保管」されているか明確になっていなければならない。つまり、作業計画→作業実施→作業評価が目で見て管理できるようなしくみである。

作業方法が人によってまちまちである。使う治工具が見つからない、作業中に異常が起こったときの対応がわからない、計画通りに終了したかがわからないなどは見える化が遅れている作業管理である。

7 作業改善

作業改善には品質の改善、コストの改善、時間の改善、安全の改善などがある。品質、コスト、時間の改善は関連が強く、同時に達成されることが多い。例えば改善により、不良品を少なくすればコストも時間も改善される。

7.1 改善課題の見つけ方、選び方

改善課題は無限に存在する。しかし改善するための資源（人、モノ、金、時間など）は有限である。この中で、最大限の効果を上げるには、改善後の効果とそれを実現するための困難性、さらには環境への影響などを分析・評価することが必要である。具体的な評価項目は、①収益性が高いこと、②将来性につながること、③現有技術を利用できること、④実現性が高いこと、⑤安全性が高いこと、⑥環境に悪影響を及ぼさないこと、などがある。

7.2 作業改善のアプローチ

図12-5に改善作業の一般的アプローチを示す。この手順は基本的なものであって、改善の性質や内容によっては変更したり、省略したり、一部の過程を繰り返す場合もある。

7.3 改善案の発想

(1) 原理・原則の適用

ECRSの原理・原則の適用で、作業は「なくす：排除（Eliminate)」ことが一番、次に「まとめる：結合（Combine)」こと、さらに「順序の変更：交換(Rearrange)」しムダをなくす、最後に「単純にする：簡素化（Simplify)」することになる。

(2) 改善原則の適用

作業を分割し（分業化：Division of Labor)、単純にし（単純化：Simplification)、標準化し（標準化：Standardization)、人間でなければできない作業以外は機械化・自動化（自動化：Automation）に作業手段の移転を図る。

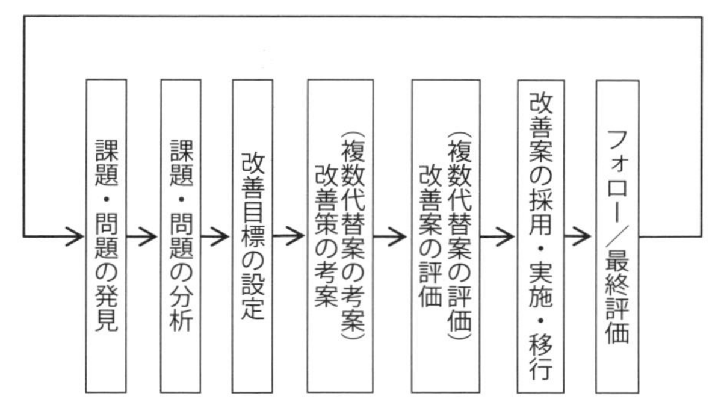

図12-5　改善作業のアプローチ

このほかに5W1Hの適用により問題点の本質を究明することや、動作経済の原則を適用して疲労を少なく、有効な作業量を増やす方策も改善につながる。

第12講　練習問題

問1
知識・理解

同じ作業をAとBの作業者では異なる方法で行っていた。これは作業をする人によって作業方法がマチマチあることを意味する。作業標準がないか、あっても徹底していないからである。作業者が違っても同じ方法で作業するには何を守らせる必要があるか、2つポイントをあげよ。

問2
知識・理解

FWテーラーとFBギルブレスについて知っていることを簡潔に述べよ。

問3
知識・理解

職場環境整備として使われている、5Sについて説明せよ。

問4
知識・理解

品種切替作業で注意すべき点を述べよ。

問5
思考・判断

作業改善をするとき、作業をなくす方法、他の作業とまとめる方法、などがある。鉛筆と消しゴムを合体させたのは、文字を書いて失敗したとき消しゴムを探したり、取ったりする作業を省くために一体化させたものである。このように異なる機能同士をまとめて機能統合した製品を2つあげよ。

問6
関心・意欲

自分の時間の使い方のムダを発見し、改善したい。どのように進めたらよいか。

※解答例は 244 ページ

海外生産

学びのポイント

(1) **日本の製造業が農業に代わって世界で勝負するにいたった経緯とは。**いかにして欧米に追いつき追い越せを合言葉に奮闘したかについて学ぼう。

(2) **日本の製造業がどのようなステップで海外展開をしたか。**輸出貿易から現地生産までにいたる流れを学ぼう。

(3) **工業製品の貿易サイクルとは。**日本で製造した製品が何十年も長きにわたり海外に輸出することは不可能で、やがて海外から輸入することになる。この現象を貿易サイクルという。繊維にはじまり、鉄鋼、造船の例からもよくわかる。**なぜこのような現象が起こるのか。**

(4) **製造業の海外生産とは。**海外進出の目的は何か、円高を含めて進出要因を学習しよう。

(5) **国内の空洞化とは。**なぜ空洞化が起こるのか、空洞化対策には何があるか。企業の対策を学習しよう。

(6) **海外進出に伴うリスクとは。**さまざまなリスクあることを学びながら、海外へ進出する企業にとって何が重要かについて学びとろう。

(7) **海外への進出形態とは。**合弁会社を始めさまざまな進出形態があり、それぞれに長短がある。いずれにしても進出先国に事情を調査し、進出国にとっても、進出企業にとっても双方の目的が合致するような形で進出することが望ましい。そのことを理解しよう。

キーワード

貿易サイクル、海外展開、ノックダウン、産業構造、円高、国際分業、空洞化、高技術製品、再生エネルギー、カントリーリスク、カルチャーショック、現地パートナー、新興国

1　戦後製造業の目標

1.1　先進国に遅れをとった製造業

日本の農業人口は1950年代前半までは労働人口の45%を占めており、GDPも25%程占めていた。農業中心の経済であった。

一方、日本の製造業は世界先進国である米国、イギリス、ドイツ、イタリアなどと比べて生産量においても製品品質においても最も低い水準にあった。製造業を代表する鉄鋼産業、自動車産業、工作機械、電気産業、コンピュータなどは世界に遅れをとっていた。唯一繊維産業がこの時期に全盛期を誇っており、日本の製造業の中では上位を独占していた。しかし、この繊維産業も後述する工業製品の貿易サイクルにより衰退することになる。

1.2　欧米に追いつけ追い越せを合言葉に

日本の自動車産業、工作機械を例にいかに遅れを取り戻す方策をとったかについて述べる。

(1)　自動車産業の方策

日本の自動車産業は米国、イギリス、ドイツ、フランス、イタリアなどの先進国の中では最も低い水準にあった。当時の自動車産業は欧米先進国に追いつけ追い越せを合言葉になりふり構わず、技術提携、模倣コピーを行い、技術習得に励んでいた。1960年代後半には安い賃金と勤勉さを背景に日本の自動車は世界に攻勢をかけた。そして生産量においてイタリアやフランスを上回り、一気に世界自動車産業の脅威となった。しかし1970年代に米国との貿易摩擦により低迷することになった。トヨタ、日産、ホンダなどの日本の自動車産業は高品質、低価格、低燃費を武器に徐々に盛り返し、2010年以降の日本は米国、ドイツと並び世界自動車産業の有数国となっている。

(2)　工作機械の方策

遅れをとった日本の工作機械メーカは1960年代後半にドイツ、フランス、スイスなど主にヨーロッパと米国から優れた工作機械の情報収集と模倣を徹底的に行った。工作機械を購入しては分解し、構造や機構を習得したのである。それに加えて日本独特の高度な技術能力と優れた腕前、卓越した技能でもって、高性能、高精度の工作機械が作れるようになった。特にNC工作機械の時代になってからは、日本が世界に圧倒的な強さを誇り、ドイツ、中国などの追い上げを退けている。

2　製造業の海外展開

製造業における海外との取引形態では「貿易」「半製品輸出による現地生産」「海外現地生産」がある。このような取引形態がいつ頃からどのように行われてきたかを製造業でも代表的な自動車産業を例に考察する。

(1)　貿易による取引

戦後日本の自動車産業が貿易を行うようになったのは1940年代後半からである。国内で製造した完成車を海外に輸出する方式である。1950年代までは日本車は欧米車に比べ性能面で大幅に劣っていたため、輸出台数よりも輸入台数が多かった。本格的輸出は1960年代からであるが1970年代までは国内生産の20%程度にすぎなかった。1970年代から輸出が伸び、1980年代には輸出台数が約半分になった。この背景には日本車の高品質、低燃費、低価格があげられる。しかし輸出先の60～70%が欧米のため、貿易摩擦が起こり、その後の輸出割合は伸び悩むことになる。

(2)　ノックダウンなどによる現地生産

ノックダウン（knock down：KD生産）生産とはエンジン、電子部品など主要部品を日本から輸出して、現地で組み立て、生産を行う方式をいう。特にアジアの発展途上国で1960年代から行われた生産方式である。現地において部品の生産や調達が技術的、経済的に困難な場合に有効であると同時に、一貫生産を行わないため初期投資費用を抑えるメリットもある。反面、輸送費などのコスト高や現地国に技術および製造ノウハウが流出するリスクもある。完成品の輸出よりも税制面で優遇されるものの、依然として現地で生産された製品は日本車として扱われるため、進出国内での販売でも関税が高く、加えて1985年のプラザ合意からの円高進行が、現地に部品輸出を行い、組み立てを行っていたノックダウン生産には打撃が大きくなった。そのため、次に述べる現地生産に踏み切る引き金になった。

(3) 海外現地生産

進出国において、部品調達から製品組み立てまで、一貫して現地で生産する直接現地生産が1980年代後半から増えた。特に中国を中心にアジアで展開された。日本の自動車メーカが海外へ生産拠点を移すのは、原料や製品の輸送コスト、安い労働賃金や工業用地、現地政府の優遇策などのほかにさまざまな理由がある。1つは海外の旺盛な需要に答えるためである。国内で生産して輸出するよりも現地生産で対応したほうが市場に密着したサービスが可能になり、関税面でも優位になる。2つ目は円高による営業損失の影響から逃れるためである。自動車の輸出は一般にドル建てで行うため、1円の円高が輸出額の大きい自動車メーカでは莫大な営業損失になる（トヨタは1円の円高で300億円の損失になるとも言われている)。3つ目は日本の自動車産業のグローバル化に伴う世界最適生産への海外展開である。例えば研究開発は日本で、原材料調達は南米から、生産はアジアで、販売は欧米で、のように研究、調達、生産、販売の世界最適地域への展開である。製造業の海外グローバル展開は21世紀になってますます顕著になっている。4つ目は進出国の雇用増大と経済活性化につながるため、進出国から歓迎され、税制面でも優遇されるからである。

現在の製造業は「貿易」、「ノックダウンによる現地生産」、「海外現地生産」を併用した取引が行われているが徐々に現地生産の割合が増えている。

3 日本工業の発展と変化

3.1 産業構造の変化

日本の産業別就業人口とGDPの変化の割合を40年間隔で大まかにまとめた

ものが表13-1である。

戦前1930年に50%占めていた1次産業の就業人口が1970年には半減以下の20%となり、逆に2次産業、3次産業へと移動した。農業的社会から製造業的社会へ、そしてサービス産業へと移行した。

この傾向は産業別GDPではさらに顕著である。1930年に35%を占めていた1次産業が、1970年には6.1%に、さらに2010年には1.5%まで下っている。1次産業のGDPが1960年ごろ2次産業の中心地域である京浜、中部、阪神、北九州の工業地帯に集中し、工業地帯の人口は急増した。一方、地方では過疎が進んだ。総人口の約40%、4千万人の国内移民が起こった。

3.2　工業製品の貿易サイクルと業種変化

(1) 工業製品の貿易サイクルと変化

日本の工業製品は輸入から始まり、輸入は増えるものの国産化も進み、次第に輸入が減少し、徐々に輸出に転じ増加していく。発展途上国に同じ現象が起こり、日本からの輸出は徐々に減少をたどる、製糸、繊維、鉄鋼、造船、テレビなど、日本を代表する工業製品の貿易ライフサイクルはほとんどがこの道を歩んだ。

(2) 工業製品の業種別貿易サイクルの変化

日本の代表的工業製品の貿易サイクルを図13-1に示す。1955年頃の繊維輸出は最盛期にあり、全輸出額の40%近くを占めている。当時は鉄鋼、造船は輸出期に入ったばかりであった。自動車は輸入国であった。輸出が増えると相

表13-1　産業別就業人口とGDP割合の推移　(　)内はGDP

産業	1930年	1970年	2010年
1次産業	50% (35.0%)	20% (6.1%)	5% (1.5%)
2次産業	20% (28.5%)	35% (44.5%)	25% (33.0%)
3次産業	30% (36.5%)	45% (49.4%)	70% (65.5%)

出所：熊谷智徳「東南アジアの日本企業の工業生産」図3-1と独立行政法人経済産業研究所「産業構造の変化と戦後日本の経済成長」図表1をもとに作成

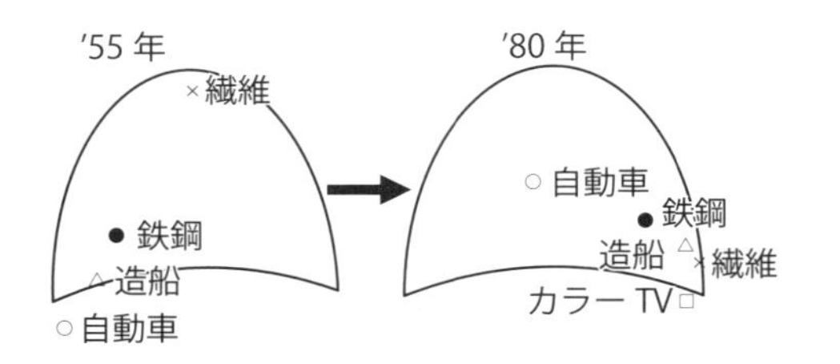

図13-1　日本の代表的輸出工業品の変遷と衰退
出所：熊谷智徳「東アジアの日本企業の工業生産」図3-4 より抜粋

表13-2　日米貿易摩擦年表

年代	事項	
1950 年代	繊維摩擦	軽工業
1960 年代	鉄鋼摩擦	重工業
1970 年代	カラーTV 自動車摩擦	
1980 年代	半導体摩擦 プラザ合意（1985 年）	

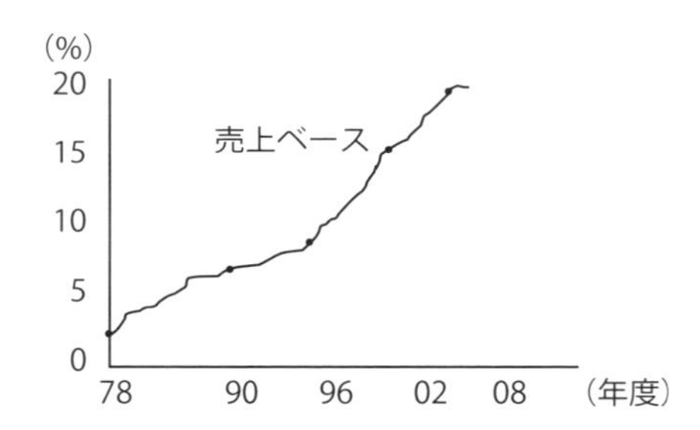

出所：財務省「法人企業統計」、経済産業省「海外事業活動基本調査」より作成

図13-2 海外生産比率の推移

手国の産業にダメージを与え、貿易摩擦が起こる。表13-2は日米貿易摩擦年表である。繊維は貿易摩擦が起きて輸出規制に入り、10～15年後の1970年頃から斜陽化した。この現象は鉄鋼、造船、カラーTV、自動車への業種と続いた。

3.3　海外へ進出する製造業

3.3.1　海外進出要因

(1)　海外生産比率の推移

日本の海外生産比率（現地法人売上高/（現地法人売上高+国内法人売上高））はこれまで一貫して上昇している（図13-2)。1980年代までは5%だったが1990年代には8%まで、2002年には15%まで、2007年度には19%に上昇した。

(2)　海外進出要因

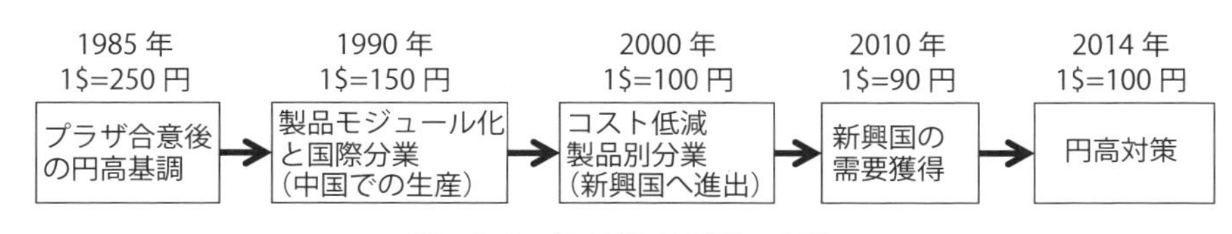

図13-3　海外進出要因の変遷

表13-3　国内有名企業10社の為替影響度
（現代ビジネス有名企業30社の為替影響度から）

		想定レート		1円の円高による損失	
業種	社名	対$	対€	対ドル	対ユーロ
自動車	トヨタ	90円	125円	300億円	40億円
	ホンダ	90円	120円	160億円	15億円
	日産	90円	120円	150億円	影響ナシ
電機	日立	85円	120円	37億円	11億円
	ソニー	90円	125円	20億円	70億円
	東芝	90円	129円	20億円	35億円
	キャノン	90円	125円	68億円	41億円
精密機械	リコー	90円	120円	65億円	35億円
	オリンパス	90円	120円	4億円	6億円
	ニコン	90円	120円	7億円	9億円

本講6.2節の「進出企業の目的」でも取り上げているので、ここでは進出要因と進出年代を大まかにまとめて示す（図13-3）。

①円高対策として：1980年代後半から進出

②国際分業として：1990年代後半から進出

③コスト低減のため：2000年ごろから進出

④海外市場へ参入のため：2010年ごろから進出

3.3.2　円高による損失

為替レートの変動が企業業績に影響を与える。特に輸出量の多い自動車と電機などの輸出産業は悪影響をもろに受ける。表13-3は日本を代表する自動車、電機、精密機器10社の為替変動による影響度を示す。トヨタは北米の売上高が多く（約30%）1円の円高で300億円、ソニーは欧州での売上高が多く

（約25％）10円の円高で700億円の営業損失が生ずる。

4 空洞化の問題と構造

4.1 空洞化とは

空洞化は日本の国内視点からの経済用語である。その定義は「生産拠点の海外移転による、国内生産・国内雇用の減少、技術水準の低下」と意味付けできる。そして空洞化にいたるステップには3段階を経る。第1段階は国内企業が海外で生産活動を行なうことで、輸出を代替するグローバル化である。第2段階は逆輸入などにより国内市場向けの生産代替が発生する発展的分業段階である。第3段階は高付加価値製品や周辺産業への生産転換ができず、製造業衰退に陥ってしまう段階である（図13-4）。

4.2 空洞化の構造

工業製品の貿易サイクルが、ある製品の衰退期に次の製品が盛期に入り、それが後継していく、繊維の後継に造船が、それに鉄鋼、TV、自動車が続いた。そして国全体の輸出合計額が伸びていく、後継の工業品が衰退していくと、企業転換、立地転換が起こる。地域についても同じ現象が起こる。ある業種の企業は同一地域の経営で製品ライフサイクルが起こり、次製品開発で経営を継続させていく。これを続けているうちに地域の経営立地構造が変わり、その業種に不適切として立地寿命がくる。これに代わって市場力の高い製品業種

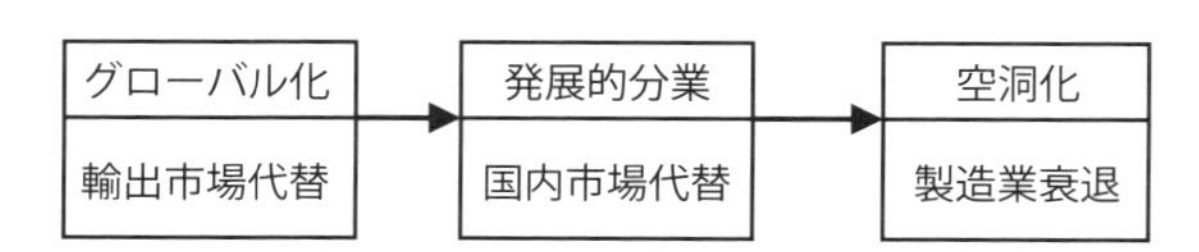

図13-4 空洞化に至るステップ
出所：みずほレポート「製造業の海外展開について」図1より

の企業がくる。このように企業の交代継承が続いているうちは、その地域の空洞化は起こらないが、企業の交代継承が弱まると工業移動による空洞化が起こる。

4.3　空洞化の問題

空洞化が進むと次のような問題が起こる。①地域産業が崩壊する、②雇用機会の喪失につながる、③貿易黒字が縮小、④高度熟練技術の伝承、モノづくりノウハウの伝承、などの機会が少なくなり、競争力が低下する。このように生産面、技術面、雇用面、GDP面において日本経済に深刻な影響を与える。

5　空洞化対策

本節では主に企業の空洞化対策について述べる。

(1)　高技術製品・高付加価値製品への転換

生産する製品の中に技術がどれだけ詰め込まれているか、という技術密度レベルの問題である。比較的技術密度の低中位の製品は年代とともに次の発展国へ生産移転していく。日本にとっては過去の製品になる。生きているとしても老化状態になっている。その変化に適応して自国で製品生産を高技術化させ、世界をリードすることができる高技術製品・高付加価値製品の開発・生産に移行しなければならない。表13-4に技術密度指数を目安とした製品の一覧を示す。

(2)　社会開発へ進出

個人の持ち物は豊富になり、贅沢になった。そして豊になった。今や、家庭にはTVが1人1台、車が一家に2～3台の時代である。しかし、そこに住んでいる地域の公園や景観や自然の荒れ果てた様には閉口する。経済大国日本の姿として恥ずかしい限りである。自然環境、社会環境が整備されてないからである。企業・産業は個人の生活品から社会生活向上のための住宅、交通、保健、社会福祉、環境衛生、公衆衛生、教育事業など社会に貢献できる分野への進出

表13-4　技術高さの区分

出所：熊谷智徳「経営工学総論」表15-1より抜粋

名　称	説　明	例（目安）
世界最先端技術	他に普及してない占有的超高位構造の世界的技術	衛生、航空機、スパコン、増殖炉、原子炉、超機能デバイス、がん治療薬、ips細胞、検索エンジン、リニア新幹線、ほか
先端技術	先進工業国の先進企業が到達している技術。高位技術の約10倍密度	放電ワイヤーカット、ナノデバイス、高機能ロボット、光デバイス、高度環境整備、モバイル携帯、EV車、PHV車、下水道整備装置、ほか
高位技術	新興国の先進企業が到達している技術水準。中位技術の10倍密度	半導体、NC工作機械、自動車、ロボット、ゲーム機、OSソフト、アニメ、ほか
中位技術	教育、ノウハウの積み重ねで、ふつう技術の10倍ぐらいの技術密度	カメラ、家電製品、鉄鋼、造船、自動旋盤、繊維、紡織、パソコン、高機能入力装置、ほか
普通技術	工業化初期の国で可能な技術	自転車、汎用単能機、射出成形、アパレル、日用品、ほか
低位技術	どこでも、だれでも、少しの技術習得でできる技術	電熱器、木工、普通鋳物、データ入力装置、ほか

表13-5　自然環境と社会環境の整備内容

自然環境整備	河川の整備事業、港湾の整備、森林保護対策、海水汚染防止、公園の増設および整備、健康増進環境（散歩コース、ランニングコースなど）の整備	
社会環境整備	公衆衛生	下水道整備、ごみ処理
	環境衛生	産業廃棄物処理、食品衛生対策
	社会福祉	救護施設、更生施設、擁護老人ホーム、身体（知的）障害者の厚生施設
	教育	図書館、スポーツ施設、科学館、博物館
	住宅	福祉住宅（高齢者や障害者に優しい住宅）、エコ住宅、耐震構造住宅
	交通	車渋滞緩和、電車ラッシュを緩和する勤務体制の確立、EV車、PHV車の普及による排ガス規制

である（表13-5）。

(3) 再生エネルギー生産への転換

環境改善の貢献には、エネルギー低消費量への転換と自然エネルギー生産への転換がある。前者は軽量強靭材料の開発、省エネ家電、断熱住宅、EV車、

表13-6　再生エネルギー生産事業

自然エネルギー生産事業	省エネ生産事業
太陽光発電、風力発電、地熱発電、海洋発電、バイオマス、ほか	軽量強靭材料、省エネ家電、断熱住宅、EV車、PHV車、公害防止機器

表13-7　高度メンテナンス作業

国内施設のメンテナンス	海外装備品のメンテナンス
1．原子力施設：発電施設、増殖炉、プルサーマル 2．トンネル 3．海峡：海峡大橋、河川大橋 4．公共施設、高額施設：学校、病院、ビル、デパート、タワー	1．超機能ロボット：超高速・超機能ロボット、生活支援ロボット、医療支援ロボット 2．高機能デバイス：有機発光トランジスタ、有機半導体デバイス、分子性ナノ機能と有機トランジスタ 3．精密機械 4．超精密金型

再生可能エネルギー技術、公害防止機器の開発などへの生産転換であり、省エネ社会づくりで世界をリードする生産転換である。後者は太陽光発電、風力発電、小規模水力発電、地熱発電、バイオマスなどがある（表13-6）。この中でも太陽光発電と風力発電は日本の生産量は世界のトップクラスであるが、自国での導入量は少ない。東日本大震災、原子力発電問題を教訓に再生エネルギー生産への転換を図る良い機会である。

(4)　高度保守（メンテナンス）作業の推進

高度保守作業は特殊な技術が必要である。全世界が景気低迷で新製品の購入および新規投資が減少することが予想される。新規投資に代わって、国内で老朽化している原子力発電、トンネル、海峡大橋などのメンテナンスに切替える。また学校、病院、美術館、博物館などの公共施設も同じである。日本から輸出した高性能精密機械、超機能ロボット、超機能デバイスなどの老朽化した機械や設備のメンテナンスも重要である。このような時こそ、日本が育んできた高度な技能やノウハウを活かし、国内外の高度なメンテナンス作業を推進すべきである（表13-7）。

6 海外での生産

6.1 海外生産に直面する問題

企業の海外展開では、国内での事業展開と違った新たなリスクを伴う。その主な内容をあげる。

6.1.1 海外展開のリスク

(1) カントリーリスク

日本では考えられない政治的・経済的な不安定から起こるリスクである。国家紛争、政情不安、宗教に関わる紛争、ストライキ、汚職などのリスクがある。

(2) 為替変動リスク

異種通貨の交換により発生する為替変動リスク（exchange risk）である。

(3) 環境規制リスク

進出時は予定しなかったことであるが、進出先の条例改定によって、急に環境整備のための設備費用が膨らむことがある。

(4) カルチャーショック

人種、言語は無論、宗教、歴史、教育、経済、法律、政治制度の相違から、ものの考え方まで、いわゆる「文化の相違」に伴う衝撃である。日本的経営の中心とされる終身雇用、年功序列、企業内組合は、現地の制度・慣行とは大きく異なる場合が多い。

6.1.2 技術的な問題と変化への対応の問題

(1) 生産管理や品質管理が難しい

生産管理や品質管理をすることが困難である。教育にも時間と金がかかりすぎる。

(2) 生産コストの上昇

現地従業員の人件費が上昇し、予想しなかった製品コスト高となり、利益が減少する。また、製品コスト高は価格競争に敗ける要因になる。

(3) 市場競争の激化

同じ日本からの参入や他の国からの参入など、ライバル企業の参入で一気に競争激化になり、価格競争に陥り利益が出なくなる。

(4) 転職が激しい

せっかく技術を身に付けたかと思えば、その技術を売りに、給与の高い会社に転職してしまう。教育して技術レベルの高い作業員に育てようとすれば、一方において技術が高まると転職するという、ジレンマに陥る。

6.1.3 マーケティングの問題

(1) 受注先・販売先の開拓が困難

取引先企業が他の国に移転した、価格競争に敗けた、などの理由で日本で予想していた販売量が達成できなかった。新たに販売先を開拓しようと思っても難しい状態になった。

(2) 現地パートナーとのトラブル

現地パートナーが倒産した。現地パートナーとトラブルになり、取引が停止になった。良きパートナーに恵まれなかった、などにより撤退せざるを得なくなった。

(3) マーケティング能力の欠如

市場ニーズへの迅速な対応ができなかった。現地のニーズを真に把握できなかった。代金の支払いは地域や商品分野により異なる場合がある。現地の商取引習慣を理解していなかった。

6.2 海外生産で重要なこと

海外直接投資（海外企業進出）を成功させるには、一般的に次の点がポイントになる。

6.2.1 目的の明確化

海外進出の目的は何かを明確に確認する必要がある。単にブームに乗ったり、同業他社が成功したからという、あやふやな動機では成功に覚束ない。具体的には進出国/地域に何を求めるのか、受入先国は進出企業に何を期待しているかを見極め、双方の目的が一致することが進出成功の鍵を握る。目的は1つとは限らないが、まず目的を明確にすることが重要である。

一般的に多い進出企業の目的と受入先国の目的は次の通りである。

(1) 進出企業の目的

①為替変動リスクを避けるため、②市場拡大のため、③安い労働力を得るた

め、④豊富な資源利用のため、⑤親企業など取引先の海外移転に伴い進出

(2) 受入先国の目的

①雇用拡大のため、②技術吸収のため、③現地産業育成のため、④貿易収支改善のため、⑤輸出基地基盤を築くため、⑥経営や管理手法習得のため

以上の受入目的達成のために受入先国は投資や税制面で外国資本誘致の優遇制度を設けている。

6.2.2 事前調査と将来計画

(1) 長期計画の策定

進出先国の立地、労働市場、治安、政治、外資政策、税制、規制、将来変化を調査・分析し、設置する企業の将来形を立案する。10～20年先を見据えた長期計画である。

(2) 中期計画

市場の大きさ、生産体制・調達・販売、労務、財務、利潤、立地国と地域から見た設置企業の意義など5～10年先を見据えた調査と計画になる。

(3) 短期計画

当面の具体的経営計画である。生産と労務と財務計画からなる。海外既存企業は現状分析になる。製品市場力、利潤、安全、環境など社会性について、当面1年視程の計画を立て、それに生産・労務・財務の計画を連携させてつくり、実現させていく。

(4) 生産と労務と財務の部門計画

生産部門計画を例に述べると、生産する製品の品質、原価、生産量のQCD計画を立てることと、これに連携する生産要素としての資材、労働、設備のMFW計画を立てる。

6.2.3 進出形態の選択

製造業における進出形態には、①独資企業、②合弁企業、③合作企業（中国独特）がある。

(1) 独資企業

100％外資の企業進出である。進出国（地元）のパートナーを考慮しなくてよいから、進出企業の意思だけで、企業の運営ができる。合弁と比べ投資額が大きく、リスクが大きくなるなどの欠点もある。

(2) 合弁企業

進出国の企業と共同出資を行って設立する会社をいう。出資比率に応じて、損失、リスクを分担し、利益を配分する。進出国の協力が得られやすい、合弁相手と分担することにより、投資額とリスクを軽減できるなどの利点もある。しかし、外資側である進出企業の意思は制約される。合弁相手の選択が難しいなどの欠点もある。

(3) 合作企業

合作企業は中国企業と進出企業による共同経営を行う点では合弁企業と同じである。合作企業は、各出資者の出資条件、生産した製品の購入引き取り権利、企業活動の結果得た利益の分配、などが、すべて共同で調印した「合作契約」により決められる。設立までの手続きが簡単で双方が合意しやすいという利点もあるが、トラブル発生時に双方に争議が発生しやすいという弱点もある。

6.2.4　パートナーの選択

過半数の議決権（Majority Share）を進出企業が握れば、進出企業のイニシアティブが十分に発揮できるかといえば、そうとは限らない。従業員を含め、進出国や地元側のパートナーの協力が得られなければ、満足な企業活動が行えない。パートナーの選択こそが最も重要である。

パートナーの選択には、委託加工、補償貿易、技術提携などの実際取引を通じて、相手のやり方、能力、信用力を見極め、原材料の調達、製品の流通、インフラなどの状況を把握するようにしたい。

第13講　練習問題

問1
知識・理解

工業製品の貿易サイクルについて説明せよ。

問2
知識・理解

日本の製造業が海外に進出する理由を３つあげよ。

問3
知識・理解

日本企業が海外進出するときの注意点を３つあげよ。

問4
知識・理解

国内産業の空洞化対策を述べよ。

問5
思考・判断

円高によるメリット、デメリットをあげよ。

問6
思考・判断

1ドル＝100円の時期に某企業は輸出で100万ドル（1億円）の成約ができて喜んでいた。いざ船積みする段階になってレートが10円円高になり、1ドル＝90円になった。円高による為替差損はいくらになるか。

問7
関心・意欲

海外進出企業の共通の悩みに転職問題がある。せっかく時間とお金をかけて教育、訓練をして育てたのに、わずかな給与水準の差によって転職したり、同じ給与水準でも他社のほうの仕事が楽であれば簡単に転職してしまう問題である。どのような対応をすればよいか説明せよ。

※解答例は 245 ページ

第14講

生産管理のコンピュータ化

学びのポイント

(1) **コンピュータ化の方向とは。**作業のコンピュータ化と管理のコンピュータ化がある。各々の目的が異なる方向から進展したことを学習しよう。

(2) **生産管理にコンピュータ化が普及した要因は何か。**ハードウエアの進歩、価格の低下、ネットワークの普及、使い勝手の向上、ツールの充実の面から学習しよう。

(3) **作業のコンピュータ化の推移とは。**単一NC工作機械の加工作業の自動化から始まり、工程全体の自動化へと進んだこと、一方においてCAD/CAMを活用して設計の自動化、工場全体の自動化へと進んだことを学習しよう。

(4) **管理のコンピュータ化の推移とは。**給与計算などの個別業務のコンピュータから企業間連携の効率化、スピードアップ化をねらったSCMの利用まで範囲が広がった。コンピュータ利用が広範囲になった理由と各システムの概要を把握しよう。

(5) **作業のコンピュータ化と管理のコンピュータかの融合とは何か。**1970年代にCAD/CAM/CAEが導入され、DNC（群管理）が導入された頃から作業と管理のコンピュータ化の融合が始まっていることを学習しよう。

(6) **生産ラインの自動化、コンピュータ化の反省とは。**なぜ反省すべきか、またこれからの自動化はいかにあるべきかについて学習しよう。

(7) **生産の自動化、生産管理のコンピュータの進め方とは。**基本的な自動化、コンピュータ化の進め方を学習しよう。

キーワード

作業のコンピュータ化、管理のコンピュータ化、TCP/IP、GUI、NC,FMC、FMS、CIM、IMS,LAN、WAN、CAD/CAM/CAE

1　生産管理のコンピュータ化とは

生産ラインは「工程システム」と「作業システム」と「管理システム」から成り立っていることは第4講1節で述べた。改めて工程システムと作業システムと管理システムの内容を整理する。

工程システムは材料から製品への変換課題の進行過程である。工程系は多くの単工程から成り立っている。作業システムは材料に人と設備が働きかけ、価値変換を行う行為である。管理システムは工程系の価値変換課題を達成するため、作業システムに指示し、結果を保証していく運営システムである。

この生産ラインを構成する3つのサブシステムから、生産管理のコンピュータ化には2つの方向がある。1つは作業システムのコンピュータ化であり、他の1つは工程システムへのコンピュータ化である。

工程システムへのコンピュータ化とは、工程システムの管理を人間が行ってきた行為をコンピュータに行わせることをいう。

1.1　コンピュータ化の方向

生産ライン全体の価値変換課題を達成する、運営システムとしてのコンピュータ化がある。ここでは管理のコンピュータ化という。管理のコンピュータ化には当該生産システムで生産する生産計画のコンピュータ化、計画を実行させる生産指示のコンピュータ化、生産実績を把握し計画と比較するチェックのためのコンピュータ化、生産計画と実績に差が生じた場合に対応するためのコンピュータ化がある。生産ライン全体に対するPDCAのコンピュータ化である。

ほかの1つは作業システムの価値変換課題を達成するための作業手段に対するコンピュータ化である。ここでは作業のコンピュータ化という。作業のコンピュータ化は単位作業ごとのコンピュータ化になる。機械加工作業を例にあげると、NC機械による主加工のコンピュータ化、工具取付け・取外しのコンピュータ化、ワーク取付け、取外しのコンピュータ化などである。そして、作業のコンピュータ化は加工から、運搬作業、検査作業へと広がっていく。

1.2　コンピュータの目的

(1)　管理のコンピュータ化目的

①管理スピードが要求される場合

リアルタイム（即時処理）管理が要求される場合、タクトタイムが短くなり、人間の管理が難しくなった場合などはコンピュータ管理に頼らざるを得ない。

②複雑な管理が要求される場合

多品種少量の混流生産管理を正確に素早く行うには、コンピュータ管理が必要不可欠である。

③顧客からの要求変更に素早く対応するため

顧客からの仕様変更、納期変更、注文個数変更などの要求に素早く対応するにはコンピュータ管理が必要である。

④顧客サービス向上をねらって

顧客から進捗などの問い合わせ、今後の進捗具合の予想などを正しく伝えるにはコンピュータで管理していると都合が良い。

⑤生産全体の運用管理効率化のため

受注→生産計画→資材計画→外注・購買発注→進捗管理→生産→進捗管理→検査→出荷など、全体の流れを効率よく運用するには管理のコンピュータ化が必要である。

(2)　作業のコンピュータ化目的

①作業精度向上のため

人間が作業するよりもコンピュータコントロールの基に作業させたほうが精度が向上する。作業結果の品質にバラツキが少ない。

②多能工化対応として

コンピュータコントロールすることで、作業者一人では到底対応できない複数の作業ができるようになる。

③省力化のため

コンピュータコントロールにより、作業の自動化が行われると人間の手作業から機械による自動化に代替される。

④コスト低減のため

生産量がある程度まとまれば、作業のコンピュータ化・自動化によりコスト低減が図れる。

⑤熟練作業代用のため

高度技能作業者が育ちにくい環境の中で、NC工作機械などコンピュータコントロールによる作業で熟練作業の肩代わりになる。

1.3　コンピュータ化が普及した要因

生産管理のコンピュータ化に限らず、販売管理、財務管理、給与管理などコンピュータ化の普及には共通の要因がある。1つはハードウエア技術の進歩である。コンピュータを構成する入力部、記憶部、演算部、出力部、制御部のあらゆるハードウエア技術が進歩した。特にマイクロプロセッサの集積度は高く、1960年代中ごろの10ゲート（1チップに搭載する回路（ゲート）数）前後から1980年代後半には100Kゲートまでに集積され1万倍の集積度になった。

2つ目はPCの性能向上と価格の低下である。PC搭載のマイクロプロセッサの集積度も高まり、小型化され性能は一気に向上し、処理スピードは上がった。1980年代始めに5MHZ（1秒間に5百万回の周波数を送ることができる性能）が2010年以降は2.8GHZ（1秒間に28億回の周波数を送ることが可能）になり、およそ560倍性能が向上した。価格も1983年IBMがPCとして初めて発売したマルチステーション5550シリーズは100万円前後であったのが現在のPCは10万円前後である。性能は向上する一方で価格は大幅に低下している。

3つ目はネットワークの普及である。1970年代初期は各メーカが独自の通信仕様を用いていたため、異なるメーカのコンピュータ間ではソフトウエアに互換性がなく（互換性をcompatibilityといい、コンピュータの異なる機種間で、ハードウエアやソフトウエアを修正しないで使用できるとき、互換性があるという)、互いに接続に対して制限が多かった。

現在は通信プロトコル（通信規約）もTCP/IPで標準化された。また、大容量のデータを高速で通信するブロードバンド化が進み、通信料金の低価格化、オンラインリアルタイム処理が普及した。ネットワークの極め付きはインターネットの爆発的普及である。

4つ目はコンピュータがユーザーフレンドリーになったことである。1台の汎用コンピュータを多く利用者がTSS[注1]で利用する時代から、1人が1台のPC

注1　TSS（Time Sharing System：時分割処理）は大型汎用機を複数の利用者でCPU（Central Processing Unit：中央処理装置）時間を細かく分割して利用する方法。

を使う時代に変わってきた。また、使いやすくなった。CUI[注2]からGUI[注3]へ、DOS[注4]からWindowsへと移行され、ユーザーはコンピュータを利用しやすくなり、便利になった。

5つ目はEUC（End User Computing）ツールの充実とOSS（Open Source Software）の普及である。利用しやすくなったデータベースを始め、文書作成ソフト、数値計算ソフト、作画ソフトなど情報を使って仕事をするためのツールが充実した。一方、OSSの魅力は低コストで、ソースコードが公開され、自社で利用しやすいように改良できる、カスタマイズ性に優れていることである。OSSはMS社のOffice等のビジネス系、LinuxのOS系、データベースや開発言語のWEB系など多くのOSSが提供されている。

2　生産管理へのコンピュータ利用

2.1　作業のコンピュータ化

機械化は、人の作業を機械に変える事をさし、自動化とは人を介さないでコンピュータで制御させることをいう。ある部品をNC機械で加工するとき、NCデータを作業者が入力する行為をコンピュータが行うならば自動化になる。FAやFMSは工場全体の自動化、生産ライン全体の自動化を狙った自動化である。自動化を実現するにはコンピュータ制御のしくみが必要になる。

2.1.1　作業コンピュータ化の推移

(1) 加工作業の自動化

1920年代に自動車のエンジン加工に導入されたトランスファラインは、専用工作機械群を工程順に並べ、順次加工して搬送する装置であった。当時とし

注2　CUI（Character User Interface：キャラクターユーザー境界）はキーボードからコマンドを打ち込むことで操作を進める方式。

注3　GUI（Graphical User Interface：グラフィカルユーザー境界）はグラフィカルな画面でアイコンやメニューなどをマウスなどによって操作すること。クリック、ダブルクリック、ドラッグなどで画面操作が簡単化された。

注4　DOS（Disk Operating System）はキャラクター表示のため、ディスプレー上で表現文字数が制限される。コマンド入力で操作する方式。

ては単一エンジンを加工する画期的な機械化装置であったが、コンピュータ制御で多様なエンジンをつくることができなかったため、機械化の域を脱しなかった。

自動化は1950年代に、NC工作機械やM/C（マシニングセンター）から始まった。NCは工作物に対する刃具の位置を数値データで指令する制御である。人手による加工作業を機械が行った。当時の数値データは紙テープに穿孔（せんこう）したものであったが、現在の工作機械のほとんどはコンピュータを内蔵したCNC（Computerized Numerical Control）であり（図14-1）、数値データはネットワーク経由で直接入力している。M/Cは複数の切削工具を搭載し、切削、穴あけ等複数作業の自動化と工具交換の自動化を行えるNC工作機械である。

1960年代にロボットが導入され部品の取付け、取外しも自動で行えるようになった。ロボットは組立、溶接、プレス作業の自動化にも一躍担うことになる。

(2) 機械群、装置群の自動化

1960年代にはDNC（Direct Numerical Control：直接数値制御）とFMC（Flexible Manufacturing Cell：融通製造セル）が台頭してきた。DNCは群管理といわれているとおり、数台のNC工作機械を1台のコンピュータで制御する方式である。NC工作機械に紙テープやFD（フロッピーディスク）でプログラムを読ませるのではなく、コンピュータから各々のNC工作機械に直接データを送る方式である。DNCやFMCでは工作機械のスケジュール管理、加工時間の実績管理、NCデータの修正など行うことができる。

FMCは1～2台の工作機械から構成されるが、ロボット、AGV（Automated Guided Vehicle：自動搬送台車）有しており、加工のみならず、工作物の取付け、取外し、自動搬送まで行った。またセンサなどによる異常検知と応急処置を行う保全機能も付いた。生産情報と工具・工作物の流れを制御するセル機能も付いたため、FMSへの足掛かりができた。

2.1.2 設計の自動化とCADデータの活用

CAD/CAM（Computer Aided Design：コンピュータ支援設計）/（Computer Aided Manufacturing：コンピュータ支援製作）システムは1980年代から導入された。CADは手書きで図面を書いていた作業をコンピュータ支援により設計する方式である。CAMはCADで設計された図面情報を基にCAMデー

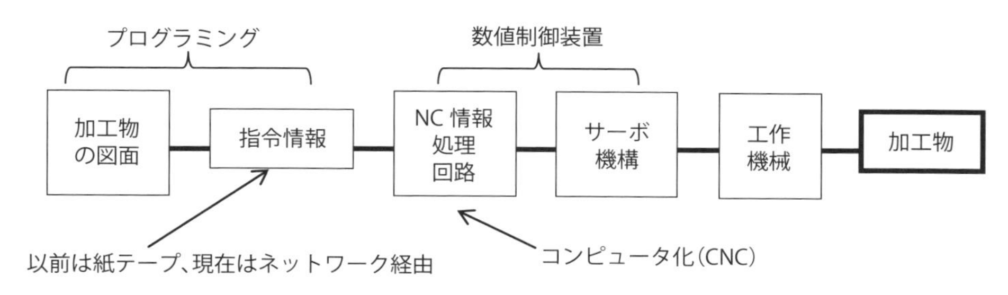

図14-1　工作物に対するNC工作機械の制御
出所：熊谷正明「数値制御工学（圧縮版）」http://hirose.sendai-net.ac.jpより

タに変換し、LAN（Local Area Network：構内通信回線）を通して、製造ラインのNC工作機械へ転送して加工させる方式である。CAM機能はマシニングセンタ、旋盤、複合加工機（マシニング+旋盤の機能）、ワイヤ放電加工機、木工加工機など様々なNC工作機械に適用でき、加工内容や業種を問わず応用範囲は広い。

2.2　管理のコンピュータ化

(1)　個別業務のコンピュータ化

大型汎用機IBMS/360が開発され、1960年代後半から民間大企業を中心に個別業務への支援としてコンピュータシステムが導入された。給与管理、財務管理、売掛/買掛管理などお金に係る管理業務から手掛けられた。その後、受注管理、工程管理、資材・購買管理、在庫管理などモノづくりの管理業務にも広まった。ただ、これら業務のコンピュータ化は企業内ビジネスの業務支援レベルの域を脱しなかった。しかもPDCA管理レベルの「P：計画」作成のコンピュータ化であった。コンピュータによる生産計画は典型的な例である。

(2)　個別業務から複数業務へ連携

1970年代に入るとMRPシステム（第9講3.3節参照）が導入された。MRPシステムはコンピュータで生産計画を作成し、生産計画を基に生産に必要な部品/資材の所要量を産出し、部品/資材ごとに外注へ発注、市販部品を購入、材料メーカへ発注するという具合に、生産計画だけではなく、資材・購買への発注計画、外注への発注の計画と、生産を行うために必要な部品/資材の調達のための発注計画へと拡大されるにいたった。

(3) 企業間連携そして計画から管理へ

LAN同士を広域に結ぶWAN（Wide Area Network：広域ネットワーク）が1990年代に普及した。この時期に合わせて企業間ビジネスが盛んになった。WANは工場内、大学内、デパート内などの構内回線と異なり、企業間を回線で結ぶ広域ネットワーク網である。コンピュータで生産計画された日程計画が、そのまま外注工場に伝えられる仕組みである。自動車工業のように1次下請け、2次下請け、3次下請け工場など関連会社が多いと、親会社の生産計画があらゆる関連会社に素早く伝達しなければならない。まさにICT（(Information and Communication Technology）を利用した企業間連携である。

親会社の生産計画は関連企業に対する生産指示になる。製品を生産するに必要な資材や部品が、使用される日程に合うように完成しないと、生産を遅らせることになる。その後コンピュータのダウンサイジング（小型化)、オープン化（互換性に富み相互運用、拡張性の高いシステム)、分散化が進み、モノづくりの製造現場にQCDを管理するPC又はPC端末が設置された。

生産日程の進捗管理、資材/部品の進捗管理や品質管理、原価管理も製造過程で把握できるようになった。管理のコンピュータ化はP→D→C→Aの順に進んだ。

2.3 作業のコンピュータ化と管理のコンピュータ化の融合

FMS（Flexible Manufacturing System：融通生産システム）は1980年から本格的に導入された。CAD/CAMを取り入れ、多様なNC工作機械群と運搬、保管、検査など生産工程全体に融通性を持たせた生産管理システムである。

FMSは作業の自動化だけではなく、管理の自動化も同時に実現した。CAP(Computer Aided Planning：コンピュータ支援計画）とMRPシステムで生産計画および部品/資材計画を作成し、生産指示、部品手配を行った。生産ラインには工程設計情報（生産工程順序）と日程計画情報を伝達して、作業と管理の一貫した自動化を図った。

CIM（Computer Integrated Manufacturing：コンピュータ統合生産）は1980年代後半から導入されたものである。作業の自動化、管理のコンピュータに加えて製品開発/技術開発の自動化・コンピュータ化を可能にした。つまり、販売、技術、生産の統合化である。CIMではCAP/MRPおよびCAD/

CAMにCAE（(Computer Aided Engineering：コンピュータ支援技術）が加わりモノづくりにおける研究・開発工程において、従来行われていた試作品によるテストや実験をコンピュータ上でシミュレーションする分析技法も行われた。

CIMはマーケティングや企画情報に基づく新製品の開発、新技術の開発、それに製品設計、生産計画、部品/資材計画、さらには工程設計、日程計画にコンピュータが利用され、まさに生産に係るあらゆる活動のコンピュータ化、自動化を目指したシステムである。

1995年以降はCIMをベースにしたIMS（Integrated Manufacturing System：統合生産システム）が導入された。IMSはインターネットやCALS[注5]など、得意分野を活用した自律分散型CIMといわれている。生産管理のグローバル化に対応する個別受注生産、個別変量生産システムである。**図14-2**に自動化システムの位置づけを、**表14-1**に生産に係る自動化の変遷を示す。

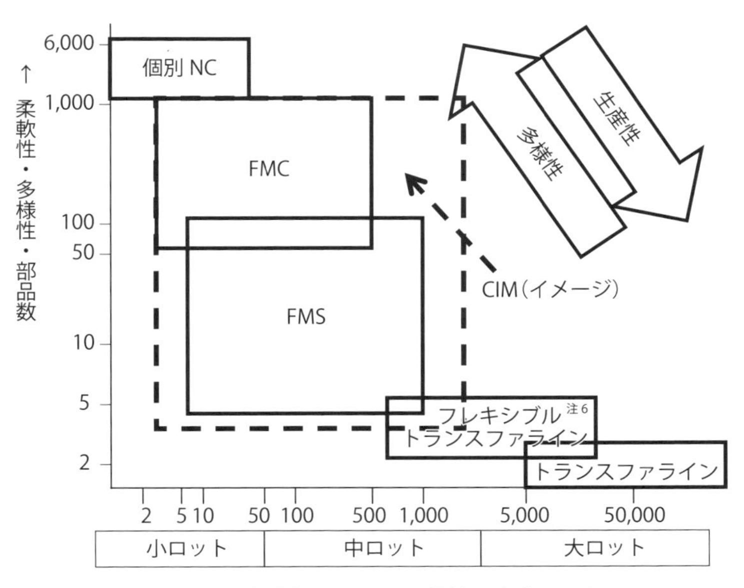

図14-2　自動化ラインの柔軟性と生産ロット

注5　CALS：commerce at light speed 生産者と消費者の間で製品やサービスの 情報を共有し、設計、生産、調達、決済までのすべてをネットワーク上で行うための標準規格。

注6　フレキシブルトランスファライン：トランスファラインが大量生産を目的に専用機械群を工程順に並べたものに対して、フレキシブルトランスファラインはコンピュータによってシステム全般の制御を行い、特定の部品だけでなく多様な部品も加工できるような、柔軟性のあるシステムをさす。

表14-1　生産ライン自動化・コンピュータ化の変遷（機械加工の例）

年代	自動化システム	特　　徴	適用分野
1920年代	トランスファライン	一連の単純化した専用工作機械群を工程順に並べ、供給された材料に穴あけ、平面切削と順次加工を施し、完成させる方式	単一製品（部品）を大量生産するのに適した生産方式
1950年代	プログラム型自動マシン（NC）	人間の頭脳に相当する制御装置を付加し、工作のための指示を行うことで自動加工する方式。切削工具や加工部品の取付け、取外しは人手に委ねられる	工作のための制御情報を、各製品ごとに準備することで多品種少量生産に対応
1950年代後半	プログラム型自動マシン（MC）	制御装置により複合機能（フライス盤作業、エンドミル作業、タッピング作業など）加工の自動化と工具の交換が可能	多品種生産に対応。ただし、工具交換は自動化、部品交換は人手
1950年代後半	コンピュータ内蔵NC（CNC）	機械工作において工具の移動量や移動速度などをコンピュータによって数値制御することである。今日ではNCといえばCNCを指すほど多くの工作機械で採用されている	大量生産品および精度が要求される小量生産品、速さを要求される加工品など
1960年代	FMC	1～2台のNCから成る加工機能、自動加工、工具の自動交換の他に加工部品の取付け、取外しも自動化。なお、ロボットは組立、溶接、プレス作業にも適用範囲が広まる	少品種大量生産から多品種少量生産への切替の足掛かりができた
1970年代	CAD/CAM/CAE	設計の自動化、製造の自動化、設計した構造物が要求性能を満たすかどうかを、実際に物を作る前にコンピュータ上でシミュレーションして調べる構造解析をコンピュータ支援で行う	少種大量生産から多種少量生産まで、自動化されている工程に適用
1970年代	DNC	群管理システムといわれる。1台のコンピュータで数台のNCを制御する自動化ライン。加工のみならず運搬、検査、材料補給の自動化も行う	多品種生産に適当。自動化を目指した加工ラインシステム
1980年代	FMS	作業（取付け、取外し、加工、組立て）、運搬、保管、検査などの自動化と生産管理情報を含む、工程全体の自動化、フレキシブルに富んだ生産方式	中種中量生産に適当
1980年代後半	CIM	生産プロセスの自動化のみではなく、製品開発、技術開発、生産情報などすべてを統合した統合的生産管理情報	多品種少量生産、変種、変量生産に適当
1990年代後半	IMS	自律分散型CIMともいわれている。インターネット、CALSなどを駆使し、会社全体、グローバルな統合的生産システム	個別受注生産 個別変量生産に適用

3　生産ラインの自動化・コンピュータ化の反省

製造業の生産ラインは時代とともに人手から機械へ、そして自動化へと流れが進んだ。しかし、この流れは果たして正しい選択であったろうか。豊富な資金と技術力をもつ大企業でさえ、膨大な投資を伴うこの生産ラインの自動化、コンピュータ化に暗雲が出始めている。その第1の原因は固定費増による利益圧迫である。好景気が続き販売が順調に推移しているときの設備投資は誠に頼もしいが、景気低迷が長引くと操業度が維持できなくなり、厄介者になる。つまり、コスト高になりその結果利益を圧迫するからである。

第2の原因は製造業の海外進出である。海外生産は20%を超える時代になった。海外に進出する企業が生産ラインの自動化、コンピュータ化によってどんなメリットがあるだろうか。労務費の安い労働力で生産する方が柔軟性も高く、製品コストが安くなり、かつ、市場要求に答えることができるのではないかとする疑問からである。

第3に製品寿命の短命化である。生産ラインの自動化導入のために、莫大な設備投資と大規模なソフトウエア開発を行っても製品寿命の短命化で投資回収ができないまま、次の生産ライン開発に手掛けなければならない時代である。

第4に生産の小ロット化である。小ロット化は品種切替のための段取回数を多くするため、生産ラインの停止を多くする。段取りを完全自動化するには技術的に可能にせよ、膨大な設備投資と高度な品種切替プログラムが必要になる。膨大な投資を伴う品種切替の完全自動化よりも、人手による切替作業の簡素化、効率化が再考され出した。

第5に工程技術の急速な進歩である。工程改善の成果を導入する際に、すでに設置された自動化装置の存在そのものが障害になるケースがある。確かに1990年代から生産ラインの自動化/コンピュータ化は前述の理由により曲がり角に来ている。しかし、自動化/コンピュータ化は長年にわたり労働の負担を軽減し、また、生産性向上にも役立ててきた。特に、日本の製造業の発展は自動化/コンピュータ化による生産性向上とコストの低減によるところが大きい。次節ではこれからの生産ラインの自動化/コンピュータ化はどうあるべきか、について考察してみる。

4 生産管理の自動化 / コンピュータ化のあり方

4.1 自動化/コンピュータ化の基本的な考え方

(1) 生産ラインの自動化/コンピュータは経営責任で行うこと

生産ライン自動化の推進は設計部門・生産技術部門・製造部門の技術者の課題として捉えられ、進められてきたものと考えている。投資額も大きく、モノづくりの基幹をなすものであるため、経営責任の下に行うべきである。

(2) 手段先行、目的後回しの考えを改めること

最初にCIMありき、FMSありき、LANありきの手段先行を改め、何のための自動化/コンピュータ化なのかの目的を明確にすること。あくまで手段は目的達成のためにある。

(3) 可能だから導入する、ではなく効果の大きいものを導入すること

とかく技術者は採算より技術的興味から仕事に取り組むことがある。この作業あるいは管理は自動化/コンピュータ化できるから導入するより、効果の大きいものを導入する。

(4) 構想は全体的に、実施は段階的に行うこと

長期的な市場動向や経済状況は先行き不透明である。このような状況の中で一気に自動化/コンピュータ化を導入するにはリスクが大きい。全体構想を描きつつも、実施は段階的に行うことが賢明である。

(5) 導入後の評価を行うこと

生産ラインの開発に限らず、人間は新たにシステムをつくる段階では精力的に取り組むが、開発されたシステムの評価はおろそかになりがちである。評価の重要性は当該システム開発の成否の要因を把握することだけではなく、後続

のシステム開発に役立てることにも意義がある。特に事前評価[注7]と生涯評価[注8]が重要である。事前評価は設計前に当該システム評価をすることで、想定内のあらゆる悪影響を取り去ることが狙いである。生涯評価は、実際に導入した結果が生涯を通じて正しかったのかの評価と今後への活用のためにある。

4.2　自動化/コンピュータ化の進め方—主に機械加工の例

生産管理の自動化/コンピュータ化は段階的に、かつ自社の実力（経済、技術、経営/管理など）に見合う形で進めるべきである。そして作業と管理の精度向上、効率化、省力化、スピード化による製品価値の向上、顧客サービスの向上を目指すべきである。

4.2.1　作業の自動化/コンピュータ化

(1) 個別工作機械ごとに作業の自動化を進める。

(2) 個別機械の自動化は作業構成の主加工から始め、部品の取付け、取外しと、範囲を広げていく。品種切替、検査、保守作業の自動化は難しく、コストパフォーマンスが悪いため、あと回しにする。

(3) 主加工のNCデータはCADデータから作る。

(4) 個別工作機械の自動化の次は複数工作機械の自動化へ展開する。群管理の自動化である。

4.2.2　管理のコンピュータ化

(1) 日程計画のコンピュータから始めるとよい。

(2) 日程計画のコンピュータに合わせて外注先への製作手配、購入先への発注業務もコンピュータ化する。

(3) 自動化された工作機械（または工作機械群）への生産計画データはコンピュータで作成し、指示は人間が行う。

(4) 計画データはコンピュータで作成し、計画をコントロールするための進捗や実績データの入力は人間が行う。人間とコンピュータの協働作業である。

注7　事前評価：新たに開発するシステムの構想段階で評価することをいう。評価する内容は生産システムに対する与件（要求事項：生産システムから生産される製品へのQCD要求、生産能力、人間性への要求（安全性、作業性、操作性、快適性など）、環境への影響（公害、廃棄物、エネルギーなど））に対する評価である。

注8　生涯評価：開発されたシステムの稼働後の評価をいう。導入されてから一生涯にわたり使用されている期間全体にわたる与件に対する評価である。事前評価・生涯評価の詳細は、泉英明著「生産システムの基本構想」、建帛社（2003）第13章参照

4.2.3 作業の自動化と管理のコンピュータ化の統合

(1) 作業と管理のコンピュータ統合の最初は人間とコンピュータの協働から始める。

(2) LANやイントラネットを活用した設計と作業と管理の統合はDNC、FMSへと展開する。

(3) FMSレベルの自動化では上位コンピュータからの計画データと現場工程（または工場）からのコントロールデータを双方向に授受できるしくみにする。

(4) 設計－生産－管理の統合だけではなく、販売や製品開発を含む自動化/コンピュータ化に広げる。加えて企業間にまたがる多くの障壁やムダを取り除くためにSCMを導入し効率化をはかる。

今後、グローバル化に対応するには、作業と管理の統合だけではなく経営も含めた統合が必要になる。R&D[注9]は日本で、資材調達、生産・販売は海外で、というように世界を見据えた経営/管理/作業の統合である。インターネットをはじめとするICT技術の進展に伴い現実的になってきた。

注9 R＆D：Research and Developmentの略で研究開発と訳されている。「R」は“Research”（研究）を、「D」は“Development”（開発）を意味している。メーカーなどの研究所や製品開発部門がこれにあたる。

第14講　練習問題

問1 知識・理解

生産管理にコンピュータシステムを導入する理由を述べよ。

問2 知識・理解

投資コストが大きいときは事前評価と生涯評価が重要になる。事前評価と生涯評価について説明せよ。

問3 知識・理解

次の語句を説明せよ。

（1）LAN

（2）WAN

（3）イントラネット

問4 知識・理解

次の語句のフルスペルと日本語訳を書け。

（1）CAD

（2）CAM

（3）CAE

問5 思考・判断

作業のコンピュータ化と管理のコンピュータ化の違いを述べよ。

問6 思考・判断

社内で生産管理にコンピュータシステムを導入したいという議論が高まっている。導入するかしないかをどのような判断から決断すべきか。

問7 関心・意欲

生産管理のコンピュータ化に市販のパッケージソフトに使うべきか、それとも自前でソフト開発すべきかの判断に迷っている。ただし、パッケージソフトはそのまま利用することができないためカスタマイズの必要がある。何を基準にいかに判断すべきか。

※解答例は 246 ページ

第15講 生産管理の境界・隣接職能

学びのポイント

(1) **製品開発がなぜ重要か。**製品開発の特徴を製品開発管理と日常生産管理の違いから学習しよう。

(2) **製品開発管理とは。**目的とする製品仕様を計画通りに開発する管理をいう。開発期間だけではなく、さまざまな管理があるので何をどのように管理するかについて学習しよう。

(3) **マーケティング戦略とは。**製品ライフサイクル過程での戦略にはどのような戦略があるか。また戦略の特徴は何かを学習しよう。

(4) **4P戦略とは。**4P戦略の内容を習得できるように学習しよう。

(5) **財務管理とは。**経営指標には資本利益率など多くの経営指標がある。各々の指標の目的と算出方法について理解しよう。

(6) **エルゴノミクスとは何か。**またなぜ注目されるようになったかの経緯を学習しよう。

(7) **マン・マシン・システムとは何か。**マン・マシン・システムではマン・マシン・インターフェースの設計が重要といわれている。その理由についても学習しよう。

キーワード

製品開発管理、開発QCD、製造QCD、プロダクト志向、マーケット志向、マーケティング戦略、4P戦略、資本利益率、付加価値、エルゴノミクス、マン・マシン・システム、マン・マシン・インターフェース

生産管理の境界・隣接職能には多くの職能と管理技術が存在する。とりわけ「生産」に前後する「開発」と「販売」は開発→生産→販売として、企業が社会に役立つ製品を開発し、それを生産し、販売する3大機能を担う。

開発では新たに市場に出す製品を計画することと、計画した製品を具現化する機能をもつ。生産では開発された製品を生産するために生産システムを開発し、この生産システムを使って生産を行う。また販売では市場を開拓し、販売体制を築き、生産された製品を売る役割をもつ。この開発と販売を管理する製品開発管理と販売管理は生産管理の境界・隣接職能として取り上げる。

財務管理とエルゴノミクス[注1]も生産管理の境界・隣接職能として取り上げる。財務管理は開発→生産→販売活動の成果として財務状態が改善されたかを分析するのに役立つ。生産管理は儲かる生産管理として貢献しなければならない。

エルゴノミクスは人間主体の労働を目指している。人間を犠牲にしての生産性の向上、生産効率向上は受け入れない。人間の特性を活かした作業システムの在り方を追求する領域として生産管理の境界・隣接職能に取入れた。以上のことから本講では製品開発管理、販売管理、財務管理、エルゴノミクスの4領域を生産管理の境界・隣接領域として取り上げる（図15-1）。

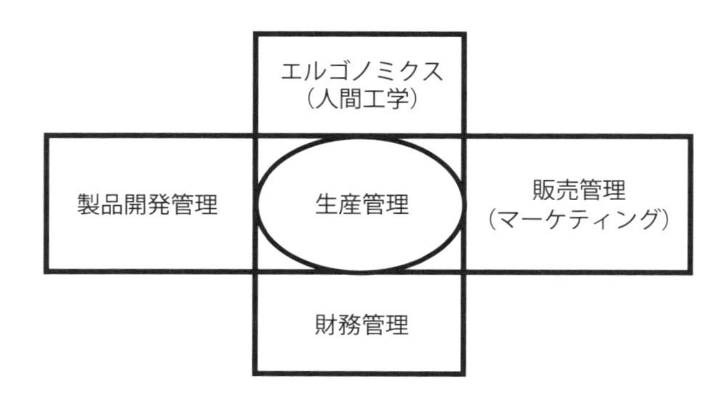

図15-1　第15講で取り上げる生産管理の境界・隣接領域

注1　エルゴノミクス：エルゴノミクス（Ergonomics）は人間工学（Human Engineering）とかヒューマンファクター（Human Factors）とも呼ばれており、働きやすい職場や生活しやすい環境を実現し、安全で使いやすい道具や機械をつくることに役立つ実践的な科学技術をいう。

1　製品開発管理

1.1　製品開発とは

経営戦略として新たに製品をつくり出すことを製品開発という。まったく市場にない製品、市場にはあるが自社企業にとって新しい製品は新製品としての製品開発である。つまり世の中の新規性より自社企業の新規性で新製品開発とみなすのである。新規性の意味には次のようなものがある。

①製品のもつ性能、機能、デザイン、品質の新規性

②性能、機能、デザイン、品質を生み出す構造の新規性

③製品を造り出す技術、製造方法、材料の新規性

また、既存製品の改良は改良開発といわれ、製品開発とは区別されるが、これも自社企業にとって新規性が強いなら製品開発として扱う。

1.2　製品開発の目的

製造業であれば製品を通じて社会へ価値を提供し、利潤を得ている。しかし提供する製品は長期にわたり社会に貢献できるわけはなく、いつかは競合製品の出現により衰退期に追い込まれる。売上も、利益も減少し、いずれ生産中止になる。製品開発の目的は次の2つである。

1つは競合他社製品より優れた製品を新たに開発し、タイムリーに社会に提供することで熾烈な競争に勝つため。

2つ目は競合他社製品より競争優位に立つことで、売上、シェア、利益を伸ばすためにある。

開発技術の蓄積ができる、成功失敗の経験を次の製品開発に活かせる、製品開発管理を通じての貴重なノウハウを蓄積できるなどの効果があるにせよ、膨大な費用をかけて開発した製品が世に出ないままに終わる。世に出たにしても短命で終わるなどのリスクも大きい。

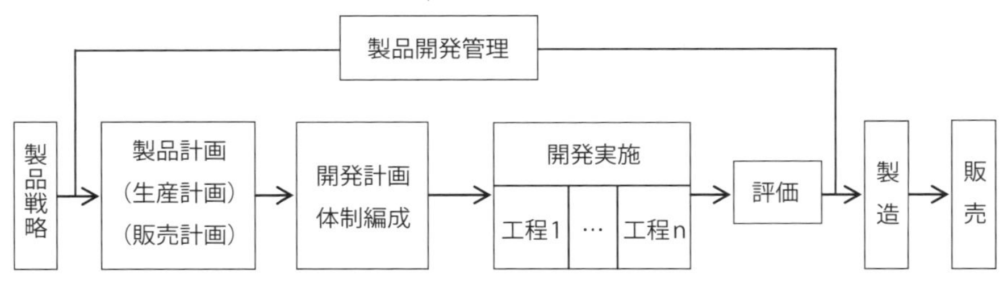

図15-2　製品開発管理過程

1.3　製品開発管理とは

製品を開発するとき、計画した製品を開発期間、開発予算、人員体制で達成させるための管理が製品開発管理である。製品開発管理過程を図15-2に示す。製品計画では製品戦略の意思を開発する製品に反映させるために、品質、価格・利益・コスト、需要量の計画と、生産の基本計画、販売の基本計画を行う。開発計画では製品、生産、販売のシステムについて、開発行動ができる目標を立て、実現の大日程と中日程を立てる。製品、生産システム、販売体制の骨格と内部構成を捉え、それぞれの変化に対応できる性能（QCD、操作性、社会性など）を計画する。そして実施のための大日程、中日程を計画し、開発体制を編成する。開発実施段階では各開発課題について達成課題を決め、体制をつくり、開発を進め、ポイントポイントで達成評価、指導、支援、調整を行う。評価段階では製品の評価を対市場、対製造、対財務、開発体制から行う。

1.4　製品開発管理と日常生産管理の違い

製品開発管理を開発のQCD、日常生産管理を製造のQCDとして捉えると表15-1のような違いがある。

開発のQは、開発製品を通じて市場での役立ちを大きくするかである。一方、製造のQは開発のQに一致させることであり、開発Qを実現することである。開発のCは市場から得られる売上高と利潤であり、それに必要な製品の価格であり、コストである。いかに多くの売上と、いかに多くの利潤を獲得できるかである。そのために必要な価格設定と生産コストである。

製造のCは製造コストを守ることであり、コスト低減を図ることである。ま

表15-1　開発QCDと製造QCDの違い

開発のQCD	指標	製造のQCD
VD=製品QD/C・D QDは市場での役立ち QDをいかに大きくするか	Q指標	VM=製品QM/C・D QMをQDにいかに一致させるか、分母のC、Dを小さくするか
市場から得られる売上高 利潤、販売価格、コスト	C指標	製造コストをいかに守るか、下げるか
市場で続く製品ライフサイクルの長さと総需要量を増やすか	D指標	納期、日程、時間、数量をいかに守るか、短縮するか

た、開発のDは市場で続く製品ライフサイクルの長さと総需要である。製品QとCのもとに、いかに総需要量を大きくするかである。製造のDは日常運用システムを使って日程、時間、数量を守ることであり、短縮することである。

2　販売管理（マーケティング）

2.1　販売管理とマーケティング

本講第1節で開発した製品を生産し、生産した製品を販売する、と述べた流れは販売志向に立脚している。販売管理は生産された製品をどのように売るかを目的に広告や宣伝を計画し、販売促進を行い進めていく方式である。つまり、製品を販売するまでのあらゆる仕事を販売管理といっている。しかし、販売管理だけでは顧客が本当に必要としている製品がわからないため、どのような製品を作ったら良いかが難しい課題になる。そこで、販売管理に先立ち顧客の求めている、市場が求めている製品を正しく把握するための調査が必要になる。これがマーケティングである。現代のマーケティングは市場の求めている製品を機能、性能、デザイン、カラー、価格、サービスなどで競合他社製品と差別化を行い、顧客が満足する顧客志向による市場創造を目的としている。

販売管理にとって重要なのはマーケティングである。現在使われている用語マーケティングには販売管理が含まれ、販売管理にはマーケティングが含まれている。本講ではマーケティング志向にもとづき述べる。

2.2 プロダクト志向からマーケット志向へ

1973年に起きた第1次オイルショック[注2]までの日本は作れば売れる時代であった。時代はモノ不足であったため、大げさであるが製品を作りさえすれば売れる時代であった。販売努力をせずに企業は売上、利益を確保できた。この時代を生産志向（Product Orientation）といった。第1次オイルショックを境に作れば売れる時代から、売れるものを作らなければならない時代に変わったのである。理由は景気低迷と市場にモノが行き渡り売れなくなったからである。企業が経営を順調に持続していくには目標とする市場の必要性を認識し、必要性を満たす製品を適切な価格で、適切な場所で、適切な時期に提供しなければならない。これが市場志向（Market Orientation）である。

この市場志向は「開発した製品を生産し売る」の流れを「売れる製品を開発し生産する」の流れに変革した。

2.3 マーケティング戦略

2.3.1 製品戦略（Product戦略）

製品ライフサイクルの概念は、すべてのマーケティング計画を制作する上で非常に役立つ。製品がそのサイクルのどの位置にあるかによって、製品計画、価格づけ、販売促進、流通の各決定に大きな影響を与える。製品ライフサイクルは図15-3のように人間の一生になぞらえて、導入期、成長期、成熟期、衰退期の4つのステージに分け、各ステージに適したマーケティングを展開しようとする考え方である。

(1) 導入期の戦略

導入期は製品が世に出て間もない時期なので、販売量も少なく消費者の製品の認知度が低い。用途や機能などの商品知識も低いため、この時期は販売促進を重視して製品知識を高める努力が必要である。製品を使用するイメージを持てるようなプロモーションが重要になる。

注2　第1次オイルショック：1973年の第4次中東戦争を機にアラブ産油国が原油の減産と大幅な値上げを行い、石油輸入国に失業・インフレ・貿易収支の悪化という深刻な打撃を与えた事件。特に日本は石油輸入大国であり、当時、中東からの石油輸入依存度は78%であったため、日本経済に対する悪影響は大きかった。

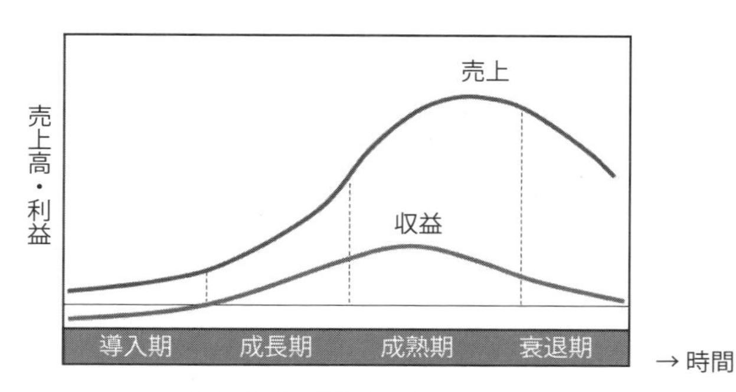

図15-3　製品ライフサイクル

(2) 成長期の戦略

販売量も急激に上がり、製品の認知度も高くなる時期である。ただこの時期は競争相手も参入してくるので、ブランド選好[注3]を確立し、本質的サービスに加え補助的なサービスを充実させて、顧客を逃がさないことである。また、顧客の増加に対しては流通経路を閉鎖型から開放型に切り換え販売チャネルを拡大する必要がある。販売の伸びに対して供給を顧客に順調に行うことも重要なポイントになる。

(3) 成熟期の戦略

販売量が次第に伸び悩み、競争相手も増えてくるので自社製品のブランド・ロイヤリティ[注4]を確立した上で、製品の改良、新用途の発見と提案などのプロモーション強化が重要になる。モデルチェンジによる次の製品の導入を検討しなければならない。

(4) 衰退期の戦略

競合製品が優位となり、急激に製品が陳腐化して販売量、利益とも急減する。タイミングを見計らって撤退するか、新市場を見つけるか、新用途を見出すかの方策を検討しなければならない。

2.3.2　価格戦略 (Price戦略)

価格戦略は、市場環境と企業分析によって自社の位置づけを明確にした上で、適切な戦略を選択しなければならない。大きくは2つの戦略がある。

注3　ブランド選好：特定のブランドが好きで他のブランドとほとんど比較することなく購入すること、またはそのブランドを好むこと。ブランドロイヤリティともいう。価格に関係なく、また他社比較なく購入を期待できるので企業の販売戦略としてブランド価値を高めることが重要である。

注4　ブランドロイヤリティ：消費者がある特定のブランドを繰り返し 購買し、かつ他の代替となるブランドがあるにもかかわらず必然的にそのある特定の ブランドを購買し続けることをいう。ブランド選好と同義語。

(1) 市場浸透戦略

この価格戦略は低価格戦略ともいわれるもので、発売するときから思い切って安い価格をつけ、短い期間でその製品を消費者に知らせて大量に売ることによって利益を上げようとする戦略である。

(2) 高価格戦略

新製品を導入する時に、高いモノを買うことに抵抗がなかったり、高くても欲しいと思っている消費者層に売り込もうとする戦略のことである。この方法だと短期間に大きな利益をあげることができるので最初にその製品を開発するためにかかったコストを早く回収することができる。

2.3.3 販売促進戦略(Promotion戦略)

売り手が、買い手の購買心理を刺激し、商品を購入させるために行う組織的な活動をいう。広告、人的販売、パブリシティ[注5]、セールスプロモーションから成る。

2.3.4 流通戦略(Place戦略)

自社の製品と最終消費者を結ぶ経路のことを流通チャネルという。例えば、「生産者→ 卸売業者 → ディーラー → 小売業者 → 消費者」「生産者 →インターネット→ 消費者」などがある。流通チャネルについて戦略的に考えることが流通戦略である。流通させる範囲とコントロールの強さから次のような戦略がある。

(1) 包括的流通

開放的流通戦略ともいわれる。可能な限り大きな流通経路を獲得し、製品を流そうとする生産者の戦略。

(2) 選択的流通

流通業者の数を制限し、業者当たりの販売額を増大させようとする流通戦略。この方法は限られた流通業者と一緒にチャネルコントロールできることと魅力的ブランドイメージがもたらされることが生産者の目的である。

(3) 独占的流通

生産者による最も強い制約のある流通戦略である。一般には1テリトリーに1流通業者となる。排他的流通政策と呼ばれ、特定の地域や製品の販売先に独占販売権を与える政策。こうした販売先は、代理店とか特約店と呼ばれる。

注5 パブリシティ：お金のかからない広告といわれている。企業や製品やサービスを記事にしてもらいメディアで提示すること。

3　財務管理

本来、財務管理は利益計画（収益計画と費用計画）と資本計画（投資計画と流動資金計画）を策定し、コントロールすることで利潤の長期極大化を目指す財務上の管理である。利潤の長期極大化は財務の安定性、流動性の確保が必要であることから経営活動の結果は損益計算書、貸借対照表に表わされる。把握された損益計算書、貸借対照表をもとに資本運用の管理、資本調達管理、資本運用と調達の関係が適切であったかを評価し、改善するのが中心になる。

本節の財務管理では、特に生産管理が企業財務管理に与える課題と効果に的を絞り述べることにする。

3.1　生産活動と財務

一般に製造業は、市場の需要を対象にして経営活動を行い、製品を通じて社会への貢献を行うと同時に利益確保と企業基盤の安定を築く永続的活動を展開する。この経営活動は図15-4に示すように財務、調達、生産、販売の４機能が関連している。

生産活動は、機械・設備、資材、労働力などの資源を用いて、製品をつくり出す。この生産活動によってつくり出された製品を市場に提供するとともに、市場の開拓、維持、拡大するのが販売活動である。販売活動にもさまざまな資源が必要である。生産・販売活動を円滑に行うためには、資源を継続的に調達しなければならない。この活動が調達活動である。調達や生産や販売活動に必要な資源の調達にはお金が必要である。このお金の大部分には販売活動で得られた利益を充てることになるが、不足の場合は資本調達により補充する。

このように企業は適正な利益を継続的に得ることによって、企業の存続を保

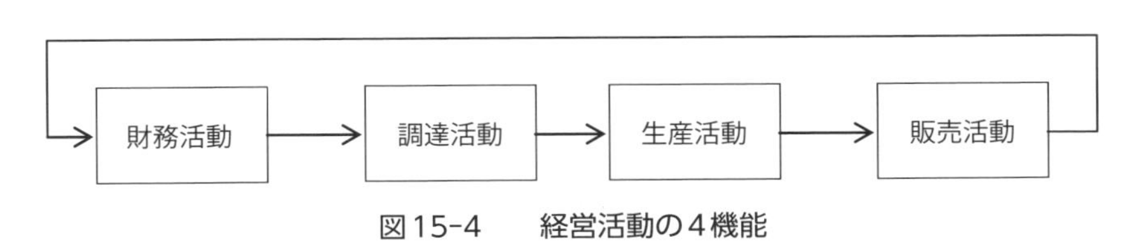

図15-4　経営活動の４機能

証し、従業員には給料を、株主には配当を支払い、地域社会に貢献し、社会全体の発展にも貢献する。企業の経営状態が健全であるかの判断は、(15.1) 式の資本利益率が重視されている。

$$資本利益率 = \frac{利益}{資本} \tag{15.1}$$

一般に、分子として年間に得た利益の額に、どれだけの資本を費やしたかで算定される。使った資本が少ない割に、多くの利益を上げた企業は経営状態が良いと判断する方式である。

この資本利益率は、(15.2) 式として2つの経営指標に分けることができる。

$$資本利益率 = \frac{利益}{売上高} \times \frac{売上高}{資本} = 売上高利益率 \times 資本回転率 \tag{15.2}$$

売上高利益率は売上高に占める利益額の割合を示す指標である。どれだけの売上高を上げないと、利益計画が達成できないかの判断材料や、利益額増大を目指す収益性向上策に使われる。また、資本回転率は1年間に資本が何回売上高という形で回転したのかを示す数値で、これが高いほど、資産が効率的に売上に結びついていることを表す。

資本運用の効率性を分析する指標の1つで、資本計画に役立つ。資本を増やさずに売上高を増加させる、あるいは、売上高を維持しながら、不要な資本を圧縮すると資本回転率は向上する。

3.2　生産管理による財務上の効果

(1) 生産性向上による効果

高度経済成長期には売上の増加により利益を増大させたのに対して、低成長期にはコストダウンにより利益を確保することが重要である。これには付加価値労働生産性の向上によるコストダウンが有効である。(15.3) 式が付加価値労働生産性を求める式である。1人あたりの従業員がどれだけの付加価値[注6]を上げたか見るもので、付加価値労働生産性が高い場合は従業員1人あたりの付加価値高いことを意味している。売上高の中には購入費や外注費のように、従業員が稼ぎ出した価値以外の分まで含まれているため真に稼いだ金額を付加価

注6　付加価値：付加価値とは、企業のヒト・モノ・カネを使って新たに生み出した価値をさす。付加価値の計算方法には、中小企業庁方式と日銀方式の2種類がある。参考までに中小企業庁方式では、付加価値は次のように求める。

付加価値　＝　売上高　－　外部購入価値

外部購入価値には、材料費、購入部品費、運送費、外注加工費などがある。

値として求めるものである。

$$付加価値労働生産性 = \frac{付加価値}{従業員数} = \frac{売上高 - 外部購入用役費}{従業員数} \quad (15.3)$$

(2) 生産管理による効果

生産管理は生産組織全体で生産性向上を実現し、経営目的達成に寄与する計画的、組織的活動である。その狙いには次のようなものがある。

①多様化・短納期化への対応
②製造費の削減
③仕掛・在庫の削減
④設備稼働率の向上
⑤人件費などの管理費の削減

高度成長の下では、製造法の合理化と設備稼働率の向上が主要な課題であった。しかし、現代は多様化、短納期化への対応、仕掛・在庫の削減、管理費の削減が加わり、生産管理は複雑になってきた。生産管理のねらいと経営指標の関係では、多様化と短納期化は売上利益率と資本回転率の改善に役立ち、製造法の合理化と管理費の削減は主として売上利益率の改善に役立つ。仕掛・在庫の削減と設備稼働率の改善は資本回転率の改善につながる。

4 エルゴノミクス

4.1 エルゴノミクスとは

ヨーロッパではエルゴノミクス（ergonomics）、アメリカではhuman factors、日本では人間工学と言われている学問は「人間の持つ心身の特性に“もの”や“環境”を適合するように、それらを設計、製作、改善する実践科学」といわれている。モノづくりである製造業に例えるならば、仕事、作業、製品、システム、設備、道具、などの設計、製作、改善に人間の持つ能力、限界、心理的、身体的特性を応用することで、生産性、快適性、操作性などの向上を目指す学際的科学技術領域である。以下モノづくりの製造業を対象にしたエルゴノミクスについて述べる。

4.2　人の寸法とモノの寸法

(1)　人体計測

道具や機械は、それを使う人間の寸法に合わせて設計すべきである。これは言うまでもない。例えば、出入口の高さは身長、視覚表示は目の高さ、電車やバスの座席の幅は肩幅、保護帽の大きさは頭周の長さを基準に決められる。人体測定とは設計に役立つさまざまな身体部位の寸法を測ることである。

(2)　人体測定データの使い方

日本人の体位を測定したデータで設計したものをヨーロッパや米国に輸出しても意味がないし、逆に日本人が使うものを欧米のデータで設計しても意味がない。少なくともユーザとして想定される母集団を代表する測定値かそれに近いデータを用いるべきである。そして人体計測値は平均値だけを用いるのではなく、90% − ile（パーセンタイル[注7]）値や95% − ile値といった大きい側を使う場合や、5% − ile、10% − ile値といった小さい側の値を使うべき場合もある。

大きい側の基準値は出入口の寸法、小さい側の基準値は公園の水飲み場の高さなどである。一般には5～95% − ileの間の90%の人が使用可能設計をすればよいとされている。このため必要ならば自動車の運転席のように前後に動くような調節機構をつけたり、靴のように数種のサイズで選択できるようにしている。

(3)　作業域

作業台、運転台などを設計する場合、静的な身体寸法だけではなく、手足の届く範囲（最大作業域）と無理なく作業できる範囲（通常作業域）を特定する必要がある。この際、必要に応じて水平作業域と垂直作業域のどちらか一方、

または両方を考慮する。作業中頻繁に取り扱うスイッチやレバーなどの操作器は通常作業域に配置し、まれにしか取り扱わない操作器は通常作業域と最大作業域の間においても良い。誤って作動させると危険な操作器は、最大作業域の近くに配するか、その外側に配置することも検討すべきである。

注7　パーセンタイルとは：対象とする数値群を小さい順に並べて、指定された個数番目にある値を代表値とするものです。50パーセンタイルなら、100個の数値があるとき、小さい順に50番目の値ということになる。

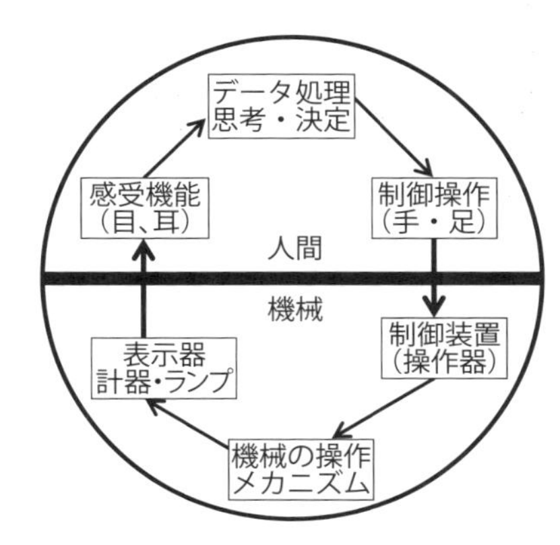

図15-5　マン・マシン・システムとマン・マシン・インターフェース

4.3　マン・マシン・システム

4.3.1　マン・マシン・システムとマン・マシン・インターフェース

マン・マシン・システムは「人間―機械システム」と訳されている。クレーン車、携帯電話、洗濯機など、どんな装置でも人間が使ったり、人間が関係したりしている。その理由は、マン・マシン・システムは常に人間の目的のためにつくられたものであり、かつ人間によって設計され、つくられ、使われる。さらに、システムをモニターする、管理する、保守するのも人間である。

マン・マシン・システムとは少なくとも一つの構成要素が人間である装置システムあり、この人間要素がそのシステムの一部である機械要素の働きに介入したり、干渉したりする装置システムといえる。図15-5にマン・マシン・システムとマン・マシン・インターフェースのモデルを示す。マン・マシン・インターフェースは表示器や操作器など人間と機械との情報授受にかかわる部分と働きをいう。いわゆる人間と機械の境界領域部分をさす。

マン・マシン・システムの設計においては、人間と機械にどのような仕事を割当てるかという問題と、表示器、操作器の選択及び配置が人間工学的課題の中心になる。本節では表示器について述べる。

4.3.2　人と機械の役割分担

人間と機械の役割分担の基本は、各々の得意分野を活かすことである。機械は同じ精度で反復作業をするのが得意である。力も強く動作も早い。長時間疲

表15-3　視覚表示と聴覚表示の使い分け

視覚表示が好ましい場合	聴覚表示が好ましい場合
1．伝達内容が複雑	1．伝達内容が単純
2．伝達内容が長い	2．伝達内容が短い
3．伝達内容を後で参照する	3．伝達内容を後で参照しない
4．空間内の場所に関連する内容を使う	4．時間経過とともに発生する事象を扱う
5．ただちに対応する必要がない	5．ただちに対応を要する
6．作業員の聴覚システムが過負荷状態	6．作業者の視覚システムが過負荷状態
7．表示する場所が騒がしい	7．表示する場所が明暗すぎる
8．作業者が1か所に留まり仕事ができる	8．作業者が動き回る必要がある

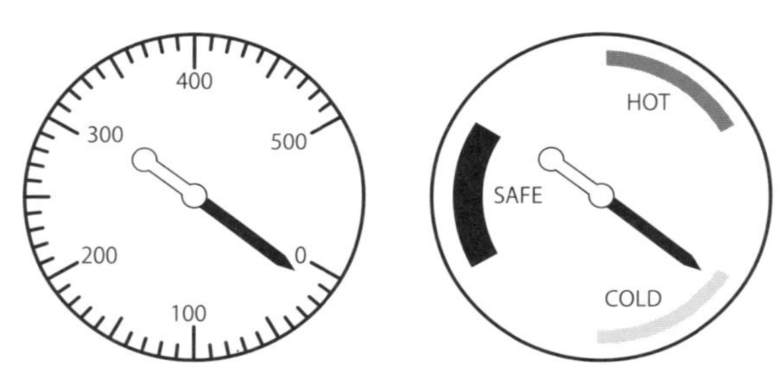

図15-6　表示器による情報の視覚的呈示

労もせずに働くことができる。一方、人間は一般に言語能力、学習能力に優れており、融通性があり、複雑な状況や初めて遭遇する状況でも、知識や経験に基づいて最善と思われる意思決定をする柔軟な判断力を持っている。

システム設計をするとき、ともすれば技術的、コスト的に自動化しやすい作業を機械に行わせ、残りの作業を人間にやらせる傾向があるが、これは間違いである。人間の特性と機械の特性を考慮して、最適の役割分担を行ったとき、マン・マシン・システムの効率と安全性は最高になる。

4.3.3　表示器

機械が人間に伝える情報伝達形式は視覚と聴覚が圧倒的に多いが、まれに味覚、触覚、振動も使われる。視覚表示と聴覚表示の使い分けを表15-3に示す。

視覚表示には表示灯、計器、ディスプレー装置が含まれる。これらの表示器の内外で、ラベル、目盛り、メッセージとして使われる数字や文字や文章も重要な要素である。掲示や文字による警告を視覚表示に含める場合もある。視覚表示器を評価するポイントは、視認性、識別性、目立ちやすさ、読み取りやすさ、理解しやすさなどである。読み取りやすさといっても数値を正確に読み取るにはデジタル表示、機能をすばやく知るにはアナログ計器よいというように、使用目的に応じて評価が異なる点に注意しなければならない。

図15-6に示す表示器の左側と右側で照合読取り[注8]を行う場合はどちらが優れているだろうか。正解は右側である。左側に比べ表示がこみ入っていない、解釈が容易である。結果として読取ミスが少ないなどの理由からである。

注8　照合読取り：表示器から正確な情報を得るためのモノではなく、だいたい適正かどうかを知るためもの、正常か異常か、始動か待機か、良い、ダメ式の指示の読取りをいう。

第15講　練習問題

問1
知識・理解

製品開発段階でのQCD管理（製品開発管理）とは何か。

問2
知識・理解

マーケティングの4Pとは何か。

問3
知識・理解

1973年の第1次オイルショックを境に、企業は生産志向から市場志向に変わった。その理由を述べよ。

問4
思考・判断

下表は某企業の売上高、変動費、固定費である。この表にもとづき次の設問に答えよ。

【設問1】この企業の損益分岐点の売上高を求めよ。
【設問2】利益を500千円にするためにはいくらの売上高が必要か。
【設問3】この会社の限界利益率はいくらか。

項　目	金額（千円）
売上高	1,500
変動費	1,000
固定費	400

問5
知識・理解

マン・マシン・システムインターフェースについて説明せよ。

問6
関心・意欲

身の回りの商品（または備品や道具や設備）の中に人間工学（エルゴノミクス）が活かされていると思われるものを3つあげよ。

※解答例は 250 ページ

練習問題の解答例

第1講解答例

問1

各年度の経営計画：1年ごとに計画される経営計画をいう。この経営計画には会社全体の総合計画と部門ごとの個別計画がある。中期経営計画を達成するための戦略的経営計画と業務効率化を行う計画を連携させて計画する。

予算編成：経営計画の一環として行うもので、経営計画を実現するために財務の裏付けをして総合的に編成したものである。経営計画には売上計画、費用計画、利益計画、投資計画などがある。計画と実際との差異をチェックし見直しが行われる場合もある。

問2

組織編成の目的：企業目標あるいは経営計画を効率よく達成するために組織を編成する。組織は研究開発、生産、販売、財務などのように機能別に編成されるのが一般的である。

ライン部門：企業の中核をなす部門であり、製造業なら開発→生産→販売が代表的な部門でなる。

スタッフ部門：ライン部門を専門的知識により支援する部門をいう。

問3

製造業の企業目的を直接的に遂行する部門を基幹部門という。ライン部門に相当する。同じ製造業でも企業により若干の違いは考えられるが、製品企画/計画部門、開発/設計部門、生産部門、販売部門などは基幹部門に相当する。

問4

生産管理部門では生産計画、生産指示、生産統制（進捗把握、挽回策など）、生産実績の把握、在庫管理（在庫計画、在庫統制など）などの業務を行う。生産計画を例にとれば、見込み生産では需要予測、在庫高などを加味して製品計画する。注文生産では顧客からの受注仕様、台数、納期などを加味して製品計画する。どちらの計画も生産工程に負荷積みを行いながら計画する。飛び込み受注や顧客からの仕様変更などで計画変更の必要があれば再度、生産計画をつくり直す。

問5

長期経営計画は計画期間が長く（8年から10年先といわれている）、現代のように変化（国際情勢、経済状況、技術革新など）が激しい時代においては一気に10年先の計画に経営ビジョン・経営目標（例えば、売上を現在の2倍、利益シェアを50%、利益を

3倍など）を反映させようとしても無理がある。逆に単年度（1年）の経営計画で経営ビジョンを達成するのも期間的に短いため無理がある。そこで、ある程度の計画達成可能な中期経営計画（3年~5年）に反映させることになる。

問6

組織を機能させ、運用効率を良くするには役割分担が必要になる。第1に企業に責任をもつ（特に外部に対して：株主、銀行、取引先業者、地域社会など）人が必要になる。この人たちが経営者である。経営者は主に会社全体に係る経営の仕事をする。そのための権限もある。第2に部門の責任者が管理者である。部門を効率良く運用するための権限と責任が与えられる。第3に監督者は実務担当者のリーダーとして担当者のモチベーションを引出し、仕事の効率を高める役割がある。管理階層ごとに役割分担が異なる。

問7

自動車に代わるもの（例えば5人乗り飛行機の普及や、道路全体に動く機能が付いたなど）が出現した場合に自動車産業は追いつめられる。また世界の自動車産業の中で日本の自動車メーカー（トヨタ、日産、ホンダなど）がリーダー（技術や価格など）になれなくなったとき、斜陽化する。

エネルギーが石炭から石油に代わったのは前者の例であり、鉄鋼が中国に、造船が韓国と中国にリーダーを奪われたのは後者の例である。

第2講解答例

問1

Q：Quality（品質）　C：Cost（原価またはコスト）　D：Delivery（日程または納期や時間）　※（　　）内は日本語訳

問2

製品はQの品質が良いほど、Cのコスト（価格）が安いほど、Dの時間（納期）が早い（短い）ほど製品の価値が高くなる。

問3

M：Material（材料）　F：Facility（設備）　W：Worker（労働）※（　　）内は日本語訳

MFW各々にQCDが存在しているため、それを使ってつくる製品のQCDに影響を与える。例えばMである材料が品質の悪い材料、コストの高い材料、遅れて入手される材料を使えば、つくる製品も悪い製品、高い製品、遅れてできる製品になる。

問4

セル生産：1人ないし数人の作業者が1つの製品をつくり上げる自己完結性の高い自律分散型（複数の作業者が主体的行動で協調する）生産方式である。流れ作業の単調作業による生産方式と比較される。

カスタマイズ生産：大量生産により生産コストを下げる目的と、個々の顧客に満足度の高い商品を提供する受注生産を両立させる生産方式である。多くの利用者が使用すると思われる製品を標準製品として大量に生産し、標準製品をベースに個々の顧客要求仕様に合わせて製品を修正して提供する方式。

問5

注文生産で作られた製品：家屋（戸建)、注文服（既製服では合わないため特別に注文してからつくった服)、注文でつくった指輪、注文でつくった特殊車両（クレーン車、トレーラー車など）など。

見込み生産で作られた製品：ボールペン、テレビ、テーブル、食器など。

問6

企業で生産する製品の信頼を損なわない（不良品の出荷、偽装品の出荷、自然環境の破壊など）ことは当然である。このほかにも企業が保有する人材や資金、知恵などを活かし、地域行事や地域防災活動など、幅広く地域活動に参画することや、従業員のボランティアとしての参加を支援・奨励することも信頼を得ることにつながる。

問7

市場に流通している商品がメーカーごとの個性を失い、消費者にとってはどこのメーカーの品を購入しても大差ない状態のことをコモディティ化といっている。これまであった通常価格より、少し価格を上げた高級路線の商品がプレミアム商品である。そして、多くの人は「高い＝良い」と思い込む心理を持ち、高価版であれば良いものだろうと期待を込めて購買する。

「高価」として提供されたものに、少しでも差を感じては「お、これは違う！」と贅沢を感じて、満足する心理を狙った商品である。

第3講解答例

問1

上流工程：製品計画/製品開発、製品設計　あるいは製品企画/製品計画、製品開発/製品設計。

重要といわれる理由：

①顧客のニーズやウォンツを製品開発に取り込むことができる

②製品の役立ち、製品仕様、コストなどのほとんどが上流工程で決定づけられる

③競合他社製品との差別化ができるのも上流工程である

問2

故障の修理、使用（操作）上の教育・指導、クレーム対応、定期点検など。

問3

P：Plan（計画）、D：Do（実行）、C：Check（調査）、A：Action（行動）

※（　　）内は日本語訳

問4

経営と管理の違いは次の表になる。

差異項目	経営	管理
課題の規模	大きい 全社的	小さい 部分的
課題の不透明さ リスクの大きさ	不透明 リスクが高い	透明 リスク小さい
課題の恒常性	恒常性が少ない 繰り返し性がない	恒常的である 繰り返し性がある

問5

下図のようになる。

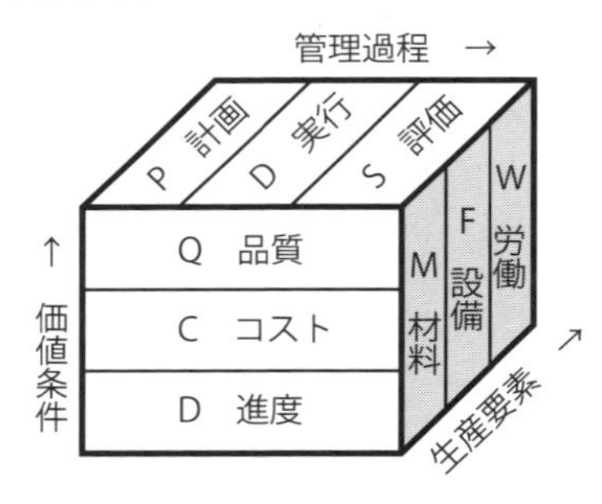

問6

Qである品質管理を重要視するあまり、人、モノ、金、時間をかけすぎるとコスト高になったり、日程が延びたりする。場合によっては顧客が望んでいない過剰品質に陥る場合もありうる。

問7

管理のDは計画を達成するための行動であり、計画がなければ行動のしようもない。課題（問題）解決のために計画を作り、行動に結び付ける道筋をつけることが大事である。

問8

これから開発する車の方向を決めるとき、何が重要かは次の点にある。

開発の方向がHVかEVかFCVかは本来ならば需要の大きさで決めるべきである。しかも世界規模の需要の大きさである。ところがこの需要の大きさが不透明でまったくわからない。このような中で何が今後の開発車の方向を決めるかといえば次の点にある。

(1) 現在を基準にHV、EV、FCVの問題点を列挙し、今後どのように改善されるかを見極めて判断するしかない。

①HVはガソリンで発電した電気を使うため、(ガソリン) エンジンとして (電気) モータで動く車であるから両装置を備えているので、まずは片方のガソリンエンジンがムダである。

②EVの問題は充電時間が長い、走行距離が短い、充電施設が少ないなどの問題があるが、いずれも改善の余地はある。

③FCVはコスト高、水素の供給施設が少なすぎる、維持費もガソリン車と大差ない。ただし高度の技術力を持たないとFCVの開発は無理である。日本はFCVが有利である。

(2) 過去の例からもわかるように、世界標準をどのタイプが取るかであろう。現時点のEVの問題点である、充電時間の短縮、走行距離の延長に大きな革新が行われるならば、EVを展開する方向に進めたい。そしていち早く世界標準を確保したい。

第4講解答例

問1

工程サブシステム：工程ごとの変換課題 (変換内容) を与える

作業サブシステム：変換課題を達成するための作業行為

管理サブシステム：工程ごとの変換課題を達成するために作業系に指示し成果を保証する運用システム

問2

同一ロット内で、繰り返し行われる作業をいう。部品取付け→工具接近→加工→工具離脱→部品取外し、は同一ロット内では繰り返し行われる。

問3

流れ工程の中で一番時間が多くかかる工程をネック工程という。このネック工程が全体の流れを制約し、生産スピードを決めている。

問4

品質工程能力が大きすぎるのは高精度、高性能設備の導入が原因と考えられるのでコストアップの危険が伴う。品質とコストの両方を適正に管理する必要がある。

コスト工程能力が大きすぎるのは標準原価に対して実際原価が安すぎるからである。安い材料、安い労務費などが起因している。このことで品質や納期に悪い影響を与えることが問題である。

時間工程能力が大きすぎるのは需要量に対して生産能力が大きすぎるからである。過剰設備、過剰労働力の保有が起因している。コストアップにつながる危険性が大きい。

問5

バランス率は下記に求められる。

バランス率＝ΣTi ／ $n \cdot Tmax$ =18/24=0.75（75%）

仕掛品の発生工程：2工程の前

手待ちの発生工程：3工程と4工程

問6

生産リードタイムはある製品（部品）が生産を開始されてから、生産が終了するまでの時間をいう。

1個目：18分、2個目：21分、3個目：24分　下図を参照

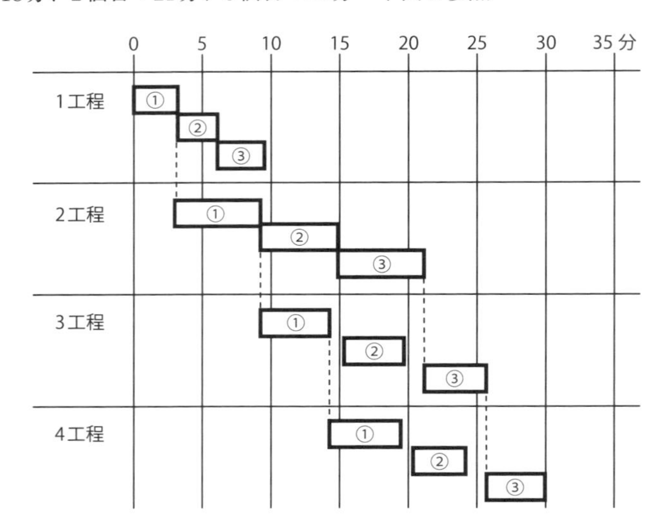

問7

【設問1】タクトタイムとは1台（1個）当りの生産スピードであるから（何分に1台（1個）生産するか）次の式で算出できる。

タクトタイム＝20×7×60/5000　＝　84/50　＝　1.68分

【設問2】5mの間隔を1.68分の時間で組立するスピードが必要だからコンベアスピードをv（m/min）とすれば

v = 5/1.68 ≒ 2.98m/min　となる。

第5講解答例

問1

機能品質：製品のもつ機能の品質で、洗濯機なら汚れを落とす、綺麗に落とす、掃除機ならごみを吸い取る、綺麗に吸い取るなどの品質。

操作品質：使いやすさ、準備/後始末のしやすさの品質。

社会性品質：安全である、自然環境に害を及ぼさないなどの品質。

信頼性品質：故障しにくい、故障しても修理をしやすいなどの品質。

問2

SQC：Statistical Quality Control（統計的品質管理）

TQC：Total Quality Control（総合的品質管理）

TQM：Total Quality Management（総合的品質経営）※（　）内は日本語訳

問3

生産した製品に責任を持てなくなる。つまり顧客への品質保証ができない状態になる。1年で壊れたり、10年長持ちしたり、ブレーキが利いたりたり利かなかったりと品質にバラツキが発生する。顧客が安心して製品を買うことができない状態になる。

問4

職場で品質を中心とした改善活動を自主的に行う小集団のことをいう。経営目的を達成するために編成された組織とは異なり、目的とする改善課題が達成されるとチームは解散し、他の改善課題を目標に新たなチームリーダーのもとに小集団を編成して改善活動を行う。この活動を継続的に繰り返す。

問5

①ISO9000シリーズは国際標準規格であるため、世界に通ずる品質マネジメントシステムとして注目されている。

②国際化、グローバル化が進む中、特にEUへの輸出を増やしたい企業、進出したい企業にとってはEUで盛んなISO9000シリーズの導入は必須条件である。

③ISO9001の認証取得は国際的、社会的にも信用が高くなる。

問6

TQCは総合的品質管理として長年日本の品質管理向上に貢献してきた。一方、諸外国ではTQCではなくTQMの呼称であった。TQMはTQCに加えて経営や業務全体の質を高める活動も含まれていた。そのためTQCを国際的に通用するTQMに変え、総合的品質経営として一層役立てることになった。ISO9000シリーズは問5で述べたように国際標準規格としての品質規格であり、世界が統一してこの方向に流れた。

問7

文化や習慣が異なる国が仕事の方法を短期間に変更するのは難しい事とは思うが次のステップで進めると効果がある。

(1) 連絡させることに不利益にならない環境をつくる。

(2) 連絡してきた作業者を優遇する。

(3) 職場全体にこの制度を取り入れる。やがて全社展開する。

問8

TQMには日本的な考え方や発想がベースにあり、ISO9001にはEU（特にイギリス）の考え方や発想がある。具体的にTQMは小集団活動、QC手法による改善活動などに特徴があり、ISO9001には文書主義や内部監査などに特徴がある。いずれにしてもTQMとISO9001の発展的融合が大切である。

第6講解答例

問1

計量値：重さ、長さ、硬さなど

計数値：不良率、個数、回数など

官能値：匂い、味、肌触りなど

問2

QC7つ道具：層別、特性要因図、チェックシート、ヒストグラム、
パレート図、散布図、管理図

問3

α：不合格になる割合（生産者危険）、かなり良好なロットであるにもかかわらず不合格になる割合をいう。

β：合格になる割合（消費者危険）、かなり劣悪なロットなのにもかかわらず合格になる割合をいう。

改善方法：基本的には次のように検査を厳しくすることに尽きる。

①合格判定個数を小さくする。例えば不良品1個までなら合格とするから、不良品0個だけを合格にする。

②合格判定個数を固定し、抜取りサンプル数を大きくする。

例えば50個の中に含まれる不良品の個数が1個までなら合格とするから、100個の中に含まれる不良品の個数が1個までなら合格にする。

問4

下図にパレート図を示す。

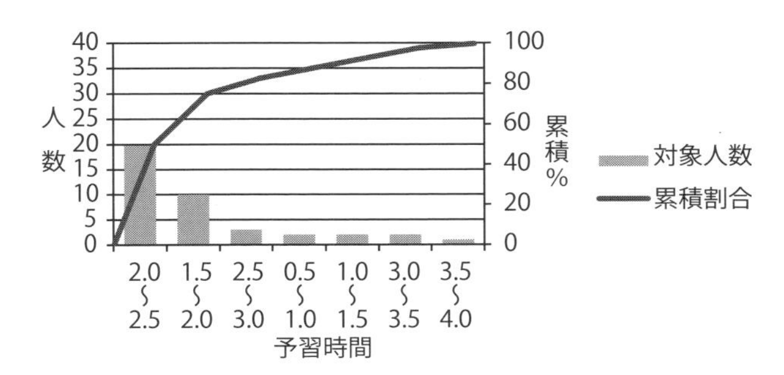

問5

【設問1】

CL：Center Line　（中心線）

UCL：Upper Control Limit（上方管理限界）

LCL：Lower Control Limit（下方管理限界）

※（　　）内は日本語訳

【設問2】

①3日目のプロットが上方管理限界の外に出ている

②11日目から16日目までのプロット6点が連続して増加傾向になっている

問6

6σの概要：6σは100万個に3、4件のエラーが起こる確率を表す。部品や製品のエラー（欠陥）だけでなく、ビジネスにおけるあらゆるエラーも100万回に3、4回に抑え、顧客満足に貢献しようとする手法。

TQMとの違い：TQMとの差はほとんどなく、強いて上げるならば、経験や勘や精神論だけではなく、事象を科学的に数値化し、優先的、集中的に経営資源を投入して経営や管理を行おうとする手法である。

第7講解答例

問1

重要性：利益＝売上－原価　より、利益を増やすには売上を伸ばすか原価を下げるしかない。現代のように売り上げ増加があまり期待できない時代には、原価引き下げによる利益の確保が重要になる。ずさんな原価管理をすると赤字におちることも考えられるので、利益の出る原価管理が必要である。

製造原価：モノ（部品や製品）をつくる場面でかかる費用で材料費、労務費、経費から構成される。

問2

7つのムダ：不良、在庫、作りすぎ、手待ち、運搬、加工（ムダな加工）、動作
手待ちの原因：材料遅れ、設備故障、作業負荷のアンバランス

問3

開発製品について、販売価格をいくらにするか、製造コストをいくらにするか、ライフサイクル期間中の売上高をいくら見込むか、利益をいくらにするか、などを製品の効用（役立ち）と総需要量とを関連させながら計画すること。

問4

減価償却費：機械や設備などの固定資産は使用年月の経過とともに劣化し価値が下がる。この下がった価値の部分を減価償却費という。

許容原価：販売価格－目標利益＝許容原価　より、販売価格から目標とする利益を差し引いた原価のことで、この原価でつくらないと目標とする利益が達成されない、とする許される原価のこと。

問5

管理費：①直接モノづくりにかかわらない間接部門（例えば人事・総務、経理など）の人件費、②法定福利費（健康保険料、厚生年金など）、③接待交際費など
販売費：①販売員の給与、②広告費用、③販売手数料など

問6

加工費は製造原価から直接材料費を除いたものであるから次のように計算できる。

加工費＝労務費＋経費＋間接材料費

$$= 6000 + 4000 + (8000 \times 0.3) = 12400\text{円}$$

問7

VE手法：　V=F/C　より　（V：価値、F：機能、C：コスト）
価値を上げるにはコストを上げずに機能を上げること、機能を下げずにコストを下げる、その両方または組合せ（例えば、コストは若干上がるが機能を格段によくするなど）が考えられる。

事例：①車体鋼板の板厚を1.2ミリから0.8ミリに変更
②リヤウインドーの熱線とワイパーが両方備わっていたものをワイパーだけに変更
③部品を4本のボルト締めをしていたものを3本に変更した。ただし強度や耐久性に問題がないことを確認。

ガソリン車からHVへの変更は、コストは若干高くなるが走行距離が大幅によくなる

例である。

第8講解答例

問1

システム製品やプラント製品など大型受注製品に対して適用される計画の種類で、オーダーごと、工程（設計、組立、検査など）ごとに受注から出荷までの日程を大まかに計画したものをいう。

問2

小日程計画：短期日程計画といわれており、具体的には組立直前の1週間以内（3日～5日）の計画をさす。

なぜ必要か：中日程計画（1か月の計画）の中には材料遅れ、不良品の発生、飛び込み受注などの原因で計画を守れない事態が起こることがある。このような場合は中日程計画に支障をきたさないように、実際に作業可能な日程に組みなおして小日程をつくる。この小日程で作業をする。この小日程は現場主体で計画する。

問3

①不良品をつくったため、②材料が遅れのため、③設備故障のため、など

問4

外注製作も社内製作と同じように工程管理を適切に行わないと納期遅れが発生する。その遅れ原因を防ぐための製作依頼元の方策を下記に述べる。

①無理な日程を強要しないこと

②製作過程の進捗を把握しておく

③外注製作に必要な図面や治工具などの準備に協力する

④管理レベルの向上（不良品の防止、日程を守るマインド教育など）に協力する

⑤外注工場の能力と負荷を正しく把握しておく

問5

計画量＝需要量－在庫高＋安全在庫－製作中

＝100－50+10－20＝40　　　生産計画は40個にすべきである

問6

標準時間＝正味時間＋余裕時間

正味時間＝観測時間×レイティング係数

余裕時間＝正味時間×余裕率

正味時間＝10×0.8＝8分

余裕時間 = 8 × 0.2 = 1.6

標準時間 = 8+1.6 = 9.6分

第9講解答例

問1

資材（材料・部品）そのものにQCDが内在しているからである。品質の粗悪な資材、高額な資材、日程にルーズな資材などを考えるとき製品への影響が理解できる。

問2

(1) 外注からの調達：日程計画に間に合うように外注工場に製作依頼をして調達する方法。

(2) 購入による調達：標準品として市販されている資材（材料・部品）を必要の都度、購入して調達する方法。

(3) 社内製作による調達：自社内で製作したものを（部品が多い）を調達する方法。

問3

在庫管理をするとき一律に管理するのではなく、A、B、Cにクラス分けして管理する方式をいう。

A管理の対象：単価が高額で使用量が多く、年間消費金額の大きい品物。品種の数は10％と少ないが消費量の70％を占める品物で在庫管理の効果が高く、綿密な管理が必要な重要品。

B管理の対象：A管理の対象とC管理の対象の中間的な品物で、品種の数は20％程度、消費量も全体の20％を占める品物で中間的な管理方式を適用する。

C管理の対象：小物で単価が安く、年間消費金額もA、B管理品にくらべ少なく、大まかな管理を適用する品物。品種の数は70％と多いが年間消費金額は10％と少ない。

問4

経済発注量をQとすれば次の式が成り立つ。

$$Q=\sqrt{\frac{2YC}{Pi}} \quad \text{から} \quad Q=\sqrt{\frac{2\times20000\times5000}{1000\times0.2}}=\sqrt{1000000}=1{,}000\text{ 個}$$

問5

①需要量の予測精度を上げて安全在庫を少なくする

②生産計画と生産実績の食い違い（日程や量）を少なくして在庫を少なくする。

③動いてない不活動在庫を把握し削減する。

④品切れを1回も起こしていない在庫品を把握し、在庫を減らしていく。

問6

(1) 生産すべき部品の個数

A部品：0個（生産の必要なし）

B部品：0個（生産の必要なし）

C部品：1個

D部品：0個（生産の必要なし）

(2) 算出の根拠

第1にX部品を10個受注したときに在庫が8個あるからXは2個つくればよい。

第2にX製品を2個つくるには製品Xの部品構成から、Aの必要個数は2個、Bの必要個数は4個、Cの必要個数は4個、Dの必要個数は2個になる。もう一度Xの部品構成をみていただきたい。B部品とD部品をつくるにはBとDを構成する部品の生産も必要である。ところが、Bの必要個数4個に対して在庫が6個、Dの必要個数2個に対して在庫が2個あるため、新たにつくる必要はない。在庫を充当すればよい。Aについても必要個数2個に対し在庫が5個あるのでつくる必要はない。Cだけは必要個数4個に対して在庫が3個しかないので1個つくる必要がある。

第10講解答例

問1

NC：Numerical Control（数値制御）　※（　）内は日本語訳

NC工作機械の特徴：コンピュータ制御により切削用工具の刃先の動作を座標値によって動作させるか、または工作物を動作させて加工する方法。品種ごとの加工データをNC工作機械に記憶させておき、必要に応じて加工データを選択することで人手を介さずに自動加工が可能になる。

問2

予防保全：故障が起こってから修理するのではなく、故障を未然に防ぐために行う保全で、点検や手入や注油などがある。

生産保全：設備の設計／開発段階から保全性の高いものに計画すること。

問3

トップから第一線の従業員まで全員の保全活動である。また単に故障ゼロだけを目指した活動ではなく、生産システムのライフサイクル全体を対象とした“災害ゼロ・不良ゼロ・故障ゼロ”などあらゆるロスを未然防止する仕組みを構築し、全部門、全員で達成する活動をいう。

問4

【設問1】投資回収期間＝投資額／年間平均キャッシュフロー

＝1,000万円/40万円＝25年

【設問2】 投下資本利益率＝年間平均キャッシュフロー／投資額

＝40万円/1,000万円＝0.04（4%）

【設問3】この投資計画は実施すべきでない。

理由は、①投資回収期間に25年もかかる、②投資利益率が4%と資本コストより低いから。

問5

【設問1】A区間のMTBF＝（300+200+100）/3＝200時間

【設問2】A区間のMTTR＝（10+20+20）/3＝16.7時間

【設問3】A区間の稼働率＝200/（200+16.7）＝0.923（92.3%）

問6

【設問1】ゴミやホコリを吸い取ること。

【設問2】ゴミやホコリを吸い取る能力のことを性能という。この能力には①吸引力、②吸い取り時間、がある。吸引力は重いゴミでも吸い取ることができるほど性能がよく、吸い取り時間が短いほど性能がよい。

【設問3】掃除機を使用する際に騒音が小さいこと、振動が小さいこと、ゴミやホコリを拡散しないこと、などがある。

第11講解答例

問1

労働は資材や設備と異なり、1人ひとりが感情と意思を持った人間であるから難しい。しかも個人個人により能力もモチベーションも異なるため、資材や設備と同じように管理できないところに難しさがある。

問2

人間の能力やモチベーションを引出し作業能率の向上を図ることと、一方では仕事から得られる啓発要素や人格形成要素を取り入れて仕事からの満足を得る、この同時達成を目指している。

問3

P性能：仕事の能力のことで、この中には仕事を成功させるための能力（リーダーシップ、国際的視野など）、知力（創造、英知など）、意志力（挑戦、不屈など）がある。

M性能：人間性のことで、この中には徳性（信頼、協調など）、印象性（表現力、国際性など）がある。

問4

(1) OJT：On the Job Trainingは職場で実際に作業をしながら作業手順や要点、操作方法など、仕事の方法を先輩から教育・訓練を受ける方式。

Off－JT：Off the Job Trainingは職場を離れて専門の教育スタッフや外部講師などからビジネス全般の教育・訓練を受ける方式。

(2) CDP：Carrier Development Programは個々人の将来の目標を定め、目標達成のための育成計画を作成し、計画に沿って職務、業務を経験させていく方式。

(3) TWI：Training Within Industry for supervisorは監督者のための企業内訓練である。監督者はこのTWI訓練により教える技能、人と係る技能、改善方法の指導などを習得し、部下に対して公平に効率的に教育・訓練ができることを狙った能力開発である。

問5

【設問1】職能給は日本が伝統的に取り入れてきた賃金形態であり、仕事の遂行能力に応じて給料が支払われるようにしている。勤続年数や経験年数が増えると仕事の遂行能力も上がるだろう、とする一種の年功序列賃金形態である。

【設問2】成果主義とは会社の業績への貢献度をいう。成果主義賃金制度とは成果に応じて賃金を支払うことをいう。長時間働いても成果が出ない場合は賃金が低く、短時間でも成果がでると賃金は多くなる。成果主義による賃金支払い制度は近年大企業においても急激に増えている。ただし、設問3にあるような問題点も多く残されている。

【設問3】成果を企業業績への貢献度としているのは良いが、この貢献度をどのように測定し、どのように評価するのが難しい。営業マンは売上高が個々人の業績、つまり成果として把握できるが、これもまったく問題がないわけではない。例えばホンダの営業マンが埼玉で営業活動している場合と、名古屋で営業活動している場合では名古屋の営業マンは成果が上がりにくい。理由は簡単で名古屋はトヨタの地盤であり、ホンダ車を買う顧客はめずらしいからである。このような状態を公平に評価できる成果主義があれば問題ない。そこで、個々人の目標を設定し、目標の達成割合で成果の達成を見る動きがある。これも目標を低く設定し、難なく達成して成果が上がった、とするのも問題がある。成果主義は正しく測定と評価ができれば大変良い制度ではあるが、現実は難しいため職能給からの移行過度期と考える。

問6

即戦力になる人材：新しい会社に入社後、すぐに第一線で活躍できるスキル（技術力）を持った人間。中途採用の人間は仕事の経験もあり、即戦力になることが多い。経営者や大学の先生は、他の企業や大学に移ったとしても経営能力や教育経験も豊富なので、まさに即戦力になる人材である。

中途採用に偏った場合の問題点：日本企業が長年にわたり取組んできた入社後に教育・訓練をしながら人を育てるという習慣、そして教育・訓練を受けて育った人材が会社に対して強いロイヤリティ（忠誠心）をもつという共存共栄の精神が失われることに危惧を感じる。

第12講解答例

問1

(1) 作業手順（作業順序）を守ること。例えば歯磨きをした後に食事をするのではなく、食事の後に歯磨きをするというように。

(2) 機械や装置の操作方法を同じようにする。

(3) 使用する治工具は決められたものを使う。

問2

FWテーラー：同じ作業をするにも、作業方法が個人個人によりマチマチであった。当然、作業に要した時間も個人個人でバラバラであった。テーラーは作業に科学性を求め、科学的管理法を体系化した。作業者に1日の公平な仕事量を与える「課業管理」を提唱した。作業時間をベースとした管理である。

FBギルブレス：同じ作業をするにも作業者により作業方法が異なる点に目を付けたのはテーラーと同じであるが、作業を構成する動作まで追求し、最適作業法による管理を提唱した。テーラーが時間をベースに管理することを提唱したのに対し、ギルブレスは作業方法をベースに管理する標準作業方法を提唱した。

問3

整理、整頓、清掃、清潔、躾の5つのキーワードの頭文字。生産性向上、ムダ発見の基本として多くの企業で取り入れている。

問4

同一ラインで複数の品種を生産する場合に品種切替作業が行われる。

品種切替作業で重要なことは①次に生産する製品品質を保証すること、②品種切替コストを少なくすること、③品種切替時間を短くすること。

問5

(1) 釘抜き付き金づち………釘の打ち方に失敗したとき釘抜きで抜くことができるように組み合わせてつくったもの。

(2) ホッチキス止めとホッチキス抜きが一体化されたホッチキス。

(3) 農業用コンバイン………稲刈りと脱穀を行う機能が一体化してつくったもの。

問6

何にどれだけの時間を使ったかを記録する。次に使った内容と時間を記録結果から吟味し、ムダな時間の使い方を発見し、改善する方法をとる。例えば、1日の中でテレビを3時間見ている、友達とメールを2時間交換している、などがわかったなら、この時間の使い方はムダだと考え、テレビは1時間以内、メールは30分以内に押さえる改善である。

第13講解答例

問1

工業製品（例えばテレビなど）は輸入から始まり、徐々に国産化が進み、次第に輸出に転ずる。やがて輸出も減り、次の製品に委ねることになる。このような現象を貿易サイクルという。発展途上国も同じ道をたどる。

問2

(1) 円高対策として

国内で生産し海外へ輸出する製造業は円高になると為替損を被る。この対策として海外へ進出する。

(2) コスト低減を狙って

国内で生産するより、人件費の安い海外で生産する方がコスト安になるから海外へ進出する。

(3) 海外需要を狙って

国内需要は頭打ちである。モノ余りの状態である。それに比べ海外はモノ不足で需要が見込まれるから海外へ進出する。

問3

(1) カントリーリスク

国家紛争、政情不安、宗教に係る紛争などから起こるリスク。

進出先国でクーデターが起こり、直ぐにでも撤退しなければならない事態などはこのリスクである。

(2) 為替変動リスク

通貨の交換（為替）が必要となり、その際に生じる為替変動リスクである。

(3) カルチャーショック

人種、言葉、宗教などの違いから起こる問題で、日本では常識と思われることが外国では非常識と思われることがある。

問4

日本の産業が海外へ進出することで、国内産業の生産、雇用の減少、技術水準が低下することを空洞化という。この対策としては①世界をリードする高付加価値製品の開発と生産で国内から海外へ輸出を持続させること。②社会開発（福祉、環境、衛生、教育など）を積極的進めること。③再生エネルギー生産の推進を図ること。④大規模設備（海峡大橋、トンネルなど）の保守作業を進めること。②～④は雇用対策が主である。

問5

【メリット】

①輸入品が安く手に入る

②原材料が安く購入できる　など

【デメリット】

①自動車を始め輸出産業にとっては為替差損となり減収になる

②安い製品が海外から輸入されるからデフレに拍車がかかる

問6

為替差損＝1＄100円時の売上高－1＄90円時の売上高

＝100万ドル（1億円）－（100万ドル）×（90/100）

＝100万ドル（1億円）－90万ドル（9,000万円）＝1,000万円の損失

問7

転職防止には次の対策が考えられる。

①　能力が優れているならば、日本人従業員と同じ待遇にする

②　昇進、昇格も日本人と同じように公平に扱う

③　適材適所の配置にする

公平かつ透明な評価体制を構築し、信頼性を高める。

④　コミュニケーションの強化を図る

日本人幹部が、個々の社員とのコミュニケーションを大切にし、絶えず関心を持って声をかける。企業の戦略、価値観などを理解させ、教育することにより、従業員に充実感と安心感を与える。

第14講解答例

問1

人間による管理よりコンピュータ管理は次のような点で優れている。

(1) 管理スピードが要求される場合

(2) 複雑な管理が要求される場合

(3) 顧客要求への素早い対応とサービスの向上が要求される場合

問2

事前評価：投資に先立ち投資効果、安全性、環境への影響などを専門的に調査・予測して、メリット、デメリットを列挙し、評価することをいう。その結果を踏まえて投資すべきか否かの判断をする。

生涯評価：投資対象が完成され、導入された後の稼働状況を生涯にわたり評価することをいう。調査を続けると予想もしなかったことが起こる。1日10万人の乗客を見込んで地下鉄を作ったが実際は5万人未満の利用客だったという話もある。この投資は膨大な損失である。

問3

(1) LAN：大学内、工場内、デパート内など、ある限定された構内回線網をさす。

(2) WAN：広域ネットワーク網といわれており、電話回線や専用線を使って、本社－支社間など地理的に離れた地点にあるコンピュータ同士を接続し、データをやり取りする回線網を言う。

(3) イントラネット：TCP/IPなどのインターネット標準の技術を用いて構築された企業内 ネットワークのこと。インターネットで標準となっている技術を利用することで、企業は個別に開発するよりコストを低く抑えることができる。

問4

CAD：Computer Aided Design（コンピュータ支援設計）

CAM：Computer Aided Manufacturing（コンピュータ支援製作）

CAE：Computer Aided Engineering（コンピュータ支援技術）

※（　　）内は日本語訳

問5

作業のコンピュータ化：人間と設備で行っていた変換作業（特に加工変換）を人間の手を介さずにコンピュータ制御で自動的に加工することをいう。

管理のコンピュータ化：計画、指示、実行、調査・比較、行動のPDCA作業を人間からコンピュータで行うことをいう。生産計画、生産指示、製造、計画と実際との比較、対応などのコンピュータ管理は管理のコンピュータ化の典型である。

問6

コンピュータシステムの導入には次の条件を満たす必要がある。

(1) システム導入の目的が明確であること

(2) システム導入によるB/C（費用対効果）を算出し、効果が費用より大きいこと

(3) 企業の財務状態が良好であること

(4) 経営方針に合っていること

問7

システム導入のコンセンサスは企業では得られているものとする。

自前でシステム制作するか、あるいはパッケージをカスタマイズ化するかの判断は次表の内容で判断すればよい。

どの比較項目を重視するかは企業により異なる。

比較項目	自前で開発	パッケージソフト
開発費用	高い	安い
製作期間	長い	短い
トラブル可能性	大きい	小さい
維持管理費用と体制	大きい	小さい
利用しやすさ	しやすい	し難い
今後の拡張性	優れている	低い
システムの理解度	良い	低い

第15講解答例

製品開発管理は企画/計画した製品（競争に勝てる製品）を開発期間内に開発予算内で開発人数により計画通りに完成させることであるから、開発段階のQは企画/計画した製品の仕様や目標コストであり、Cは開発予算であり、Dは開発期間になる。

問2

①Product（提供する製品）……………何をつくるか

②Price（製品の価格）……………………どれだけの価格で売るか

③Place（流通経路や販売店）…………どのような流通経路を使い、どんな小売業者で販売するか

④Promotion（販売促進方法）…………多く買っていただくためどんな販売促進するか

問3

第1次オイルショックを境に日本経済は高度成長から安定低成長に変わった。つくれば売れる時代（生産志向）から売れるものをつくらなければならない時代（市場志向）に変わったからである。モノが簡単に売れなくなった背景には、日本のモノ余り状態が顕在化したことがある。

問4

【設問1】

$$S=\frac{F}{1-\frac{V}{S}} \text{から} \quad S=\frac{400}{1-\frac{1000}{1500}}=1200 \text{（千円）}$$

【設問2】

$$S=\frac{F+m}{1-\frac{V}{S}} \text{から} \quad S=\frac{400+500}{1-\frac{1000}{1500}}=2700 \text{（千円）}$$

【設問3】

限界利益＝売上高－変動費＝1500－1000＝500（千円）

限界利益率＝限界利益／売上高＝500/1500＝0.333（33.3％）

問5

人間と機械との情報授受にかかわる部分と働きをいう。例えばパソコンなら表示器（画面）や操作器（マウスやキーボードなど）が人間と機械の境界領域部分になる。

問6

(1) 高低を自在に調節できる椅子、前後に移動できる車の座席

(2) 大きくなった新聞の文字

(3) 楽に移動できる車付き買い物かご

(4) 倒れたら火が消えるストーブ

参考文献

1　A・シャパニス著、村井忠一・小牧純爾訳「人間と機械」、ダイヤモンド社（1968）
2　CIM研究グループ：「生産革命CIM」、工業調査会（1988）
3　JMAC TPMコンサルティングカンパニー：「すぐわかるTPM入門」http://jipms.jp/tpm/2014
4　トヨタ生産方式を考える会：「トヨタ生産方式の本」、日刊工業新聞社（2004）
6　伊藤賢次：「経営戦略」、創成社（2012）
7　伊藤賢次：「現代経営学」、晃洋書房（1997）
8　伊藤賢次：「現代生産マネジメント」、創成社（2007）
9　伊藤賢次・澤田善次郎編著：「工場財務管理」、日刊工業新聞社（1996）
10　奥村士郎：「統計的手法入門テキスト」、日本規格協会（2008）
11　奥村士郎：「品質管理入門テキスト」、日本規格協会（1996）
12　岡田貞夫：「目で見て進める工場管理」、日刊工業新聞社（2001）
13　岡田貞夫：「続々目で見て進める工場管理」、日刊工業新聞社（2001）
14　蟹江清志編：「労務管理」、日刊工業新聞社（1994）
15　吉村秀勇：「ISO14000入門」、日本規格協会（2003）
16　久保田政純：「設備投資計画の立て方」、日経文庫（1991）
17　宮川公男編：「経営情報システム」、中央経済社（1994）
18　橋本洋志他：「コンピュータ概論」ソフトウエア・通信ネットワーク、オーム社（1997）
19　橋本洋志他：「コンピュータ概論」ハードウエア、オーム社（1997）
20　桐淵勘蔵編：「工業経営概論」、日刊工業新聞社（1967）
21　熊谷智徳：「経営工学総論」、放送大学教育振興会（1996）
22　熊谷智徳：「生産システムの構造と設計と監理」、名古屋工業大学公開講座資料（1989）
23　熊谷智徳：「生産経営論」、放送大学教育振興会（1997）
24　熊谷智徳：「設備管理」、放送大学教育振興会（1994）
25　熊谷智徳：「東南アジアの日本企業の工業生産」、放送大学教育振興会（1995）
26　経営能力開発センター編：「経営学の基本」、中央経済社（2003）
27　江口傳：「基礎の経営学」、税務経理協会（2003）
28　江口傳：「労務管理の理論と実際」、中央経済社（1995）
29　国狭武己：「現代生産システム論」、泉文堂（1996）
30　国狭武己：「資材・購買管理」、日刊工業新聞社（2003）
31　桜井久勝・須田一幸：「財務会計・入門」、有斐閣（1998）
32　三菱UFJリサーチ&コンサルティング：「調査レポート：カンボジア経済の現状と今後の展望」～インドシナ半島の新たな投資フロンティアとなるカンボジア～（2013年3月27日）（2014/4/28閲覧）
33　産業能率大学総合研究所VMセンター編：「VEの基本」、産業能率大学出版部（1986）
34　鹿島啓編：「現代生産管理」、朝倉書店（2003）
35　実践マネジメント研究会編：「新・工場管理者塾」、日刊工業新聞社（「工場管理」2012年10月増刊号）
36　実践経営研究会：「品質向上7つ道具」、日刊工業新聞社（1992）
37　実践経営研究会編：「量・納期管理7つ道具」、日刊工業新聞社（1994）
38　秋庭雅夫編：「生産管理」、日本規格協会（1980）
39　小川英次他：「生産管理入門」、同文舘（1982）
40　小川英次編：「生産管理」、中央経済社（1985）
41　小島敏彦：「原価管理　生産管理理論と実践④」、日刊工業新聞社（1994）

42 小島敏彦編著：「新製品開発管理」、日刊工業新聞社（1996）
43 小林薫：「国際ビジネス入門」、学校法人産能大学
44 松石勝彦編著：「情報ネットワーク社会論」、青木書店（1994）
45 松田修一：「会社のしくみ」、日本実業出版社（1992）
46 上野信行：「内示情報と生産計画」、朝倉書店（2011）
47 仁科健他：「品質管理」、日刊工業新聞社（1995年）
48 須賀雅夫：「システム工学」、コロナ社（1981）
49 石井次郎：「自動制御入門」、日本理工出版会（1995）
50 石川馨：「TQCのはなし」、鹿島出版会（1981）
51 石川馨他：「初等実験計画法テキスト」、日科技連（1963）
52 川勝邦夫：「NC工作機械の基礎」、パワー社（1979）
53 泉英明編著：「経営工学概論」、同文舘（1997）
54 泉英明：「生産システムの基本構想　―ローコスト仕組みづくりへの展開―」、建帛社（2003）
55 泉英明：「生産工学⑤」、日刊工業新聞社（1994）
56 泉英明：「製品開発と製品開発管理―開発のQCD戦略―」、日本生産管理学会誌『生産管理』、Vol.15, No.2, pp.53-58（2009.3）
57 泉英明：「超円高下における製造業の空洞化」、日本生産管理学会誌、第18巻第2号, pp.65-70（2012）
58 泉英明：“製造業のサービス化の方向と競争優位のポイント”、生産管理、Vol.19, No.2, pp.85-90（2013.3）
59 浅田孝幸編著：「情報ネットワークによる経営革新」、中央経済社（1994）
60 相原修：「マーケティング入門」、日本経済新聞出版社（1989）
61 大村平：「QC数学のはなし」、日科技連（2003）
62 大野勝久他：「生産管理システム」、朝倉書店（2002）
63 池田良夫：「エルゴノミックス」、日刊工業新聞社（1996）
64 池田良夫・萩原正弥・中村雅章：「設備管理」、日刊工業新聞社（1994）
65 池田良夫編著：「人にやさしいCIM」エルゴノミクスアプローチ、日刊工業新聞社（1992）
66 通商産業省産業構造審議会管理部会編：「作業研究」、日刊工業新聞社（1962）
67 藤田彰久著：「IEの基礎」、好学社（1969）
68 道下忠行他：「経営工学概論」、建帛社（1982）
69 日本生産管理学会編：「情報管理とCIM」、日刊工業新聞社（1995）
70 日本生産管理学会編：「生産管理ハンドブック」、日刊工業新聞社（1999）第Ⅲ部第7章、第Ⅳ部第1章、第3章、第5章
71 日本貿易振興機構海外調査部：「第23回アジア・オセアニア主要都市・地域の関連コスト比較」、（2013/5）（2014/5/2閲覧）
72 白潟敏郎編：「ISO9001早わかり」中経出版（2009）
73 福井幸男：「統計学の力」、共立出版（2009）
74 平林良人：「入門ISO14000」、日科技連（2005）
75 北口康雄：「NC工作機械入門」、理工学社（1990）
76 名古屋QS研究会編：「原価低減」、日本規格協会（2003）
77 名古屋SQ研究会編：「作業標準」、日本規格協会（1993）
78 野中敏雄他：「確率・統計の演習」、森北出版（株）（1959）
79 野中敏雄他：「統計学入門」、日新出版（1963）
80 塹江清志・澤田善次郎編：「生産管理総論」、日刊工業新聞社（1995）
81 澤田善次郎：「CIMと経営管理」、日刊工業新聞社（1994）
82 澤田善次郎編：「生産管理論」、日刊工業新聞社（1991）

索　引

●た

●な

●は

●ま

●や

●ら

●わ

〈著者略歴〉

泉　英明（いずみ　ひであき）

1942年　秋田県に生まれる。
1969年　中央大学理工学部管理工学科卒業。
1971年　名古屋工業大学大学院経営工学専攻修了。日産車体工機㈱（IE、能率管理に従事）、㈱安川電機（生産管理、システム開発に従事）を経て、
1988年　東和大学（現純真学園大学）助教授。1990年教授。
2004年　博士（総合政策：中央大学）取得
現在　総合政策研究所　代表、福岡県商工会連合会指導専門家（エキスパート）登録、北九州市立大学非常勤講師、一般社団法人日本生産管理学会会員（常任理事）、公益社団法人日本経営工学会会員

主な著書
「人にやさしいCIM」（共著）、日刊工業新聞社、1992
「生産管理　理論と実践5　生産工学」日刊工業新聞社、1994
「経営工学概論」（編著）、同文舘、1997
「生産管理ハンドブック」（共著）、日刊工業新聞社、1999
「生産システムの基本構想」建帛社、2003

わかりやすい生産管理
―基礎が身に付く15講義

NDC576

2015年1月30日　初版1刷発行
2024年9月17日　初版8刷発行

定価はカバーに表示されております。

©著　者　泉　英明
発行者　井水治博
発行所　日刊工業新聞社

〒103-8548　東京都中央区日本橋小網町14-1
電話　書籍編集部　03-5644-7490
　　　販売・管理部　03-5644-7403
　　　FAX　03-5644-7400
振替口座　00190-2-186076
URL　https://pub.nikkan.co.jp/
e-mail　info_shuppan@nikkan.tech

印刷・製本　新日本印刷

落丁・乱丁本はお取り替えいたします。　2015　Printed in Japan

ISBN 978-4-526-07351-9